内蒙古财经大学

教育教学改革
实践与探索

（第一辑）

侯淑霞　张学众◎主编

PRACTICE AND EXPLORATION OF TEACHING REFORM IN INNER MONGOLIA FINANCE AND ECONOMICS UNIVERSITY EDUCATION (PART 1)

经济管理出版社
ECONOMY & MANAGEMENT PUBLISHING HOUSE

图书在版编目（CIP）数据

内蒙古财经大学教育教学改革实践与探索. 第一辑 /
侯淑霞，张学众主编；刘成龙，王丽副主编. -- 北京 ：
经济管理出版社，2023.10

ISBN 978-7-5096-9382-7

Ⅰ. ①内…　Ⅱ. ①侯…　②张…　③刘…　④王…　Ⅲ.
①高等学校-教育改革-内蒙古-文集②高等学校-教学
改革-内蒙古-文集　Ⅳ. ①G642.0-53

中国国家版本馆 CIP 数据核字（2023）第 205529 号

组稿编辑：李红贤
责任编辑：李红贤
责任印制：黄章平

出版发行：经济管理出版社
　　　　　（北京市海淀区北蜂窝 8 号中雅大厦 A 座 11 层　100038）
网　　　址：www. E-mp. com. cn
电　　话：（010）51915602
印　　刷：北京市海淀区唐家岭福利印刷厂
经　　销：新华书店
开　　本：720mm×1000mm /16
印　　张：20
字　　数：336 千字
版　　次：2025 年 1 月第 1 版　　2025 年 1 月第 1 次印刷
书　　号：ISBN 978-7-5096-9382-7
定　　价：68.00 元

目　录

▎实践教学

课程建设

人才培养模式

专业建设

课程思政

立德树人　润物无声

——内蒙古财经大学课程思政建设实践

刘成龙　张学众　王　丽

摘要：课程思政是高校开展大学生思想政治教育的创新模式，财经类高校应结合学科专业特点，系统推进思政元素与专业课程的有机融合。近年来，学校全面加强党对课程思政建设的全面领导，实施"石榴籽工程"，构建了课程思政与铸牢中华民族共同体意识教育融通互嵌、协同共进的课程思政"新格局"，取得了显著成效。

关键词：课程思政；"石榴籽工程"；铸牢中华民族共同体意识

习近平总书记关于教育的重要论述，深刻回答了培养什么人、怎样培养人、为谁培养人这个根本问题。党的十八大以来，尤其是全国高校思想政治工作会议召开以来，内蒙古财经大学以习近平新时代中国特色社会主义思想为引领，以习近平总书记关于教育的重要论述为根本遵循，以立德树人为根本任务，在新文科建设背景下，结合专业特点，落实课程思政建设主体责任，持续推进和深化课程思政建设，取得明显成效。

一、坚持顶层设计、统筹推进，不断加强党对课程思政建设的全面领导

课程思政作为一项系统工程，必须坚持顶层设计、统筹推进，不断加强党对课程思政建设的全面领导，提升课程思政的立德树人、铸魂育人效果。

（一）建立了学校党委、学院党组织、教师党支部"三级联动"的课程思政组织领导体系，发挥教师党支部在课程思政建设中的战斗堡垒作用

学校党委站在切实落实立德树人根本任务的高度，促进党建工作与人才培养

融合发展，系统推进课程思政建设工作。学校成立了由校党委书记和校长任组长，分管思政工作和分管教学工作的校领导及有关部门负责人为成员的课程思政工作领导小组，统筹推进全校课程思政教育教学工作。建立了党委统一领导、党政齐抓共管、教务部门牵头抓总、相关部门联动、院系落实推进、教师全员参与的课程思政建设工作格局。学校党委是课程思政建设的责任主体，二级学院党组织是课程思政建设的重要组织者和推动者，教师党支部是课程思政建设的战斗堡垒，党员教师是课程思政建设的实施主体和实践者。经过几年的建设，基本形成了从学校党委到学院党组织再到教师党支部"三级联动"的课程思政组织领导体系，实现了从学校党委到每位任课教师的一体化联动，压紧压实了各教学单位课程思政建设责任，激发了全体任课教师"为党育人、为国育才"的主体活力，形成了思政课程与课程思政立德树人、铸魂育人的协同合力。例如，学校党委全面实施"双带头人"培育工程，发挥"双带头人"在课程思政建设中的示范引领作用。学校党委每学期都同全校基层党支部书记逐一谈话，落实课程思政责任，再由支部书记牵头，运用"三会一课"、主题党日、组织生活会等载体，通过集体研讨、集中备课的方式，推进课程思政建设，把习近平新时代中国特色社会主义思想融入教师队伍建设，再通过广大教师进入课堂、进入学生头脑，从而实现铸魂育人的路径创新。客观上，课程思政不仅使教师党支部建设有了鲜活的内容，还让教师党支部站到了落实立德树人根本任务的第一线，营造了全校支持教师党支部建设的有利氛围，加强了基层党建。

（二）落实立德树人根本任务，加强课程思政制度设计

习近平总书记在学校思想政治理论课教师座谈会上的讲话强调："要坚持显性教育和隐性教育相统一，挖掘其他课程和教学方式中蕴含的思想政治教育资源，实现全员全过程全方位育人。"为全面推进学校课程思政建设，发挥好每门课程的育人作用，落实立德树人根本任务，学校把课程思政、专业思政提升到中国特色社会主义高等教育制度层面来认识，以课程思政建设推进立德树人实践创新，提出了课程思政建设"学校有氛围，学院有特色，专业有特点，课程有品牌，教师有榜样"的建设目标。学校制定了《内蒙古财经大学"课程思政"实施办法》，明确课程思政建设的指导思想、工作目标、基本任务，紧紧抓住了教师队伍"主力军"、课程建设"主战场"、课堂教学"主渠道"，在人才培养方案、课程大纲、第二课堂、教学研究、教师培训与考核等环节全面贯彻课程思政要求，以专业思政带动课程思政、以教学研究推进课程思政、以专题培训提升课程思政、以绩效

考核激励课程思政，构建课程思政建设大格局。

二、坚持系统规划、循序渐进，构建推进课程思政建设的体制机制

内蒙古财经大学坚持系统规划、循序渐进的原则，把立德树人理念内化到学校建设和管理的各领域中，在实践中将课程思政作为构建高水平人才培养体系的切入点和完善"三全育人"体制机制的重要抓手，从课程思政建设的深度与广度上下功夫，构建推进课程思政建设的体制机制。

（一）构建规范的课程思政建设体系，以专业思政带动课程思政

1. 在人才培养方案中贯彻课程思政

在学校人才培养方案修订中，将课程思政贯穿人才培养方案全过程，明确专业思政总要求，建立专业思政与专业课程相互支撑的课程思政体系。深入挖掘并充分利用各专业课程思政元素和资源，将其作为课程设置、教学大纲核准和教案评价的重要内容，落实到课程目标设计、教学大纲修订、教材编审选用、教案课件编写各方面，贯穿课堂授课、教学研讨、实验实训、作业论文各环节。

2. 在课程教学大纲中明确课程思政

2021年，按照《关于全面修订本科课程教学大纲的通知》的要求，全面修订课程教学大纲，实施课程思政"全融入"。在课程教学大纲中要明确课程思政建设目标要求和内容重点，科学设计课程思政教学体系，结合专业特点、课程性质分类推进课程思政建设，将课程思政有机融入课堂教学建设全过程。在课程教学大纲中独立设置"课程思政"模块，明确课程教学内容与专业思政要求分解点的支撑体系，构建思政元素、专业知识、教学方法三位一体的新型教学大纲，实现价值塑造、知识传授和能力培养的有机融合。

3. 在课程建设中落实课程思政

专业课程是课程思政建设的基本载体。结合学校的专业、课程特点，深入梳理专业教学内容，深入挖掘课程思政元素，有机融入课程教学。例如，经济学、管理学、法学类专业课程，在课程建设中坚持以习近平新时代中国特色社会主义

思想为指导，帮助学生了解相关专业和行业领域的国家战略、法律法规和相关政策，引导学生深入社会实践、关注现实问题，培育学生经世济民、诚信服务、德法兼修的职业素养。

4. 在结对共建中推进课程思政

学校出台了《内蒙古财经大学思政课教师与专业课教师"结对子"活动实施方案》，充分发挥思政课教师的专业优势，鼓励并积极促成思政课教师与院系教师、专业课教师结对，共同教研、集体备课，挖掘课程思政元素、开发案例、设计课程，使思政"润物细无声"地融入专业课程教学。结对共建，协同推进学校课程思政建设，推动构建思政课程与课程思政同向同行的"大思政课"体系。

（二）构建课程思政教学研究体系，将课程思政纳入教育教学研究

1. 实施课程思政教育教学改革研究

学校大力推进课程思政教育教学改革研究，鼓励教师从学理层面开展课程思政的内涵研究、方法研究、价值研究等。自 2018 年以来，学校成立了 8 个课程思政示范学院（中心），立项了 93 个课程思政教学改革项目，选树了 82 门思政示范课程和 84 个课程思政优秀案例。通过课程思政教学改革项目与示范项目的引领，以点带线、以线带面，教师动起来了，课堂活起来了，学校立德树人的氛围更加浓郁，教师队伍的积极性空前高涨，"三全育人"格局加速形成。

2. 构建教师课程思政能力培养体系，提升教师课程思政教学能力

按照规范习得、风格养成、示范引领的能力进阶要求，建立教师课程思政能力培养体系。规范习得就是要通过修订培养方案，编制教学大纲，举办名家讲座、专题培训、示范课观摩等活动，提高全体教师的课程思政育人意识。风格养成就是指教师积极开展课程思政专项教改研究、申报课程思政示范课程等活动，主动挖掘课程中的思政元素，将课程思政落实到具体课程、课堂。示范引领就是面向不同学科专业、不同类型课程，持续抓典型、树标杆、推经验，通过评选课程思政教学名师和团队，推出课程思政示范课程，大力推广课程思政建设先进经验和做法，发挥示范引领作用。

3. 组织开展教学沙龙、教学技能工作坊、课程思政工作坊等教研活动

自 2018 年以来，学校面向全体教师开展课程思政专项培训近 6000 人次，先后组织 4 期课程思政教学改革示范项目全校观摩交流活动，通过公开示范课、现场观摩、互动交流、学习经验，提高教师课程思政意识和教学技能，不断推进学

校课程思政建设工作。2020 年，邀请全国课程思政建设的发起者"双顾"进行思政课程讲座，开启了学校各类课程与思想政治理论课同向同行、协同效应的新局面。2023 年 4 月，学校全体专任教师通过线上线下相结合的方式参加第一期内蒙古自治区高校"润德启智——课程思政大讲堂"培训活动，通过学习交流，学校教师对课程思政的理解更为深刻，对课程思政教学设计和实施思路更为清晰、方法更为多样。

（三）构建课程思政建设激励体系，提高教师课程思政建设的积极性

学校将课程思政建设列入发展规划和年度工作要点，制定具体的建设方案，密切跟踪课程思政工作实施，及时宣传表彰。在教学成果奖、教材奖等各类成果的表彰奖励工作中，突出课程思政要求，加大对课程思政建设优秀成果的支持力度。学校把教师参与课程思政教学改革情况和课程思政效果作为教师考核评价、岗位聘用、评优奖励、选拔培训的重要依据之一，将学院推进课程思政教育教学改革成效纳入学院相关绩效考核评价。

三、实施"石榴籽工程"，课程思政与铸牢
中华民族共同体意识协同共进

为全面促进大学生铸牢中华民族共同体意识，"像石榴籽那样紧紧抱在一起"，2020 年 11 月，学校启动了"石榴籽工程"。"石榴籽工程"以铸牢大学生中华民族共同体意识为根本方向，以"中华民族一家亲，同心共筑中国梦"为总目标，通过实施"构建一个体系、打造一支队伍、建好一门课程、搞好一个活动、产出一批成果、办好一个讲堂、建设一个中心、建立一批基地""八个一"措施，健全了铸牢中华民族共同体意识的教育体系、研究体系和制度体系，建立了铸牢中华民族共同体意识教育的常态化机制，实现了既一脉相承又与时俱进地将铸牢中华民族共同体意识教育有效融入财经人才培养全过程，构建了思政课程与课程思政同向同行、协同育人的教育格局。民族地区高校肩负着"为党育人、为国育才"的光荣使命。按照"石榴籽工程"的要求，学校的所有学科专业都要围绕铸牢中华民族共同体意识进行课程思政建设，发挥铸牢中华民族共同体意识与教师党支部党建工作融合发展示范点的作用，引导各族师生"像石榴籽那样紧紧抱在一

起"，树立五个认同的意识，培育正确的国家观、民族观、历史观、文化观和宗教观，引导他们做拥有家国情怀、爱党、爱国、爱民族、爱人民、爱学习、爱生活的新时代青年人才。

四、积极推动课程思政走深走实，教育教学成效显著

学校积极鼓励引导思政课教师与专业课教师协同开展课程思政研究与实践，取得诸多优秀成果。2019年，"'石榴籽工程'铸魂财经人才培养——新文科背景下培养模式重构"获批教育部首批新文科研究与实践项目。2021年，中国税制等3门课程、教学团队、教师获批内蒙古自治区级课程思政示范课、优秀团队、教学名师。2023年，在内蒙古自治区第二届课程思政教学大赛中，获得一等奖3人次、二等奖2人次、三等奖4人次，学校获评优秀组织奖。在2022年内蒙古自治区教育教学成果评奖中，"铸魂强基、融通互嵌：铸牢中华民族共同体意识教育与财经人才培养模式重构实践""高校思政课虚拟仿真体验教学模式探索与实践""金融风险管理课程思政教育素材挖掘与解析""'思政引领、三层递进、四维融合、多元协同'实践教学模式的构建与实践""马克思主义政治经济学课程思政教学改革探索与实践"5项课程思政教学成果获奖。其中，"铸魂强基、融通互嵌：铸牢中华民族共同体意识教育与财经人才培养模式重构实践"项目被推荐参评国家级教学成果奖，该成果已被南京财经大学、湖南工商大学、内蒙古民族大学、集宁师范学院等高校运用到教学实践中，产生了广泛影响。

学校课程思政、铸牢中华民族共同体意识教育的一大批成果在《中国大学教学》、《民族教育研究》、《内蒙古日报》（理论版）等刊物上发表，改革经验在全国财经类高校课程思政建设研讨会、中国高等财经教育校长论坛等会议进行专题介绍。2023年7月，学校发起成立了全国高等财经院校"石榴籽"联盟，向社会各界播撒民族团结的"金种子"，为同类高校提供了铸牢中华民族共同体意识教育的典型范式，得到了国家民委、自治区统战部、自治区民委的推介。《人民日报》、《中国青年报》、新华网等媒体持续关注学校铸牢中华民族共同体意识教育，《中国青年报》专题报道"内蒙古财经大学：中华民族共同体意识教育有声有色"，产生了广泛社会影响。

参考文献：

[1]中华人民共和国中央人民政府. 高等学校课程思政建设指导纲要[EB/OL]. (2020-05-28)[2020-06-06]. https：//www. gov. cn/zhengce/zhengceku/2020-06/06/content_5517606. htm.

[2]张静芳. 高校"课程思政"的内化逻辑与行动方略[J]. 中国高等教育，2021(11)：33-35.

[3]于成文. 新时代高校"课程思政"改革的探索与实践[J]. 中国高等教育，2021(23)：23-25.

[4]黄宁花，禹旭才. 系统思维视域下高校课程思政建设的价值意蕴、实践反思与优化路径[J]. 高等教育研究，2022(5)：106-115.

[5]李蕉，方霁. 高校课程思政体系化建设的路径探析[J]. 中国大学教学，2022(11)：64-71.

[6]杜林，张丽军，包启明. 高校课程思政助推铸牢中华民族共同体意识教育的内在机理与行动逻辑[J]. 民族教育研究，2022(5)：12-19.

外语课程中思政教学的实施路径

刘 娟

摘要：大学英语因其目标、性质、教学内容、教学安排等特点，与课程思政结合有着天然的优势。在大学英语课程思政教学中，通过对课程内容、教学方法、评价体系、实施渠道进行调整，将思政元素融入课堂教学内容当中，让青年学子充分认识到中华传统文化的博大精深和社会主义制度的优越性，能够自觉地向世界介绍中国、传播中华文化。

关键词：思政教学；中华传统文化；大学英语

大学阶段是一个人生理发展、心理快速发展的重要时期，是学生的人格定型、价值观塑造的关键时期。根据马克思主义关于人的全面发展理论，这一阶段的教育目标是促进人在德智体美劳方面更高质量地全面发展。习近平总书记指出，高校思想政治工作关系高校培养什么样的人、如何培养人以及为谁培养人这个根本问题。

课程思政倡导并践行社会主义核心价值观和爱国主义精神，在引导学生塑造独立人格、提升道德品性、培育公共精神方面具有重要作用。

2016年12月，习近平总书记在全国高校思想政治工作会议上明确指出，做好高校思想政治工作，各门课都要守好一段渠、种好责任田，使各类课程与思想政治理论课同向同行，形成协同效应。作为"责任田"课堂，思政课离"水源地"最近，专业课离"责任田"最近；思政教师思政知识精而课时有限，专业教师课时多而不专，如何守好一段渠、种好责任田，在"拔节孕穗期"形成协同效应，共育时代新人，是外语教师必须思考的时代命题。

一、大学英语课程介绍

(一)大学英语课程的教学性质和目标

《大学英语课程教学要求》指出，大学英语教学是高等教育的一个有机组成部分，大学英语课程是大学生的一门必修的基础课程。大学英语是以外语教学理论为指导，以英语语言知识与应用技能、跨文化交际和学习策略为主要内容，并集多种教学模式和教学手段为一体的教学体系。

大学英语的教学目标是培养学生的英语综合应用能力，特别是听说能力，使他们在今后的学习、工作和社会交往中能用英语有效地进行交际，同时增强其自主学习能力，提高综合文化素养，以适应我国社会发展和国际交流的需要。

大学英语课程思政使英语教学有了更明确的目标和更丰富的内涵。如今的大学英语教学负有更大的使命担当，即让青年学子充分认识到中华传统文化的博大精深和社会主义制度的优越性，增强其道路自信、理论自信、制度自信、文化自信，使其能够自觉地向世界介绍中国、传播中华文化。

(二) 大学英语教学的现状

从课程性质来说，大学英语兼具工具性和人文性，既注重语言应用，又注重学生的跨文化交际能力的培养和国际视野的拓展。但是长期以来，大学英语教学更侧重于课程的工具性，注重对学生英语听、说、读、写、译基本技能的培养。就人文性而言，语言是文化的载体，同时也是文化的组成部分。外语教师在讲解文化时，往往注重对英国、美国等国家社会与文化的介绍，没有将英语的学习提升到传播中华文化的高度。

(三) 大学英语教学安排

《大学英语课程教学要求》建议，大学英语课程要融入学校的学分制体系，尽量保证在本科总学分中占 10%（16 学分左右）。这就意味着全校各个专业的学生都要进行两学年甚至更长时间的英语学习。可以说，大学英语是跨年级、学时多、学分占比大、受众面广、影响力大的一门课程。因此，在英语课程中融入社会主义核心价值观教育，消除学生对中外文化和意识形态的认知偏差，使其坚定政治理想信仰，成为德才兼备、全面发展的人才至关重要。

综上所述，大学英语因其目标、性质、教学内容、教学安排等特点，与课程思政结合有着天然的优势。在大学英语教学实践中，应该充分利用大学英语课程话题丰富、题材多样的特点，将思政元素融入课堂教学内容当中，在实践中不断完善并形成系统性的大学英语课程思政教学设计框架。

二、大学英语课程思政实施路径

(一)调整教学内容

首先是挖掘现有教材的思政元素，重构教学内容。英语课文题材广泛，涉及英国、美国等国家的社会、文化、自然地理、科技、教育等，教师可以深挖涉及思政的课文内容，通过课文介绍西方的优秀文化，并引入中国传统文化，融入社会主义核心价值观教育，让学生更多地了解世界、更好地宣传中国，让世界更多地了解我们。例如，在讲解一篇主题为"健康的食物"的英语文章时，教师可以融入中国饮食文化介绍、饮食阴阳平衡学说，让学生充分地了解中国的不同菜系和饮食背后蕴含的文化哲学，以便学生能用好语言这个利器，为本民族的经典代言。

其次是对教学内容进行重构，要引入中央精神，把国家的发展、专业的发展和学生个人的发展结合起来，真正做到关注社会热点、贴近学生的兴趣，引导学生辩证地看待中西方社会文化的异同。例如，引入国外主流媒体对时政要闻的及时性报道，并与中国的声音加以对照，通过分析双方用语、立场的差异，依托于事实真相，揭示正确的立场观点。

最后是对英语重点单词、词组讲解进行内容重构。在英语教学中，对单词、词组的讲解是学习每篇课文的基础。教师可以挖掘其中蕴含的思政元素，找寻适合的思政例句。例如，在讲解"overwhelm"这个单词时，笔者引用了习近平总书记最新战"疫"动员金句——"中华民族历史上经历过很多磨难，但从来没有被压垮过，而是愈挫愈勇"的译法："The Chinese nation has experienced many ordeals in its history, but it has never been overwhelmed. Instead, it has become more and more courageous"。在讲解"heritage"这个单词时，笔者引用了习近平总书记对文化遗产如何保护传承的论述——"优秀传统文化是一个国家、一个民族传承和发展的根本，如果丢掉了，就割断了精神命脉"(Outstanding traditional culture is the root of the heritage and development of a country and a nation. Renouncing it is tantamount to severing our cultural life)，通过这种汉译英的练习，让学生掌握该词的用法。

(二) 调整教学方法

课程思政没有统一固定的教学模式，要根据教学内容、教学对象进行设计，但要避免生硬说教，力求做到润物无声。在教学过程中，教师要切实从学生的立场出发，注重理论联系实际，精心设计贴近学生生活和兴趣的教学案例，引导学生进行思考讨论，并自然地得出结论，将思政教育变成学生的自觉和无意识。英语课程的思政教学也绝不意味着英语教师要偏离对语言技能和跨文化知识的培育，而是依托语言技能的训练，使思政教育的功能最大化。

例如，在进行英语基本技能训练的过程中，英语教师通过巧妙地设计背景介绍、话题导入、例句选取、案例讨论，并通过形式多样的教学手段，使学生接受社会主义核心价值观的洗礼，形成正确的价值观。

(三) 调整评价体系

现行大部分的英语课程都是将语言能力作为评价的主要内容，考试题型多以大学英语四六级考试题型为主，对思政教育的相关内容却很少进行考评。这也是造成学生过分关注语言技能、轻视语言背后所蕴含的哲理和文化的一大原因。因此，大学英语课程思政教育需要将思政要点纳入评价考核体系。

首先，在大学英语课程的评价体系中，要综合运用形成性评价和总结性评价。教师可以针对学生每个阶段的学习表现进行评价，在教学的最后阶段再进行总结性评价。通过这种方式，教师可以更科学、客观地记录学生的学习过程，学生也可以养成主动学习的良好习惯。

其次，要通过各种考试方式、题型考量思政要点。英语考试可适当增添主观题，如翻译、案例分析、论述、作文、简答等题型，就学期中涉及的思政元素进行考察。例如，利用翻译题考查学生对中国传统文化的英语表述；设计作文题和案例分析题，要求学生分析时政，阐述自己的观点。

通过考试对提高教学质量的反拨作用，大学英语课程和思政的有机结合将得到师生更多的关注和重视。

(四) 利用新媒体，拓宽思政教育的渠道

在"互联网+"时代，大学英语课程的思政教育不应仅局限于英语课堂，还应借助互联网技术和新媒体平台，拓宽思政教育的渠道。例如，爱课程、学堂在线、智慧树网、中国高校外语慕课平台等在线课程平台提供了丰富的传统文化课程、跨文化交际课程、国家外交等课程；网络电台喜马拉雅 FM、考拉 FM 中有

丰富的历史文化音频资源；学习强国 App 中内容类别众多，是各类资源的集大成者。这些新媒体渠道，便捷高效地提供了大量的学习资源，有效地延伸了课堂，拓宽了课外学习和思政教育的渠道。教师可以充分利用这些平台，布置课前、课后阅读任务，引导学生课下的自主学习。学生也可以更方便地利用碎片化时间，去广泛涉猎和学习。

三、大学英语课程思政素材的来源

思政素材的来源广泛，可以是承载着丰富国学、历史文化的《论语》《道德经》《礼记》《中庸》……也可以是时政新闻、政策法规、身边故事、网络资源……

经外语课程实证，一款集丰富资源、强大功能的 App——学习强国受到了众多教师的推崇。学习强国 App 为外语课堂思政打开了一扇门，提供了丰富的素材和教学思路。如传播中国栏目的英文播报模块，刊载了最新的时政要闻；电台栏目中的英语环球广播模块，实时播放着英语新闻；电视台栏目中的 CGTN，是中国第一个全球性英语新闻频道；看慕课栏目中的外语、高校外语联盟囊括了各语种的课程；每日中华文化专词双译教你用英语介绍中国传统文化；每日一词则教你用英语介绍当代中国。

大学英语课程思政教学能够使学生"不忘本来、吸收外来、面向未来，更好构筑中国精神、中国价值、中国力量"。当代青年学子要坚定社会主义理想信念，向世界"讲好中国故事，传播好中国声音，阐释好中国特色"。这不是一个一蹴而就的过程，需要高校在英语课堂教学之中将课程思政作为立德树人的手段长期地、多维度地加以探索和实践。

参考文献：

[1]汪承平,等.高校外语类"课程思政"建设思考[J].皖西学院学报,2019(4)：12-14.

[2]王岩,等.外语院校特色思政体系构建的探索和实践[J].青年发展论坛,2017(3)：40-46.

[3]王成霞,袁俊娥.大学英语"课程思政"动态系统化设计和实践研究[J].教育教学论坛,2019(12)：30-31.

[4]张文静.文化自信视角下外语课程融入思政元素的路径探析[J].常州信

息职业技术学院学报，2020（1）：61-63.

基金项目：内蒙古自治区教育科学规划 2021 年度课题"课程思政融入大学英语类课程的路径研究"（NGJGH2021238）。

作者简介：刘娟，教授，主要研究方向为英语教学、英汉翻译。

环境经济学课程思政教学实践

乌云嘎

摘要：专业课程思政是党中央对高校提高教学质量，办中国特色社会主义大学提出的重要指示。环境经济学课程对于宣传贯彻习近平生态文明思想有着得天独厚的学术和教学优势。内蒙古财经大学在环境经济学课程思政实践中，通过生态文明思想解析、生态文明建设实践、生态环境保护典型事件与人物、中国古代朴素生态文明思想蕴含等环节，将思政元素充分挖掘，合理融入教学全过程，实现了培养具有绿色发展价值观的新一代大学生的教育目标。

关键词：生态文明；课程思政；绿色发展价值观

一、环境经济学课程思政教学改革的背景与意义

在 2016 年 12 月召开的全国高校思想政治工作会议上，习近平总书记指出：要坚持把立德树人作为中心环节，把思想政治工作贯穿教育教学全过程，实现全程育人、全方位育人，努力开创我国高等教育事业发展新局面。同时也指出：要用好课堂教学这个主渠道，思想政治理论课要坚持在改进中加强，提升思想政治教育亲和力和针对性，满足学生成长发展需求和期待，其他各门课都要守好一段渠，种好责任田，使各类课程与思想政治理论课同向同行，形成协同效应。这是中国特色社会主义建设事业进入新时代，党和国家对全国高校发出的动员令，是高校教育教学深化改革的战略目标。也是对各类专业课程开展思政教育的总要求，是深入开展高校教学质量工程建设的改革路径。

环境经济学课程是内蒙古财经大学资源与环境经济学院开设的资源与环境经济学专业的专业主干课程，同时也是全校经济学、管理学、法学等专业的跨专业选修课程，其面向全校各个专业的学生开放，影响面广。因此，宣传和贯彻习近平

生态文明思想，环境经济学课程有着得天独厚的学术和教学优势。环境经济学课程思政教学改革于 2018 年 12 月立项，经过大纲修订、课程设计、课件制作和教案补充等准备工作，于 2019 年 9 月正式在 2017 级资源与环境经济学专业的两个班级的教学中实施试点。本文总结了环境经济学课程思政的教学经验，为探索环境类专业课课程思政教学改革提供参考。

二、环境经济学课程思政的教学目标

环境经济学是随着人类社会发展中出现的越来越严重的环境问题而产生的一门新兴应用经济学，主要探讨以经济学原理解决环境与资源问题。从学科发展来看，20 世纪二三十年代，人们开始关注经济发展与环境问题的关系，于 20 世纪五六十年代在西方发达国家诞生了环境经济学专业，随后于 20 世纪 80 年代初期传入我国。20 世纪 90 年代，随着我国改革开放进程的加快，经济取得了快速的发展，同时经济发展与生态环境的矛盾也越来越突出，于是在 21 世纪初很多高等院校开设了资源与环境经济学专业，开始培养环境与经济学相交叉的新型专门人才。从上述环境经济学专业的发展来看，该专业引入我国的时间较短，课程体系中偏重西方发达国家的生态环境理念，教材大多采用的是欧美国家或地区的译本，与我国国情不符，在教学过程中缺乏习近平生态文明思想的主导内容。

环境经济学课程的思政目标是以习近平新时代中国特色社会主义思想为指导，培养学生深刻理解生态文明建设是新时期"五位一体"总体布局的重要组成部分。结合本课程的教学目标使学生理解和掌握环境经济学的基本理论、方法和政策手段，培养学生树立"绿色、共享、生态、环保、敬业"的价值观，增强学生的道路自信、理论自信、制度自信、文化自信。

三、环境经济学课程思政的教学实践

内蒙古财经大学开设的环境经济学课程是资源与环境经济学专业的专业基础课，同时也是面向全校各专业的选修课。该课程从 2001 年开始授课，2014 年被评为内蒙古自治区精品课程，2016 年着手校级慕课建设，2019 年在全校范围试行慕课教学；2018 年开始环境经济学课程思政教学改革，2019 年在资源与环境经济学专业中试行思政教学实践。

（一）找准在课程教学中融入思政教育的路径

专业课程的思政教育属于隐性教育，所以很容易出现专业课程的教学与思政教育脱节的情况，即只注重讲授专业知识，而忽视了思政教育。这是当前专业课程教学中普遍存在的一个突出问题。要解决这个突出问题，就必须找准专业课程教学中融入思政教育的路径，达到润物细无声的效果。

资源与环境经济学专业开设的环境经济学课程由环境经济学导论、环境经济学理论体系、环境经济分析与评价和环境经济政策四大部分组成。

在讲授环境经济学导论和环境经济学理论体系两个单元时，不仅要让学生掌握环境经济学的产生和发展、理论基础、主要研究领域、研究对象与研究方法等专业知识，还要让学生深刻地认识到如何合理开发自然资源，大力保护生态环境，实现可持续发展是当今世界人类社会面临的一个迫切需要解决的重大问题。引导学生深刻认识习近平新时代中国特色社会主义思想的基本方略，例如：中国特色社会主义事业的总体布局是"五位一体"，战略布局是"四个全面"；坚持科学发展，坚定不移贯彻创新、协调、绿色、开发、共享的发展理念；坚持人与自然和谐共生，坚定走生产发展、生活富裕、生态良好的文明发展道路，建设美丽中国，为人民创造良好生产生活环境，为全球生态安全做出贡献；等等。在环境经济学专业课程的教学中融入这些思政教育，能够更好地激发学生对生态环境类专业课程的学习兴趣，提高学生学好环境经济学知识，为功在当代、利在千秋的社会主义生态文明建设而奋斗的自觉性。

在讲授环境经济分析与评价、环境经济政策两个单元时，要让学生融会贯通诸如环境产权理论、环境费用—效益分析和环境经济政策概述、环境税费征收、环境财政等基础理论。在这类专业课程的教学中要贯穿习近平新时代中国特色社会主义思想中对生态环境建设的重要指示和严格要求，例如：坚持"人与自然和谐共生"的思想；引导学生加深理解"建设生态文明是中华民族永续发展的千年大计"；必须树立和践行"绿水青山就是金山银山"的理念，坚持节约资源和保护环境的基本国策，像对待生命一样对待生态环境；统筹山水林田湖草沙系统治理，实行最严格的生态环境保护制度；等等。在环境经济学专业课程的教学中融入这些思政教育，能让学生明确认识到我国的生态文明已经跨入依法建设的时代，制定了比较完善的治理和保护生态环境的法规和政策；从道德、法制层面让学生认识到随着经济发展、社会进步，保护生态、爱护环境、节约资源已经成为当代道德规范的重要内容，严密的法制是生态文明建设的可靠保障；提高学生对国家生态环境建设法规和政策的认识，树立依法行政意识，学好专业知识，志存高远，脚踏实地，勇做时代的"弄潮儿"，更好地为社会主义生态文明建设做贡献，在奋斗中书写人生的华章。

（二）充分发挥实践课程教学在思政教育中的作用

环境经济学课程的教学方法是课堂教学讲授理论，注重理论与实践相结合，实践课程教学巩固理论知识。与理论教学相结合的实践教学，能够帮助学生以生动直观的形式体验和理解理论知识，有效弥补理论教学相对抽象的不足。在专业课程教学中加强思政教育，应当充分发挥实践课程教学的优势和作用。

在环境经济学课程的教学中介绍鄂尔多斯市恩格贝防治荒漠化发展沙产业、河北省塞罕坝几代人植树造林建设绿色屏障、晋冀蒙地区"三北"防护林体系工程建设、以生态环境治理而致富达小康的典范等生态环境建设的事件和经验，引入生态环境执法中发现的一些具有代表性的典型案例进行案例分析，还可以以作业的方式让学生搜集案例、分析案例，从而提高学生依法行政的自觉性，起到警示教育的作用，让学生树立"爱自然、爱环境、爱探索"的环保意识。

另外，环境经济学课程教学结合大三下学期开设的环境经济综合实习，利用资源与环境经济学院建立的实践实习基地，如恩格贝沙产业基地、达拉特旗达拉特电厂与亿利循环经济示范区等实践教学基地，让学生亲自参加生态建设环境保护的各项实际操作和劳动，感受生态环境保护和建设的迫切性和艰巨性，从建设成果中获得美好的成就感。

（三）以环境保护典型事件弘扬时代楷模精神

在专业理论课程的教学中融入思政教育的社会资源非常丰富。尤其是进入新时代，"坚持人与自然和谐共生"被列为坚持和发展中国特色社会主义的"十四个坚持"基本方略之一，提出加强生态文明体制改革，建设美丽中国的战略部署，要求抓紧抓好推进绿色发展、解决突出环境问题、加大生态系统保护力度、改革生态环境监管体制等主要工作。因此，在治理环境污染、保护自然资源、建设生态文明方面涌现出了许许多多的先进人物、可歌可泣的模范事迹、丰富多样的典型经验，如塞罕坝机械林场建设、"六老汉"三代人治沙造林的时代楷模等。这些都是环境经济学课程教学中融入思政教育的社会资源，收集媒体影像资料建成环境经济学课程思政教学资料库，通过微课、慕课、微视频等多种形式让学生在学习专业课理论知识的同时能够系统地得到来自社会实践的思政教育，起到了弘扬时代楷模精神，立德树人，用社会主义核心价值观培养学生的作用。

(四)推荐课外读物挖掘中华文化中的生态环境保护思想

中国是世界文明古国，有着悠久的历史，为人类社会的进步与发展做出了伟大贡献，其中也蕴含着生态环境保护的思想与实践。这些文化瑰宝被记载于典籍之中。因此，挖掘适合大学生阅读的古籍，有助于深入学习中国传统的朴素的生态文明思想，了解中国古代的生态环境保护实践，树立学生的文化自信。

另外，中华民族是一个大家庭，各民族的生态环境保护思想在历史的长河中融合成中国朴素的生态文明思想，在生态环境保护实践中发挥着极其重要的作用。结合地域特色与民族特点，鼓励学生探索挖掘各民族的传统生态环境保护观念与习俗，推荐学生阅读一批民族的生态保护研究文献，既丰富了教学内容，又在潜移默化中加强了民族团结奋进的教育。

四、积极参与课程思政培训与学习，提高教师综合素质

教师的德育意识、政治素养、教育理念、教学经验等是专业课程教学中融入和发挥思政教育的决定性因素。因此，课程组成员积极参加各类培训，提高教育教学方面的会议，并与其他高校的教师进行交流学习，主动提高教学能力与政治素养。通过交流活动与学习，课程组成员"立德树人"的教育理念、教学水平及学术科研能力得到较大提升，教师的综合素质有所提高，有助于更好地服务于教育事业。

五、小结与讨论

环境经济学课程教学通过合理设计可将习近平生态文明思想与建设贯穿融通于教育教学全过程，达到润物细无声的思政效果，自然而然地将"绿色、共享、生态、环保、敬业"等元素传达给学生，培养学生的社会主义核心价值观。实现这一目标的关键是教师，教师的德育意识、政治素养、教育理念、教学经验等是专业课程教学中融入和发挥思政教育的决定性因素。学校要通过各种渠道加强教

师的政治学习，提高教师的道德修养和育德意识，树立教师对专业课程思政的认同感和使命感，在教学中自觉做到用正确的价值观引领学生，实现教书和育人的完美结合。学校要经常组织专业课教师与思政课教师之间的教学经验交流，与辅导员和班主任建立沟通和互动的联系，组成多学科背景精准把握学生思想动态的教学团队，形成浓厚的立德树人的氛围。

内蒙古财经大学环境经济学课程思政教学实践主要探讨了教学过程中如何确立思政目标，如何挖掘思政元素，如何将思政教育贯穿教学全过程，为环境经济学课程思政的改革做出了有力尝试。今后将尝试以学生德育效果为依据，设计出课程考核标准和评价体系。不但可以检测学生的专业知识掌握程度，而且能检测到学生对专业课程思政教育的满意度，以期能够完善环境经济学课程思政模式，不断提高和改进课程思政教育的质量。

参考文献：

[1]习近平.深化新时代学校思想政治理论课改革创新[N].人民日报，2019-08-15(001).

[2]马中.环境与自然资源经济学概论[M].2版.北京：高等教育出版社，2006.

[3]张勇，胡时朦，等.生态环境类专业的课程思政：以"环境问题观察"MOOC建设为例[J].中国大学教学，2018(6)：34-38.

[4]习近平.决胜全面建成小康社会 夺取新时代中国特色社会主义伟大胜利：在中国共产党第十九次全国代表大会上的报告[M].北京：人民出版社，2017.

基金项目：2018年度内蒙古财经大学校级教育教学改革项目（JGKCSZ201811）"课程思政"教学改革示范项目。

作者简介：乌云嘎，内蒙古财经大学资源与环境经济学院讲师。

抓核心、重实践，在教与学中落实"立德树人"

——高级语言程序设计课程思政教学体系

高 阳 任志鸿

摘要："培养什么人、怎样培养人、为谁培养人"是高校人才培养的根本问题，"立德树人"是人才培养的根本任务。课程思政教学体系的建立与实施是回答这一问题、完成这一任务的首要保证。本文以高级语言程序设计课程为例，给出了课程思政教学体系的构成，涵盖教学目标、内容、实施方式三个方面。

关键词：课程思政；目标；实施；开展方式

一、课程思政教育的背景与意义

为深入贯彻落实习近平总书记关于教育的重要论述和全国教育大会精神，贯彻落实中共中央办公厅、国务院办公厅《关于深化新时代学校思想政治理论课改革创新的若干意见》，把思想政治教育贯穿人才培养体系，全面推进高校课程思政建设，发挥好每门课程的育人作用，提高高校人才培养质量，教育部制定了《高等学校课程思政建设指导纲要》（以下简称《指导纲要》）。

《指导纲要》指出，培养什么人、怎样培养人、为谁培养人是教育的根本问题，立德树人的成效是检验高校一切工作的根本标准。落实立德树人根本任务，必须将价值塑造、知识传授和能力培养三者融为一体、不可割裂。全面推进课程思政建设，就是要寓价值观引导于知识传授和能力培养之中，帮助学生塑造正确的世界观、人生观、价值观，这是人才培养的应有之义，更是必备内容。

高级语言程序设计课程团队，在课程建设与实施过程中，一直坚持以立德树人为核心，结合学校的办学定位以及计算机科学与技术专业的人才培养目标，将

"培养什么人、怎样培养人、为谁培养人"这一使命性问题和课程建设与实施的具体实践相结合，在教学工作中给出了这一问题的答案。课程团队将课程思政教学体系建设和"争创国家级一流课程"、"高校教师教学创新大赛"、2020级与2021级学生的具体教学实践等工作相结合，建设完成了高级语言程序设计课程思政教学体系，涵盖教学目标、内容、实施方式方法三个方面。

二、高级语言程序设计课程概述

自2010年起，教育部通过"卓越工程师计划""双万计划"等指导性项目，明确了提升高校本科阶段人才培养质量的政策导向。《指导纲要》更是给出了人才培养工作需要解决的根本性问题。结合高校培养"复合型、应用型、创新型"专门人才的办学定位，课程团队依照专业培养方案，结合高级语言程序设计课程的基本属性(计算机科学与技术及相关专业在大学一年级第一学期开设的学科基础课程，共60学时，4学分)，凝练出了本课程的培养目标体系。

- 知识目标：系统全面地掌握C++语言基础知识；掌握编程的基本规则与流程，进而明确计算机编程的一般方法。
- 能力目标：能够使用C++语言编写程序，解决简单的数据处理问题；具备提升代码质量、调试程序、保证程序正常运行的能力；掌握编写程序的通用方法与思想。
- 情感态度价值观与课程思政目标：培养学生良好的工程学科学习习惯，重视实践，勇于实践；激发学生对学科与专业的兴趣，树立投身于信息技术领域的理想与信心；促使学生养成精确、严谨、求真的工匠精神。

三、课程思政教学体系

课程团队在建设本课程的思政教学体系时，首先明确该课程作为工程学科的专业课程，要根据学科专业的特色优势，深入研究计算机科学与技术专业的育人目标，挖掘、提炼专业知识体系中蕴含的思想价值和精神内涵，科学合理地拓展专业课程的深度、广度和温度，从课程所涉专业、行业、国家、国际、文化、历史等角度，增加课程的知识性、人文性，提升引领性、时代性和开放性。

《指导纲要》指出，理学、工学类专业课程，要在课程教学中把马克思主义立场观点方法的教育与科学精神的培养结合起来，提高学生正确认识问题、分析问题和解决问题的能力。理学类专业课程，要注重科学思维方法的训练和科学伦理的教育，培养学生探索未知、追求真理、勇攀科学高峰的责任感和使命感。工学类专业课程，要注重强化学生工程伦理教育，培养学生精益求精的大国工匠精神，激发学生科技报国的家国情怀和使命担当。

(一)课程思政目标

高级语言程序设计课程思政教学目标分为专业行为习惯与思想方法、专业理想信念与科技报国使命担当、严谨治学与大国工匠精神、地方特色与民族共同体意识、科学伦理观与价值观五个方面。

第一，本课程作为在大学一年级第一学期开设的学科基础课程，自然要承担起培养学生良好的学习习惯和思想方法的任务。具体而言，要培养学生重视实践、勇于实践，将理论与实践紧密结合的工程学科学习方法。在学习过程中，将唯物主义思想方法与工程学科的理论与应用相结合，树立正确的科学专业世界观与方法论。

第二，激发学生对学科和专业的兴趣。在学习过程中，使学生对信息技术方向，特别是计算机科学与技术专业的未来发展逐步建立信心，并通过课程思政内容，将这一信心升华为对我国计算机科学发展的坚定信心和使命担当。

第三，计算机学科，乃至工程学科，从理论到实践，天然地要求学生在学习与实践过程中秉持精确、严谨的行为模式。"求真之于理论，务实之于实践"本就是工程学科的根本方法。因此，课程团队将严谨治学与大国工匠精神的培养纳入课程思政教学的教学目标。

第四，在教学过程中，将内蒙古自治区的发展特点、特色产业及未来发展与专业教学内容相结合。在教学实践过程中，注重"铸牢中华民族共同体意识"的实现。

第五，树立正确的科学伦理观、价值观。在教学中，特别是在实践教学体系的案例中，要培养学生正确的科学伦理观与价值观，合理地运用计算机技术。

(二)课程思政内容

高级语言程序设计课程思政内容并不是简单的理论说教。课程团队在设计思政内容之初，就明确了思政内容必须与课程的专业内容相结合，以及思政教学的实施过程必须与专业教学过程相结合的模式要求。基于此，课程思政内容如下：

第一，融入专业学习内容的思政元素。专业学习内容就是最大的思政内容来源，关键在于提炼与引导。学生通过贯穿课前、课上、课后以及学科竞赛的实践教学体系，在一次次的编程实践过程中养成工程学科学习习惯。在一个个实践问题的解决过程中，提高认识问题、分析问题和解决问题的能力并提炼出所在学科的思维模式与方法，进而树立正确的专业学科世界观与方法论。

第二，与专业内容相关的案例。根据课程专业内容，发掘与之对应的相关技术领域的内容，上至国家的大政方针，下至日常生活中的技术运用；上至知名科学家、企业家，下至高年级的优秀同学。将这些内容与专业内容结合，如表1所示。

表1　高级语言程序设计课程思政内容

内容	情感态度价值观目标	融合课程内容
雷军，理工人才的成长之路	树立正确的科学发展观，激发学生学习信息技术的兴趣	课程学习内容概述
计算机处理数据的基本原则；学习计算机技术的注意点	培养精确、严谨、求真的工匠精神	常量与变量——基本程序编写与调试流程
数学对于计算机技术的指导意义；A. M. 图灵奖的来历与我国科学家在计算机数学领域的突出贡献；姚期智与清华大学计算机科学实验班	树立对于信息技术的信心；明确数学在工程学科中的地位；计算机的底层逻辑——世界观与方法论	算术运算符与算数表达式
计算机行业的政策以及未来的发展道路	引导学生认清未来的发展道路——树立学科与专业的信心	计算机处理数据的本质
复杂问题的抽象过程；现实问题判断方式方法的抽象与关系运算和逻辑运算的关系	学习计算机思维模式——实际问题的抽象化过程；计算机对现实世界的抽象化过程中的世界观与方法论	关系运算与逻辑运算；选择结构程序编写

续表

内容	情感态度价值观目标	融合课程内容
人工智能与社会伦理——不同名人与国家的观点；正确的人生观与社会认识；我国在人工智能领域的发展现状与未来	分析计算机处理问题的一般性原则及其与人类分析问题的习惯的区别；树立对学科发展的信心；引导学生关注"科学发展是为人民更好的生活服务"这一宗旨以及科学伦理	程序结构分类；简单的循环结构程序编写；算法——计算机程序的基本结构
程序的底层逻辑与人类的理性思维；社会群体互动抽象与程序解决问题模式的关联与思考	培养学生严谨的逻辑思维能力与实际问题的抽象能力；引导学生使用唯物主义观点认识世界、认识历史与现实	各类型程序的综合练习与算法设计的基本步骤
函数功能的划分——软件系统与社会系统的比较分析；正确认识社会的组织形式与分工协作	了解程序的组织形式；引入工业体系的划分；中华民族共同体意识；各民族的团结互助协作	程序的功能模块；函数的基本概念
数组与数据的关系，大数据的发展；内蒙古自治区在数据与超算中心的领先地位；我国在大数据方面的独特优势与行业发展现状	学习计算机底层思维中的数据来源与抽象过程；确立计算机思维模式中的大数据观；通过了解我国的信息技术发展趋势，树立对学科的信心	一维数组与二维数组
一维数组到二维数组；信息—数据—数据结构反映的现实世界维度；我国影响力最大的科幻小说——《三体》中的多维度概念	培养计算机编程的基本思维模式	字符数组与多维数组
《三体》中的人工智能——正确认识人工智能与人类社会发展之间的相互关联	激发学生学习信息技术的兴趣；将个人发展与社会发展相结合	综合复习
我国的量子计算机技术及其应用前景	科学伦理观的树立	综合复习

第三，依托线上教学平台，利用其讨论专区，进行课程思政专题讨论。课程团队在进行线上线下混合式教学模式改革的过程中，同样将课程思政的教学进行了线上移植。结合具体的教学实施过程，有针对性地根据教学的具体内容、时事政治、科学事件等，发布讨论主题，引导学生积极主动地参与到课程思政教学中。在2021级的课程思政教学中发布的专题讨论如下：①数学与计算机编程的

关系；②结合脸书更名事件，讨论元宇宙与计算机行业未来的发展方向；③IT 行业的加班文化与 IT 行业自身的产业升级；④结合人大代表选举，讨论电子签名与区块链技术应用；⑤结合科技新闻"脑机接口在美获批临床试验"，讨论人工智能技术发展对人类社会的冲击与科学伦理；⑥结合国家公祭日进行科技兴国的教育，明确大学生的使命担当，并讨论中国、日本在芯片技术上的发展历程；⑦结合民族品牌"蜂花"在社交媒体上的新闻，讨论互联网生态的温度、网络媒体的成长以及相关技术的运用。

(三) 课程思政的实施方式

第一，"学高为师，身正为范。"课程思政的实施，最为直接、最为高效的方法就是教师在课程实施过程中以身作则、率先垂范、立言立行，对课程思政的教学目标与内容做到严于律己。教师自身的行为规范是课程思政最好的实施方式方法，应当作为课程思政的"第一课"。

第二，依托编程实践，隐性实施课程思政。在大量程序的实现过程中培养学生的工程学科学习习惯，重视实践，勇于实践。在实践中使学生提升认识问题、分析问题和解决问题的能力，学习并领悟计算机学科乃至工程学科的思维模式与一般性方法论。通过高标准严要求，促使学生养成精确、严谨、求真的工匠精神。

高级语言程序设计课程是典型的工程学科基础课程，兼具理论内容与实践内容。课程团队在本轮课程建设中，依托"在线课堂""实体课堂""第二课堂""学科竞赛课堂"，构建了贯穿学生课前、课上、课后的，充分体现"两性一度"一流课程要求的实践教学体系。课程团队将课程思政的培养目标与具体内容融进每次实践活动、每道练习题目，甚至每行程序代码中，像食盐之于美食一样，润物细无声地完成课程思政教学内容，进而实现相应的课程目标。

第三，结合课堂教学内容，显性实施。依托由线上、线下、课后、学科竞赛构成的四维度课堂，引入各种案例，采用直接讲授、线上讨论、调查报告等各种形式，显性实施课程思政教学。例如，每个教学阶段的实体课堂教学过程中，会在课程导入部分结合本章节内容概述，显性讲解课程思政的案例教学。以前述案例为内容来源，每周一个主题展开相关内容，实现激发学生对学科与专业的兴趣，树立投身信息技术领域的理想与信心的目标。再如，在线上课堂布置主题讨论作业，引导学生积极参与相关问题的讨论，从而实现课程思政的教学。

在具体的实施过程中，思政内容与专业内容逐渐完成了有机融合，形成了相互促进的良性发展体系。

第四，依托线上平台，充分交流互动，并实现考核评价。依托超星泛雅线上教学平台，教师根据课程的教学内容，结合时事新闻、历史上的今天以及优秀多媒体融合平台内容，发布课程思政主题讨论帖，实施思政教学。

思政内容的考核同样依托线上平台，通过以下两种方法完成：一是根据学生的跟帖与点赞情况完成相应的考核；二是提炼教师发帖内容中的核心内容编写题库，将题目融入日常的作业与考试中完成相应的考核。

参考文献：

[1]中华人民共和国教育部.关于印发《高等学校课程思政建设指导纲要》的通知[EB/OL].http：//www.moe.gov.cn/，2020.

[2]朱梦洁."课程思政"的探索与实践：以专业课为视角[D].上海：上海外国语大学，2018.

[3]汤琳，周鹏，洪玲.新工科背景下计算机类专业课程思政建设思路与实践路径探索：以"数据结构"课程为例[J].绵阳师范学院学报，2020(10)：42-50.

基金项目：内蒙古自治区教育厅科学研究"十四五"规划 2021 年度课题"一流课程背景下面向课程群的课程思政实施范式研究"(NGJGH2021245)。

作者简介：高阳，内蒙古财经大学讲师。任志鸿，副教授，主要研究方向为计算机科学。

增强经济思想史课程教学中的理论自信

拓志超

摘要： 长期以来，经济思想史课程的教学内容缺少古代中国经济思想对经济学的形成所产生的影响，及其应有的地位。对于中国学界而言，经济学是一个"舶来品"。中国随着经济实力的不断提升，对理论话语权的要求越来越紧迫，构建中国的经济学理论体系成为当下经济学界的重要课题。本文尝试将国内外学界对古代中国之于经济学的形成产生的影响的相关研究成果，以及对中国特色社会主义经济实践经验总结的相关研究成果融入教学内容，打破一直以来"言经济学必谈古希腊"的固有思维，以提升学生学习经济学的理论自信，为构建中国经济学提供一种思路，即发扬中国优秀传统，总结中国特色社会主义经济建设实践经验。本文主要从三条线索展开，分别对应不同的章节内容：第一，从"经济"词义辨析，对比中西方的不同理解，并结合西方经济学演变历史，明确政治经济学的中国渊源，对应的章节是导论与第一章"早期的经济思想"；第二，从古典经济学的中国渊源探究，得出古代中国是现代政治经济学的渊源之一，对应第三、第四、第五章，即古典经济学的形成，包括重农学派、亚当·斯密的经济学说；第三，比较凯恩斯经济思想与中国宏观调控理论，得出中国宏观调控理论是共产党人对古代中国优秀传统的继承和发扬，是一种理论创造，具有鲜明的中国特色，对应第十二章"凯恩斯的经济学说"。

关键词： 经济思想史；理论自信；优秀传统；宏观调控

一、课程概述

(一)课程章节

经济思想史课程的章节包括：导论；第一章"早期的经济思想"；第三、第四、

第五章，即重农学派、亚当·斯密的经济学说；第十二章"凯恩斯的经济学说"。

（二）学情分析与教学思想

在以往的学习和教学经历中，笔者切身感受到了"言经济学必谈古希腊"的思维定式，对于中国学界而言，经济学就是一个"舶来品"，拥有悠久文明的中国缺席了这样一门重要的社会科学的形成。在笔者从事教学工作的十几年中，这门课程的名称经历了"西方经济学说史""经济学说史""经济思想史"的变化，但在教学内容上有一个共同点：基本没有出现中国的经济思想或把中国排除在了经济学历史之外。从笔者接触、使用过的不同版本的教材来看，如从中国人民大学姚开建主编教材、北京师范大学出版教材，到使用国际教材，包括斯坦利·布鲁、小罗伯特主编的教材，再到使用国内教材（复旦大学马涛主编），很少有教材会将中国的经济思想编写入册，即便是有，也只是按照时间脉络、地域等编写（如小罗伯特的《经济理论与经济方法》），未能展示中国在经济学历史上应有的地位和影响。近来使用的由复旦大学出版社出版、马涛主编的《经济思想史教程（第二版）》（2018）针对这个问题专门设置了一章的篇幅。但该教材只是以文献梳理的形式展示了18世纪欧洲兴起的"中国热"背景下，中西方思想的交流脉络，没能进一步从思想内容展开。本文认为，在提升中国理论自信、构建中国经济学的呼声越来越高的背景下，有必要在经济思想史课程的教学中强调古代中国优秀文化、优秀经济思想对整个经济学发展的影响及其地位，帮助学习者改变一直以来的"言经济学必谈希腊"的思维惯性，提升其学习经济学的理论自信。这也是从事教学研究和学习的每位学者、教师和学生的时代使命。

目前，该课程为经济学专业本科三年级的学生开设，在这之前他们已经学习了马克思主义政治经济学、微观经济学、宏观经济学等经济学专业基础课程，并学习了其他经济学分支的专业课程，具备了较丰富的经济学理论知识，在接下来的学年论文、毕业论文设计环节，以及未来的职业道路上，都有进一步运用所学经济学理论解释、分析实际问题的需要，但学生对所学理论缺乏系统性的理解和把握，尤其是在既学了马克思主义政治经济学又学了西方经济学后，对一些理论在价值观上的冲突该如何把握，进而做到客观理解、评价及运用，尚不能很好地驾驭。同时，学生一直以来都认为经济学是从西方传来的，是舶来品，因而在学习时缺乏应有的理论自信。经济思想产生于经济实践，并随着经济实践的发展而发展演变。中华文明上下五千年，古代中国曾经是世界上非常重要的经济体之一，有着肥沃的实践土壤，自然孕育了丰富的经济思想，这些经济思想在当时发挥了重要作用。由于近代中国未能发展资本主义经济，不具备使这些经济思想独立成为一门学科的条件，但一些研究资料显示，古代中国的优秀思想曾对经济学的形成产生了重要影响。我们培养的学生是未来中国社会主义的建设者和接班人，他们理应了解这些优秀思想。经济思想史课程是以经济思想的产生、发展、演变的历史为主要内容的，应该包括人类文明中所有的经济思想，而不应该局限于西方文明中的经济思想。本文就是尝试将这方面的研究成果融入教学内容。同时，学界对中国特色社会主义经济建设中的许多经验的研究表明，西方经济学相关理论不能很好地解释中国的经验，这些经验具有鲜明的中国特色，是构建中国经济学的丰富素材，将这些最新研究成果融入本课程的教学中，同样有助于增强学生的理论自信。

长期以来，该课程教学以教师讲授为主，学生被动学习，本文尝试适应当下"学为中心"的理念，在教学模式、教学手段、教学评价等环节做了相应的调整，以期更好地帮助学生学习知识、提高能力、实现情感认同。

在教学内容上，本文从三条线索入手，嵌入相应的章节：第一，从"经济"词义辨析开始，对比中西方的不同理解，考察西方经济学演变的历史，明确政治经济学的中国渊源，嵌入导论与第一章"早期的经济思想"；第二，探析英法古典经济学的中国渊源，可知古代中国思想是现代政治经济学的重要渊源，嵌入第三、第四、第五章，即古典经济学的形成，包括重农学派和亚当·斯密的经济学说；第三，比较凯恩斯经济理论与中国宏观调控，可知中国的宏观调控实践与经验是中国共产党人对古代中国优秀传统的继承和发扬，是对马克思主义理论的创新，嵌入第十二章"凯恩斯的经济学说"。

(三)教学目标

帮助学生了解古代中国思想对经济学形成产生的影响的研究文献成果，引导学生深入了解古代中国思想对经济学形成产生的影响的具体表现。

锻炼学生对不同经济思想的比较分析能力，促进学生思辨能力的发展，为学生明确职业目标提供世界观指导和能力培养。

增强学生学习经济学的理论自信，引导学生认识到肩负构建中国经济学的时代使命、继承和发扬古代中国优秀传统的重要性，增强学生对中国特色社会主义经济建设的自信。

(四)教学重点和难点

- 古代中国思想对经济学形成的影响的具体体现。
- 思辨认识凯恩斯经济学说，深刻体会中国宏观调控实践经验。
- 关于构建中国经济学路径的思考。

（五）教学方法和策略

课前学习任务布置：基于线上线下混合式教学，线上提前布置学习任务，提供相关学习资料，包括中国古代相关思想、18 世纪欧洲兴起的"中国热"、中国宏观调控案例等。课堂中以探究式教学方法展开：①以问题为导向，突出问题意识；②"破""立"结合，破除学生思想迷雾，以正确观点重构学生意识；③说"理"与谈"情"相结合。

二、教学内容与安排——古代中国经济思想

有的学生在课下交流时经常会有这样的疑惑：中华文明是四大古文明之一，中国曾经在世界上经历了辉煌的发展阶段，难道没有产生相应的经济思想吗？在查阅文献后发现，原来有很多学者在研究这个问题，并且取得了丰硕的成果，但这些成果没能进入课堂，引导学生进一步去认识中国的经济思想。这些文献主要从以下三个方面论述这个问题，我们借助这些研究成果，揭开中国对经济学的影响和贡献，以期增强学生的经济学中国自信。

（一）从"经济"一词的辨析中认识古代中国是政治经济学的渊源①

1. 古代西方"经济"的含义

经济思想史课程中，"经济"一词通常会追溯到古希腊，哲学家色诺芬将古希腊语中的"家庭""管理"两个词放到一起，就演变成今天的"经济"（economy），所以，经济在古希腊表示"家庭管理"，主要研究奴隶主如何管理他的庄园经济，让奴隶生产出更多的产品，以增加财富。可见，这时的经济学主要关注个体的庄园经济管理，而与国家、社会的治理是没有关系的。原因是此时的希腊城邦林立，是一个并没有一个权威的国家政权。

2. 古代中国"经济"的含义

在中国，"经济"一词最初在《周易》一书中出现。"经"可以解释为"径"，即指阡陌（纵横的田地）；"济"字从水旁，解释为"渡"，即指渡水。"经济"的字

---

① 侯风云，王朝晖. 从"经济"词义辨析到政治经济学中国自信[J]. 福建论坛（人文社会科学版），2019（3）.

面意思就是让水在大地中流淌，滋润大地，可以引申为，让利益流向国家内部各个不同的方面。古代名联中有一句"文章西汉双司马，经济南阳一卧龙"，这里面的"经济"就是"经邦济世"的意思，即诸葛亮在东汉末年朝廷衰落、纷争不断的社会而提出的"治国平天下"的方略。公元4世纪初，东晋时期就已正式使用"经济"一词，其含义是"经邦""经国""济世""济民"，以及"经世济民"等词的综合和简化，含有"治国平天下"的意思。"经济"两字的连用，最早见于隋朝王通的《中说》（又名《文中子》）"礼乐"篇里的"经济之道"，原意是指"经邦济世"或"经国济民"的道理或规律，即治理国家的规律。可见，古代中国的"经济"之学从一开始就是管理国家的学问，就是使一国的财富增进，使国内民众安居乐业，是一个宏观的国家管理概念，包含着对国家、地区事务处理的意思。这种"事务"处理最主要的就是处理好各种利益主体、主要是利益集团之间的物质利益关系，无论是土地分配，还是税收缴纳，抑或是赈灾扶贫，都是涉及不同的利益集团之间利益关系的处理，只有这样才能使社会和谐发展。社会管理者如何做到这一点？就是要遵循"修身—齐家—治国—平天下"的逻辑。

由中西方"经济"词义的对比可知，两种文化存在着理解上的差异，这造成了中西方经济学研究的起点的差异。西方一开始就更加重视个体的、家庭的成本收益比较，对于国家、社会的研究则不加重视，故难以形成国家权威。因此，古代的欧洲征战不断，并难以抵抗外来的侵犯，致使古希腊和古罗马文明相继失落。后来的欧洲社会，封建割据，人口增长缓慢，社会长期处于混乱征战、停滞不前的状态。中国的经济学注重管理国家内部的人与人之间的利益关系，注重国家内部利益关系的协调，注重国家与邻国之间和谐利益关系的研究，讲人与人、人与自然之间的协调，从而形成了中国古代历史的稳定和持久。

3. 西方政治经济学产生后"经济"含义由西方向东方靠拢

直到西欧封建社会末期，进入资本原始积累时期，商业资本成为在社会占主导地位的资本形态，商人在进行海外贸易时，需要国家作为强大的后盾支撑，此时的封建中央集权民族国家建立，同时重商主义非常重视国家在增加财富中的作用，也就有了孟克列钦1615年提出的"政治经济学"的概念，即在经济前面加了"政治"一词，主要想区别于古希腊"经济"是"家庭管理"的意思，此时的"经济"是要研究整个国家或地区的财富增长问题，要求国家干预经济，协调各利益集团的关系，讨论国家出台怎样的政策才能使一个国家致富。1755年，法国思想家卢梭在《大百科全书》中刊登了一篇题为"政治经济学"的论文，第二次提出"政治经济学"这一术语。卢梭把经济学分为政治经济学（或公共经济学）和个人经济学（或家庭经济学）。政治经济学（或公共经济学）强调国家行政管理，是行政权力。个人经济学(或家庭经济学)则是一种微观个体的成本收益管理的经济学。1767 年，英国重商学派的最后代表人物詹姆斯·斯图亚特也使用"政治经济学"这一术语，写了一部名为《政治经济学研究》的著作，其中充分体现了经济学是治理国家的学问。

到了近代，西方的"经济"一词自然地加上了"政治"这一限定语，从而使人们更加注重从政府的角度对经济进行研究，于是经济学就变成了国家或社会财富增进的经济学。尽管在资本势力下，这种增进更多地照顾了资本的利益，但其毕竟与开始出现的仅仅是"家庭"范畴的经济学有了显著的区别，这种改变使西方"经济学"开始向东方"经济学"即"经邦济世"的经济学方向转变。但是这种转变仍然与中国的"经济"有本质上的不同或者说有理念上的不同。中国的古代先知们赋予"经济"以"经邦济世"的理论，是从"大庇天下寒士"的角度进行国家的管理，而西方重商学派出现后的"政治经济学"更多地强调通过国家权力增进资本的积累。

4. 西方古典政治经济学的形成主要研究社会各利益集团的利益关系

英国古典政治经济学有两个特征：一是要求政府放松贸易管制，实行自由贸易政策，其研究指向是政府和市场关系；二是针对不同的利益集团利益关系的研究，主要讨论不同的政策取向会给不同利益集团带来怎样的利益关系，并且这种利益关系对于整个社会财富的增进是有利的还是有害的。因此，在欧洲，从重商学派的政治经济学到古典学派的政治经济学，都是从国家层面进行研究，这样的研究在某种意义上带有东方国家"经济"一词的含义，即有"经邦济世"的含义。

从对西方经济学的发展演变分析、古代中国经济的本来含义与近代中国经济学的西方借鉴的比较中发现，政治经济学绝不只是产生于西方国家，中国政治经济学的研究自古就受到高度重视。不管什么样的政治经济学都在研究利益关系，而这样的研究本身就起源于中国的传统文化，起源于中国的"经济"之本原含义(政治经济学)的理解，中国是政治经济学的创始国。因此，研究政治经济学应该充满中国自信。

(二)古典政治经济学的中国渊源

亚当·斯密被称作现代经济学之父、经济学的鼻祖，开创了现代经济学，他建立的经济学理论体系被后人继承和发展。如果将亚当·斯密的理论和古代中国经济思想作比较，我们会发现：分工与合作(亚当·斯密)——兼相爱，交相利(墨子)；看不见的手(亚当·斯密)——无为而不为(老子)；自然秩序(魁奈)——人法地，地法天，天法道，道法自然(老子)；经济自由主义(亚当·斯密)——听民自利(孔子),这些思想存在很大的相似性。这纯属巧合吗?不然。很多研究表明,古代中国传统思想经由法国重农学派魁奈、杜尔哥等的传播,影响了亚当·斯密。重农学派在欧洲"中国热"的背景下产生,他们推崇并吸收了古代中国的传统思想,重农学派又可以看作古典经济学的鼻祖。

1. 重农学派是古典经济学的鼻祖

西方古典经济学开始形成于法国的重农学派,重农学派是"现代政治经济学的真正鼻祖","重农主义体系是对资本主义生产的第一个系统的理解"(马克思)。古典经济学开始于重农学派,形成于英国的亚当·斯密。

2. 重农学派的中国渊源

从 19 世纪末开始,英国、法国、美国、日本的学者,在研究中把包括重农学派在内的欧洲经济学说同古代中国传统思想联系起来,并一致得出了"重农学派之根本思想的探究——西洋近代经济学渊源在于中国的学说"的结论。直到 20世纪上半叶,中国的学者才开始探索"上古中国经济思想在西洋各国所生之影响",近年来随着提升中国话语权的要求越来越紧迫,这方面的研究逐渐增多,并从具体思想探析主流经济学的中国渊源,如当代学者谈敏①以自然秩序思想、经济表、自由放任观念、纯产品学说、土地单一税概念等理论为线索,依次考察中国思想渊源,确定中国古代思想的地位和作用,得出重农学派学说的渊源在中国古代思想这一结论。

16 世纪到 18 世纪上半叶在欧洲出现了"中国热",并一度达到高潮,先秦各家著作、宋明理学、中国典章制度的报告,由传教士传入欧洲,并影响了欧洲18 世纪的文艺复兴运动,启蒙思想家伏尔泰、卢梭、孟德斯鸠、狄德罗等,倾慕中国文化。在此背景下,重农学派领袖魁奈、杜尔哥对中国传统文化高度推崇,尤其推崇中国重视农业的制度。

魁奈被誉为"欧洲的孔子",他的经济学说的思想基础"自然秩序"以及纯产品学说、经济表、土地单一税概念、自由放任观念等理论,都可以在古代中国思想中探寻到渊源。

魁奈推崇中国自然法,提出了"自然秩序"思想。在其著作《中华帝国的专制制度》(1769)中,中国成为魁奈进一步阐述自然秩序的素材,浸透着中国文明。魁奈认为,中国对自然法的研究已达到了尽善尽美的最高程度。例如,道家的"道法自然"、儒家的"天行健"(《周易·乾卦》),均表达了对自然的敬畏;祭天

---

① 谈敏. 法国重农学派学说的中国渊源[M]. 上海:上海人民出版社,2014.

传统："道常无为而无不为。侯王若能守之，万物将自化。"（老子《道德经·第三十七章》）

重农学派的另一位代表是杜尔哥，他与两位中国留学生撰写的《关于财富的形成和分配的考察》，是为帮助中国留学生理解他的《中国问题集》而作的序论，是在当时倾慕中国的时代潮流的推动下应运而生的。

3. 亚当·斯密与中国

亚当·斯密的中国古典思想一方面受魁奈及重农学派的影响，另一方面则是他直接感受到的。

亚当·斯密赞扬重农学派的体系，包括所有缺陷，他认为其是最接近真理的理论体系，对重商主义的批判和清除贸易壁垒的建议，是亚当·斯密对重农学派表示的尊重。《国富论》欲献给魁奈。斯密在重农主义者那里得到如下启示：财富是劳动再生产出来的供消费的商品，政府干预最小化，生产和分配循环过程的概念。这些思想很多又是重农学派对古代中国传统思想的吸收和发展。美国学者马弗里克在《中国：欧洲的楷模》中提到，"孟子的人的完美性可能会影响到欧洲人，仁爱的思想对《道德情操论》有所启发"。遵从道德是出于自利的动机。

亚当·斯密论中国及启示。《国富论》中关于中国的论述有 30 余处，考察了中国经济发展状况，分析了阻碍中国经济发展的因素，提出了一些设想。亚当·斯密得出结论：中国曾经是世上最富有的国家，但现在停滞不前。

（三）中国宏观调控理论是优秀传统的继承发扬和重要的理论创造

20 世纪 30 年代的大危机终结了自由主义的神话，催生了凯恩斯经济学说，这为当时主要资本主义国家干预经济提供了理论依据。按照凯恩斯的经济学说，国家运用财政政策、货币政策等宏观调控政策，弥补市场的不足，使经济得以恢复和平稳运行。

改革开放以来，中国进行社会主义市场经济改革，逐渐形成了国家宏观调控理论，在这一理论指导下的很多做法与凯恩斯经济学说很相似，如财政政策、货币政策的运用，有效需求方面的调节，这能否说明中国的宏观调控理论是对凯恩斯经济学说的应用呢？

通过深入比较中西方宏观经济调控的做法和效果，梳理和挖掘中国宏观经济调控的理论渊源，可以得出中国宏观经济调控是国民经济综合平衡理论在市场经济条件下的发展，二者是一脉相承的。而国民经济综合平衡理论是马克思社会再生产理论与中国实践相结合的理论创造，是对古代中国宏观经济思想的继承和发扬，并不是对凯恩斯经济学说的应用。当前我国的很多做法是可以从古代中国宏观经济管理思想中找到思想渊源的。同时，中国宏观调控具有鲜明的中国特色和显著的优势，是成功经验，在调控目标、调控工具、调控方式、调控机制方面都呈现出中国特色，如调控目标更多元化、调控工具更丰富、调控方式更灵活、调控的协调性更强等特点，不仅包括短期对经济波动的逆周期调节，也包括长期经济增长和经济结构的调节与优化，是稳定政策、增长政策、结构政策三策合一的政策体系。

通过以上系统梳理和比较，追根溯源，发掘古代中国优秀传统思想，总结提炼当代中国经济实践中的经验，有助于增强经济学理论的中国自信。

三、教学评价

教师在教学过程中较好地坚持了问题意识和时代意识，不回避重大问题和疑难问题，且围绕学生关心和困惑的问题进行了有针对性的解答，将抽象的理论与鲜活的实际相结合；教学设计理论性强、内容充实、资料丰富，层次分明、逻辑清楚，取得了预期的教学成果。

参考文献：

[1]侯风云，王朝晖.从"经济"词义辨析到政治经济学中国自信[J].福建论坛(人文社会科学版)，2019(3)：52-58.

[2]林光彬.我国是古典政治经济学的创始国[J].政治经济学评论，2015(9)：68-105.

[3]谈敏.法国重农学派学说的中国渊源[M].上海：上海人民出版社，2014.

[4]拓志超.中国国民经济综合平衡理论史[M].北京：经济管理出版社，2020.

[5]陈彦斌.中国特色宏观经济治理[R]//"政经大讲堂第十四期：习近平经济思想"系列讲座第六讲.人大政治经济学论坛，2022.

基金项目：本文是内蒙古财经大学教育教学改革项目(JXY1409)的成果。

作者简介：拓志超，博士，主要研究方向为政治经济学理论及应用。

思政元素在经济法学课程教学中的融合路径探索

赵丽竹

摘要：思政元素融入经济法学课程教学的过程就是将"德法兼修"的育人理念贯穿法学专业建设和学科建设全程，引导学生树立正确的价值观、掌握系统法学理论、培养法务实践能力的过程，是落实立德树人根本任务的客观要求。本文分析了思政元素在经济法学课程教学中的融合路径以及探索的初步成果，旨在提升经济法学课程思政的教学水平。

关键词：思政元素；经济法学；融合路径

经济法学课程是高等院校法学院(系)法学专业本科生的专业必修课，在内蒙古财经大学被设定为法学专业主干课程。内蒙古财经大学经济法学课程从新时代中国特色社会主义发展的全局出发，贯彻习近平新时代中国特色社会主义法治思想和新时代民族观，着眼于本民族地区的经济社会发展，以学生的思想政治素养和法学专业知识水平同步提高为目标，注重思政元素在经济法学课程教学中的不断融合。

一、思政元素融入《经济法学》教学的重要意义

(一)思政元素融入经济法学课程教学是高校落实立德树人根本任务的客观要求

习近平新时代中国特色社会主义思想为经济法学课程教学改革指明了方向，

本课程教学要实现双目标，既要提高学生对经济法学基本理论的理解和运用，又要提升学生的思想政治修养，使学生既懂"法"更有"德"，让课堂真正成为落实立德树人根本任务的"主战场"。思政元素融入经济法学课程教学恰恰是从微观上将习近平新时代中国特色社会主义思想分解、提炼并融合到课程中，这个融合的过程就是将"德法兼修"的育人理念贯穿法学专业建设和学科建设全程，引导学生树立正确的价值观、掌握系统法学理论、培养法务实践能力的过程。因此，思政元素融入经济法学课程教学既必然也必要，它是落实立德树人根本任务的客观要求。

(二) 思政元素融入经济法学教学是本课程"社会本位"定位的必然要求

经济法寻求预防和克服"市场失灵"和"政府失灵"的有效途径，以解决个体营利性与社会公益性的矛盾，实现社会公平与效率。因此，区别于"国家本位"和"个人本位"，经济法的本位思想是"社会本位"，即以保护社会公共利益为最终目标，而经济法学课程教学也定位于"社会本位"并贯穿始终。思政元素中包含了社会公共利益保护的诸多要素，与经济法学课程的"社会本位"定位完全契合，如社会主义核心价值体系、新发展理念、国家发展规划和远景目标等，这表明经济法学课程自身"社会本位"的定位使思政元素的融入成为必然。

(三) 思政元素融入经济法学课程教学是培养民族地区财经类专业人才和"德法兼修"的高素质法治人才的需要

习近平总书记曾多次强调，全面推进依法治国需要培养大批"德法兼修"的高素质法治人才。内蒙古财经大学是财经类高校，且身处民族地区，这就要求其在法学专业人才的培养方向上，侧重复合型高素质人才培养，即经济和法律兼通、全局性和地方性兼顾、区域发展和少数民族发展兼具，尤其要将思想政治素养排在首位。思政元素包含社会主义核心价值观、新时代民族观、新发展理念、区域发展理念等，与经济法学课程教学的基本精神契合，能够满足课程教学的客观需要，帮助学生学"法"懂"法"，修"德"守"德"，振兴家乡、发展家乡，牢固树立科学的世界观、人生观、价值观、法治观和新时代民族观。思政元素在该课程的融入有助于培养民族地区财经类专业人才和"德法兼修"的高素质法治人才。

二、思政元素在经济法学课程教学中的融合路径初探

(一)价值引领,顶层设计专业培养目标和人才培养方案

经济法学课程落实高校立德树人的根本任务,坚持从学科优势和专业特色出发,以马克思主义理论、中国特色社会主义法治理论、新发展理念和社会主义核心价值观体系为指导,将思政元素有机融合,突出思想价值引领。思政元素在本课程中的融合首先体现在法学专业培养目标和人才培养方案中,专业建设和学科规划处处体现思政元素,其次在专业课程中具体化。从专业培养目标和人才培养方案到具体课程,是从上到下的渗透,将思想价值引领贯穿课程建设、学科建设和专业建设始终,使学生真正树立社会主义法治理念,正确应对社会主义新征程中面临的各种机遇和挑战。

(二)知识引领,注重以人为本的专业知识构建

知识引领是思政元素在经济法学课程中融合的一大优势,经济法学课程的知识体系本身就与国家经济生活密切相关,国家大政方针的更新直接影响本课程的教学内容。因此,思政元素的融合不能是生硬地插入,而是要在课程知识体系中寻找与思政元素融合的"切合点",特别注意在基础知识、基本概念、基本原理的教学过程中充分运用马克思主义基本原理和习近平新时代中国特色社会主义思想。同时,还要考虑学生的理解和接受能力,专业知识的构建不能大而空,要强调细而精,由点及面,透过现象看本质。本课程以人为本,更适合将思政元素与课程知识放到国家经济环境中讲解,同步融合依法治国战略思想,引导学生政治思想和专业知识双提升,帮助学生深入理解法学专业知识,达到知其然并知其所以然的专业标准和要求。

(三)能力引导,灵活运用多种教学方法和教学手段

思政元素融入经济法学课程,在教学方法和教学手段上,体现为课堂融入和与课后实践相结合,注重培养学生学以致用的能力。课堂融入主要是在上课过程中,通过课堂讲授将经济法学专业理论知识与多种思政元素相融合,尤其在讲解具体的知识点时,引入社会中具体的案例、现象或最新规定加以分析。例如,在

讲解经济法基本原则时，先列举分析各家学术观点，而后让学生列举案例或社会现象来对某一项基本原则进行具体分析，从学生单独发言发展为小组讨论，进而再发展为分组辩论，不同的案例中反映出相同的原则，甚至从一个案例中分析出若干原则，这样不但传授了知识，更重要的是提升了学生分析问题和解决问题的能力，增强了学生学习的能动性和主动性，同时还培养了学生的团队合作意识。网络技术的支持使本课程实现了线上和线下同步教学，线上教学能够更为灵活地采用抢答、小组活动等形式完成课堂教学。课后实践主要是通过实验实训与经济法学课程有机结合，一方面，本课程与模拟法庭实训课程合作，在模拟法庭实训中选用经济法相关案例，通过具体的庭审模拟，使学生既可深入理解实体法规制的法律适用，又可身临其境地参与审判程序，切实提高学生经济法实务操作技能，提高学生解决司法实践问题、处理法律纠纷的能力；另一方面，让学生阅读和查找经济法文献资料，收集经济法领域典型案例，引导学生树立依法治国的理念，培养和提高科研能力、语言表达能力、文字叙述能力，进而提升学生的整体综合素质。

三、思政元素在经济法学课程教学中融合路径探索的初步成果

(一) 多种思政元素的融合实现了学生专业知识与人文情怀的同步提升

多种思政元素融入经济法学课程，凸显了"讲政治"的本质要求。结合本课程的性质，在教学过程中选取了中国特色社会主义意识形态、中国特色社会主义核心价值观、中华民族优秀传统文化、爱国主义和铸牢中华民族共同体意识等多种思政元素，并有针对性地将"五位一体""四个全面"的科学内涵渗透其中，增强了学生的"四个自信"和"五个认同"。

经济法学课程结合自身的特点有目的地融合思政元素，更有利于学生专业知识和人文情怀的双提升。例如，在分析经济法基本原则之经济安全原则时引入新发展理念，讲解经济法主体时引入"放管服"改革，分析宏观调控目标时引入国家发展纲要和远景目标，在讲解反垄断规制时分析阿里巴巴巨额罚款的缘由以及中美贸易摩擦等。这样既解读了专业知识点，又紧贴国家时政，使学生的学习效果尤为突出。

(二)思政元素的深度融合启发了学生对家国人生的深刻思考

经济法学课程的自身优势与国家经济发展密切相关,课程自身蕴含的思政资源颇为丰富。中国特色社会主义核心价值观、新发展理念、铸牢中华民族共同体意识等内容在本课程中都有所体现,用心深入挖掘、信手拈来运用是新时代对授课教师的要求,这种默契的融合也会启发学生对家国人生的深刻思考。

经济法学课程的理论学习与中国经济政策息息相关,并与经济发展实际紧密结合,思政元素融合的方向是与中国时政相结合,与我国发展纲要和远景目标相结合,同步引导学生深入理解治国理政思想和新发展理念,进一步深入理解中国经济体制改革的基本内容。例如,在讲解税收原理时结合税制改革、"减税降费"等税收最新政策的介绍,直接引起了学生对国家财政收入和支出的关注;在讲解经营者集中的反垄断规制时举例说明的并购案件,激发了学生的民族精神和爱国意识;在讲解市场规制理论时列举的种种典型案例,引发了学生对时代使命的思考。思政元素在课程中的自然融合,实时跟进国家经济发展步伐,启发了学生对家国人生的深刻思考,实现了对学生的价值引领。

(三)思政元素与实践融合引导学生学以致用

将思政元素融合进经济法学课程后,课堂实践教学环节和课后实训环节都大大提高了学生的实践动手能力,使学生能够学以致用,避免了"眼高手低"的问题。

本课程不但在课堂中融合思政元素,更将其渗透到实践环节中,目的是让学生能够将专业理论与实践有效结合,实现"全课程育人"的目标。在教学改革修订的教学大纲中,经济法学课程已经设置了1/3的课时来安排实践课,以在实践教学环节中寻找与思政元素的"切合点";课后实践实训环节与相关联的课程合作,让学生代入角色体验思政内容。这些都以提高学生思想政治修养和法律实践操作能力为着力点,注重培养民族地区兼具理论与实践能力的专业法律人才。

四、思政元素在经济法学课程教学中融合路径的深入探索思路

(一)强化思政元素融合的技巧性

思政元素在经济法学课程教学中的融合已经取得初步成果,进一步探索的方

向之一是由"量变"到"质变"，即依托经济法学课程专业知识的框架，"巧"用思政元素，在恰当的知识点、适合的位置融入贴切的思政元素，潜移默化地实现二者的相互融合、相互依托，实现双赢的效果。早期思政元素融合的探索都是从将哪些元素融合开始的，更多地思考在于有多少元素能融合，这是"量"的思考，在量大的基础之上要思考优化融合，这是一种质的飞跃，这种融合是"润物细无声"的渗透，避免了思政元素尴入的牵强。

(二)探索思政元素融合的多维度

思政元素在经济法学课程教学中融合的进一步探索方向应该是由单一向多维发展的，即从不同的角度进行思政元素的融合。将思政元素的融合向纵深发展，转换不同的角度，富于变化，更能启发学生的深入思考。即使是同一个知识点，融合不同的元素，如家国情怀、人文精神、爱国主义等，取得的效果也会不同，这就需要教师在备课时发散思维，同时也对教师的教学科研水平和能力提出了新的要求。

参考文献：

[1]《经济法学》编写组. 经济法学［M］. 2 版. 北京：高等教育出版社，2018.

[2]高惠芳，张晓辉. 新时代课程思政改革的理路［J］. 北京联合大学学报(人文社会科学版)，2022(2)：51-57.

[3]龚一鸣. 新时代课程思政改革的理路［J］. 中国大学教学，2021(5)：77-84.

[4]许小军. 高校课程思政的内涵与元素探讨［J］. 江苏高教，2021(3)：101-104.

[5]贺武华，王凌敦. 我国课程思政研究、回顾与展望［J］. 学校党建与思想教育，2021(4)：26-30.

[6]栾淞婷，王倩，郝健彬.《经济法》"课程思政"过程中的问题研究［J］. 法制与社会，2019(3)：209-210.

基金项目：2020 年度内蒙古财经大学"课程思政"教学改革示范项目：思政教育和民族教育在《经济法学》教学中的融合路径研究——以内蒙古财经大学为例(JGKCSZ202006)。

作者简介：赵丽竹，内蒙古财经大学法学院副教授。

人力资源管理课程思政建设价值及要点研究

李亚慧 韩 燕 刘 华

摘要： 人力资源管理课程思政研究项目是内蒙古财经大学第一批组织的课程思政项目，2020年以优秀结果结项。本文主要以教学改革项目成果为基础，对人力资源管理课程思政建设的价值以及未来建设的关键点进行研究，以期为相关课程改进思政教学效果提供借鉴。

关键词： 人力资源管理；课程思政；价值；实现要点

一、人力资源管理课程思政建设价值

自2016年12月习近平总书记在全国高校思想政治工作会议上提出"各类课程与思想政治理论课同向同行，形成协同效应"以来，"无课不思政"局面初步形成，为高等教育培养什么人、怎样培养人、为谁培养人指明了具体实现路径。

与其他课程一样，在重科研轻教学的评价体系下，人力资源管理教学中也存在教学投入不足、重方法轻内容、重就业技能轻价值引领的现象。人力资源管理课程申报2018年内蒙古财经大学首批课程思政教学改革示范项目，并于2020年以优秀成果结项，在本项目研究中，充分认识并深入挖掘了人力资源管理课程思政的价值，明晰了其实现过程中关键点的重要性。

（一）人力资源管理课程融合思政教育，可以构建复合式协同育人模式

人力资源管理作为一门专业课程，承担着传授知识、培养技能的任务，承载着培养本专业学生人生观、世界观和价值观的重要使命，因而也应担负起思想政治教育的功能。将专业课程作为社会主义核心价值观生动和具体的有效教学载体，在"润物细无声"的教学中融入理想和道德层面的精神指引，与思政课程同

向同行，协同育人。

(二)结合现代化教学手段和方法强化思政教育对学生的价值引领作用

利用现代化的教学手段和方法，借鉴先进的网络技术手段，更容易使思政教育素材融入课程。在人力资源管理课程的讲授中，可以借助信息网络技术，利用云班课、微助教、学习通等辅助教学工具，更好地展示思政教育素材，将社会主义核心价值观、党的二十大精神、习近平新时代中国特色社会主义思想有机融入其中。

(三)提升教师的道德素养以及高等教育立德树人的效果

在人力资源管理课程融入思政教育的项目中，教师是实施的主体和关键，也是课程思政教学环节的第一责任人。再完善的大纲和课件设计也需要有高度责任感的教师来完成，课程思政教育模式需要教师去实践和落实，因此要建设一支具有高度思政教育意识和能力的师资队伍，借助学校搭建的平台，组建良性互动、相互支撑的教学团队，甚至可以借助外力外脑，完成人力资源管理课程的思政教育功能，从整体上提升课程组教师的道德素养，以此实现高等教育教书育人、立德树人的神圣使命。

二、人力资源管理课程思政项目的主要目标

本着将课程思政理念融入教师教学过程、课程思政元素融入课程教学大纲、课程思政教育融入教学全过程、课程思政内容融入课程设置的"四个融入"原则，实现思政教育对于专业学生三观形成、职业道德建设、人生方向选择的正向引导作用。

(一)解决目前重专业能力轻立德树人的问题

在培养学生就业技能和实践能力的同时，在教师理念、教学过程和授课方式方面同时融入思政教育的内容，解决目前存在的忽视道德教育注重专业技能的问题，从学校、教师到学生都开始关注传统文化和道德思想的学习，不是照本宣科地说教，而是将立德树人教育贯穿在教学(不仅仅是授课)的各个环节。

（二）缓解目前重教学轻科研的现状，回归教育本质

在人力资源管理课程中融入思政教育内容，对教师提出了更高的要求，需要教师将更多的时间和精力放在教学上，思考在教学中如何将专业知识和技能的讲授与思政教育进行有机结合，同时还要注意观察学生的反应和理解，通过课程思政模式找回高等教育"教书育人"的本质。

（三）培养更符合社会需求且具有高尚职业道德的学生

依据目前学生的年龄层次和需求特点，有针对性地将思政教育内容灵活揉进专业课程的知识传播过程中，不仅做到知识传授、技能锻炼，更要培养具有责任感和敬畏心、具有高尚职业道德的新时代人力资源管理工作者，这不仅会影响到学生本人，同时因为其将来的工作特点，还会影响他们在未来组织中选人、育人、留人、用人的各个方面。

（四）发挥示范引领作用

人力资源管理是人力资源管理专业修习的最基础课程，在人力资源管理课程中融入思政教育的改革探索和研究，将对专业建设、课程建设、人才培养起到示范引领的作用。因此，本门课程思政教学改革模式的成功，能为其他专业课程融入思政提供经验借鉴，可在薪酬管理、绩效管理、人员素质测评、员工培训开发等其他专业课程中进行推广。本课程思政教学改革在树立理念、挖掘素材、有机融合、编写大纲课件、评价效果、总结经验等各个环节都为其他课程思政教学改革奠定了良好的基础、做了良好的开端。

三、人力资源管理课程思政建设要点

（一）人力资源管理课程思政项目的建设应用

深入理解课程思政的内涵，按照课程思政创始人——上海大学顾骏教授的解读，课程思政是指"在非思政课程的平台上，通过激活或者融入思政元素，优化教学方法，促进专业培养与立德树人相得益彰的教学形式"。由此可见，在专业课程的教学中，一直就存在随教师授课方式不同而取材不同的思政元素，现在进

行课程思政项目的目的就是在专业课程中融入更加完善、系统、全面、丰富和正确的价值导向。

人力资源管理课程思政项目具有一定的示范性和辐射性，本项目成功实施后，不仅是在一门课程建设中融入了思政元素，更为重要的是，以人力资源管理课程为中心和基础，将课程思政建设的要素挖掘、建设途径、融入机制辐射到人力资源管理专业的其他专业课程，孵化到诸如绩效管理、薪酬管理、员工招聘与配置、人员测评、员工培训与开发等课程，相同的授课对象、相同的专业背景、相同的学科基础，具有比较好的示范效应和孵化效果，如此一来，单独一门课程的思政建设将扩展成为专业课程组群的思政建设。

人力资源管理课程思政具有一定的学科建设推动作用，本项目实施后，将由一节课的设计，演变为一门课的设计，进而推广到专业课程组的设计，从而为工商管理学科建设的发展贡献课程思政的力量。

(二) 学校在课程思政项目建设中的关键要点

内蒙古财经大学在教育教学改革过程中，一直能比较敏感地捕捉现实需求，在进行了教学手段与方法的改革后，马上推进了课程思政项目，这比以往任何教学改革项目都更有意义，是秉持高等教育初心的重要项目，但是在实施过程中应注意不能急于求成，要用广种薄收的方式，年年推行、人人重视、循序渐进，实现课程思政深入人心，达到与思政课程真正同向同行同心的育人效果。在具体实施过程中，除了制度激励、政策导向、观念重视，还需注意以下几方面：

1. 根据短板原理，应该更关注那些不关心课程思政的教师

申报课程思政项目的教师，平时就比较注意将教书(培养专业技能)与育人(立德树人)相结合。学校要实现全员、全程、全方位的"三全"育人，更应该关注那些对于课程思政项目不关心，甚至没有发挥正向导引作用的教师，补齐短板才能获得最大收益。

2. 加强师资教学设计方法和思政素养的培训

课程思政项目的实施对教师提出了更高的要求，教师不仅要条理清晰地讲授专业知识，提高学生的专业技能，更要设计和有机融入"润物无声"的思政元素，没有一定课程设计技巧的教师无法达到思政育人的效果。因此，要想真正实现课程思政价值引领、立德树人的终极目的，应采用"走出去""请进来"相结合的方式，经常举办有针对性的培训，加强正强化的刺激，鼓励教师积极主动学习，提高课程思政的课堂教学设计，实现由一堂课到一门课再到整个专业课程

的设计。除了课程设计方法的学习，更要培养和提高教师的思想政治理论素养，否则教师不仅不能挖掘有效的思政资源，而且在教学中也不可能透彻理解思政元素的丰富内涵，影响思政课程的价值引领效果。应鼓励教师读原著、读原文，学习马克思主义、习近平新时代中国特色社会主义思想、社会主义核心价值观的内容，否则没有准备好"一桶水"，在课程思政内容上就不能提供"一杯水"。

3. 遴选优秀教师，建设示范课程

大力激发教师从事课程思政项目的积极性，从受众面较大的基础课程中寻找优秀的课程思政师资，给予时间、工作量、经费、名誉等物质奖励和精神奖励相结合的综合激励倾斜，打造能够将课程思政元素激活并将其渗入教学的优质课程，发挥示范效应，整体提高教师的课程思政授课技巧，逐渐将课程思政落实为一种教学体系和教学范式。

4. 面对不同授课对象及其不同状态，推行因材施教的要求

切忌盲目照搬照抄、千篇一律，教师必须清楚学生的特点和需求，因材施教。例如，民族班的学生和汉生班的学生在成长背景、价值观念、生活状态等方面不同，要针对其特点有机融入思政元素。从这个角度讲，大纲作为要统一遵循的纲领性文件，只需要规定建设性的指导和设计，而不需要详细编写具体相关内容，教案和课件则应该是将符合学生特点和教师个体需求的思政元素融入，不要千篇一律，所有人用同样的教案和课件。

5. 强调课程思政中思想政治教育融入的有机性和适度性

正如大家认可的"盐入汤中"的说法，在专业课程讲授中，绝不能将思政元素价值引领的内容取代专业知识的学习，盐多则过咸，盐少则无味，更不能加错了地方，风马牛不相及，影响了汤原本的味道。中庸即极致的适度，所以专业课程思政项目的建设要恰到好处，其本身是一项系统和长期的工程。究其根本，课程思政是一种方法，目的在于教书育人，促进学生全面健康成长，切不可舍本逐末。

(三)教师在人力资源管理课程思政建设中的关键要点

教师作为人力资源管理课程思政的主要责任主体，在思政元素挖掘与融入、授课过程引导中起着重要的作用，课程思政项目的申报结项只是一个开始，为更好地实现专业课程立德树人的教育目标，教师需要从以下方面提高思政素养。

1. 提升综合政治素养并将其内化于心

教师在将传统经典文化、习近平新时代中国特色社会主义思想融入专业课的过程中，虽然作为学习者，通过不断学习能有所进步，但是作为传授者，还需要进一步提升综合政治素养和传统文化内涵，否则很容易显得生硬、死板、底蕴不足。关于传统文化和社会主义核心价值观的内容，总是听得多、讲得少，虽然理解得很透彻，但是内化于心还远远不够。

2. 熟练学习和应用新手段、新技术

现代社会新技术层出不穷，学生听课的"口味"已经越来越高，需要教师运用新手段、新方法和新思想，以满足学生日益增长的新鲜感。学生学习重内容更重形式，教师的讲课特点是重视条理、系统、全面，但在生动、有趣、新颖方面投入不够，对于新技术的应用也不够娴熟，需要经常进行培训与自我学习。要能够常讲常新课程思政内容，课程思政内容的挖掘需要有经典、有热点，所以需要教师不停更新、不断学习，不仅要讲思政内容，还要讲对，更要讲好。

3. 要结合学生情况激发其学习兴趣

在将思政元素融入专业知识和理论的过程中，需要达到适度的极致，就是中庸状态，这就需要教师不断提高课堂和课程设计的水平，达到内容和形式的有机统一。不同的教师用不同的方式讲授相同内容的效果不同，对不同的学生进行同样的讲授也会达到不同的效果，这就需要教师深入了解学生的背景和潜在的学习需求，激发学生的学习兴趣，从而实现思政育人的效果。

4. 避免因倾心"表演"式比赛，冷落真实的日常课堂教学

鉴于目前"以赛促教、以赛促改"的相关教学创新、课程思政、教学方式改革、教育教学成果等比赛项目越来越多，要注意避免教师因花费大量时间精力准备各种项目和比赛，而忽略冷落了真正的课程思政的日常教学。

参考文献：

[1]顾骏. "创新中国"课程："同向同行"的平台设计和教师组织[J]. 中国高等教育，2017(5)：38-41.

[2]顾晓英. 教师是做好高校课程思政教学改革的关键[J]. 中国高等教育，2020(6)：19-21.

[3]马亮，顾晓英，李伟. 协同育人视角下专业教师开展课程思政建设的实践与思考[J]. 黑龙江高教研究，2019(1)：125-128.

[4]陆道坤. 课程思政推行中若干核心问题及解决思路：基于专业课程思政

的探讨[J]. 思想理论教育，2018(3)：64-69.

　　[5]陈柳源. "课程思政"理念与高校人力资源管理专业融合路径探索[J]. 高教论坛，2020(8)：30-32.

　　[6]王光辉. 课程思政在"人力资源管理"课程教学中的探索[J]. 科教导刊，2021(14)：148-150.

　　基金项目：内蒙古自治区研究生教育教学改革研究项目"基于案例行动学习的内蒙古高校 MBA 管理创新人才培养模式研究"(课题编号：JGCG2022142)。

　　作者简介：李亚慧，女，博士，教授。主要研究领域为民族地区就业与劳动力市场、人力资本投资、绩效薪酬激励、创新与可持续发展等。

组织设计课程融入思政教育
教学改革实践探讨

毛文静

摘要：以课程思政为载体，探索知识传授与价值引领相结合的有效途径与方式，是高校专业课程教学改革的必然趋势。本文主要探讨组织设计课程融入思政教育的教学改革实践，这对组织设计课程更好地进行思政教育具有重要意义，对其他专业课程有效履行育人责任具有借鉴作用。组织设计课程将思政教育融入教学中的改革实践主要包括：明确课程价值塑造目标；深入挖掘并融入思政元素；改革教学方法与手段，使之与思政教育融为一体；改革教学评价及考核形式；使教学大纲、课件、教案等体现思政教育的特点与功能。本文最后提出了组织设计课程教学融入思政教育的优化路径。

关键词：思想政治教育；教学改革；组织设计

一、引言

习近平总书记 2016 年 12 月在全国高校思想政治工作会议上强调："要坚持把立德树人作为中心环节，把思想政治工作贯穿教育教学全过程，实现全程育人、全方位育人……要用好课堂教学这个主渠道，思想政治理论课要坚持在改进中加强……其他各门课都要守好一段渠、种好责任田，使各类课程与思想政治理论课同向同行，形成协同效应。"因此，充分发掘和运用各学科蕴含的思想政治教育资源，以课程思政为载体，探索知识传授与价值引领相结合的有效途径，成为高校专业课程教学改革的一个必然趋势。组织设计课程主要讲解设计、创新和优化组织结构以提高组织绩效、促进组织发展的客观规律和基本方法，是内蒙古财经大学工商管理专业开设的一门必修课，在课程体系中处于较重要的地位。组织设计课程能否将思想政治教育有效融入教学中，履行好课程思政的责任，实现知识传授、能力培养与价值引领的有机统一，对全面提升学生素质及促进其他专业课程进行思政教育教学改革具有重要意义。

二、文献概述

关于专业课程思政教育的研究成果较多，为组织设计课程开展思想政治教育教学改革提供了依据和指导。

从全球范围来看，世界各国高校都开展了专业领域与德育相结合的研究，如美国俄亥俄州立大学的 Connie 认为，诚信、自律、善良、宽容、公正、无私、勤奋、尊重他人等价值观教育应该渗透到专业教学中，他强调德育教育应该渗透到整个会计专业教学中。英国研究者指出，会计行业的诈骗行为应该归咎于高校教育者没能对学生进行伦理培训和教育。奥地利学者提出了"VaKE"(Values and Knowledge Education，价值观与知识教育一体化)教学模式，他认为在学生培养过程中，将道德教育与专业知识学习相结合，有利于实现专业知识教学目标及道德目标，是一种有效的教学方法。美国学者 Ercan Avc 在对护理专业学生伦理素养的研究中，建议将伦理素养融入专业课程教学，他也比较全面地分析了不同国家和地区各个学科与专业教育融入德育的教学范围、课堂模式、教学方法、教学效果及存在的问题等。

我国关于课程思政的教育理念是上海市教育主管部门在推进德育综合改革进程中率先提出的。目前，我国对课程思政的研究概括起来主要集中在以下三个方面：一是关于课程思政的重要性、必要性研究，学者如高德毅(2017)、陈道武(2017)、闵辉(2017)等认为高校思想政治教育是十分重要的，专业课实施思政教育具有必要性和重要性；二是关于如何处理好思政课程与课程思政关系的研究，如何红娟(2017)、何衡(2017)、邱开金(2017)、吕宁(2018)等学者一致认为高校对学生的德育教育应由思政课程转向课程思政，充分发挥专业课程及综合素养课程的思想政治教育功能；三是关于专业课程思政的建设方法与途径，现有研究成果如高燕(2017)、李国娟(2017)、陆道坤(2018)等都是以某门专业课程为例探讨课程思政的具体方法和措施等问题。

三、组织设计课程思政教育教学概况

组织设计课程在以往教学中，虽然也注重融入德育教育，但仍以传授专业知识为主，对课堂教学融入思政教育缺乏专门设计和系统规划，未系统地、深入地挖掘蕴含在专业知识中的思政元素，对专业知识与思政教育的有效对接缺乏明确的认识，没有充分发挥课程对学生意识形态引领和思想政治教育的作用。

(一)思政价值塑造目标不够明确，思政元素挖掘不够充分

虽然课程原有的教育目标与标准也含有素质教育目标，也会融入对学生的思想政治教育，但德育目标制定得往往比较笼统，课程知识体系中的思政因子未被充分挖掘，课堂教学中融入的思政教育不多，缺乏系统化的教学设计。

(二)教学方法、手段没能与思政教育紧密结合

虽然在原来的教学中也积极采用案例分析、小组讨论、网络教学等方法和手段，但是没有深刻地意识到教学方法与思政教育功能的融合，未能将教学方法、教学手段与课程思政教育紧密结合，使其自然地融为一体。

(三)缺乏涵盖思政教育的教学效果考核评价

原来的课程教学虽然也重视对学生学习成效的考核评价，但是只重视考核学生对专业理论知识与专业技能的掌握程度，而忽略了对学生思政教育效果的考核与评价。

四、组织设计课程融入思政教育教学改革实践

针对组织设计课程思政教育教学的现状与不足，其进行融入思政教育的教学改革实践，主要内容包括以下五个方面，即明确课程价值塑造目标；深入挖掘并融入思政元素；改革课程教学方法与手段，使之与思政教育相对接；使教学大纲、课件、教案等体现思政教育的特点与功能；改革教学评价及考核形式(见图1)。

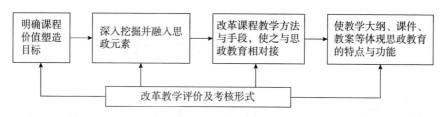

图1　组织设计课程融入思政教育教学改革实践的内容体系

(一)明确课程价值塑造目标

组织设计课程虽然原来也有素质德育目标，但制定得往往比较笼统，价值塑造目标不够具体、明确和突出。组织设计课程依据社会主义核心价值观、习近平新时代中国特色社会主义思想、党的二十大精神等新命题和新理论，并结合工商管理专业人才培养目标及课程自身特点，明确并制定其价值塑造目标，包括家国情怀、品德修养、职业素养、理想信念等方面，如培养学生"整体性、动态性、发展性、适应性"等哲学思维，培养学生团结协作、诚实守信、平等互助、开放创新等优良职业素养，培养学生爱国主义情怀等。

(二)深入挖掘并融入思政元素

组织设计课程依据价值塑造目标，结合每章节的教学内容，充分、全面、系统地挖掘、提炼教学内容中的思政元素和思政资源，并融入课程教学中，促进思政教育与专业知识传授的有机结合。例如，在讲解组织结构概念内涵时，引导学生以整体观、适应性等哲学思维思考问题；在讲解"组织设计分工协作原则"时，引导学生培养团结协作、尊重他人等职业道德素养；引用华为技术有限公司、联想集团、海尔集团等我国具有国际竞争力的优秀企业案例，以激发和培养学生的民族自豪感和爱国热情；在讲解组织概念与特点时，向学生强调在我国古代就有关于组织的系统性阐述，以增强学生的民族自信和文化自信。

(三)改革教学方法与手段，使之与思政教育融为一体

教学方法与手段改革是思想政治教育融入课堂教学的实现手段。组织设计课程注重相关教学方法与手段改革，使之为课程思政目标服务。课前让学生通过互联网、学校电子图书数据库、学习通教学平台预习所布置的学习任务，使学生养成课前预习的好习惯，提高了学生自我学习的能力，培养了学生的自信心和积极心态。课堂讲授中根据教学内容引用我国优秀企业案例，让学生以小组的形式进

行讨论，培养了学生团结协作的职业素养，也激发了学生的爱国主义情怀。同时，运用启发式教学，引领学生思考专业知识中蕴含的社会主义核心价值观与品德教育等思政元素，也通过翻转课堂的形式，让学生分享其对专业知识思政教育内涵的认识和启发。课后让学生分小组收集、查找组织设计相关案例或前沿性研究，要求各小组独立完成任务，相互间不得抄袭，并按时提交作业，培养了学生诚实守信、严谨认真、遵守劳动纪律等优良品德。

(四)使教学大纲、课件、教案等体现思政教育的特点与功能

专业课思想政治教育教学要将育人要素落实到教学大纲、教案、课件中。组织设计课程依据所挖掘、提炼出来的思政元素，对教学大纲、教案、课件等进行重新修订和完善，使它们能体现思政教育的特点与功能，如教学大纲新增了思政教育目标；根据新修订的教学大纲对原有的课件进行了改进，使课件也能体现思政教育功能等；将思政元素标识在相应的课件上。

(五)改革教学评价及考核形式

课程思政建设需要建立科学、合理的考核与评价体系。组织设计课程对教学效果评价及考核形式进行了改革，采取形成性考核与终结性考核两种形式来评价和考核学生的学习成效。形成性考核主要考核学生完成思政教育作业的进度、次数、质量及小组讨论发言的积极性；终结性考核是以开放的、非标准化的考题形式来评价和考查学生是否从课程中获得了思政教育，如"你认为本课程哪些专业知识隐含了思政教育元素"。形成性考核与终结性考核的学分占比都为10%左右。

五、组织设计课程融入思政教育教学的优化路径

(一)进一步培育教师的育德意识

组织设计课程在进一步进行思政教育教学改革的过程中，要进一步强化和提高教师在教学中自觉融入思政教育的思想认识，强化教师为人师表的引领示范作用，使教师坚持把培养德、智、体、美、劳全面发展的社会主义建设者和合格接班人作为教学的中心环节，践行"课程思政"教育职责，认真履行好自身所担当的树德育人的崇高使命，既注重"知识传授、能力提升"，更重视"价值引领"，

将无形的价值观教育与有形的专业知识讲授有机融合，使价值观与德育"润物细无声"地融入课程教学之中，达到思政教育目标。

(二)进一步提高教师的思政教育教学能力

为了深化组织设计课程思政教育教学改革和建设，不仅要提升教师的思政教育的主体意识，还要注重进一步提升教师课程思政的教育教学能力，打造一支具有高水平思政教育教学能力的教学团队和教师队伍。通过"请进来、走出去"等方式，利用常态化培训、专项培训等措施，来强化教师德育能力的培养，使教师能够掌握专业课程思政教育教学的基本规律，掌握挖掘专业知识所蕴含的育人元素的技巧，熟练运用思政教育教学的方法与手段。积极开展课程思政教育教学经验共享及示范性教学活动，不断提升教师课程思政教学的质量和效果。

(三)进一步健全完善激励约束机制

大力扶持、鼓励教师开展课程思政教育教学改革研究，促进教师积极探索课程思政的学术内涵与规律。进一步完善教师课程思政教育教学的考核、监督、评价机制，如在细化教师教学效果评价标准时，要兼顾专业知识传授与思政育人效果两个方面。在学生评教指标中，加入师风师德、思政育人教学等内容，对教师从德行规范与课堂育人方法及效果等方面予以评价。

六、结束语

司马光在《资治通鉴》中说："才者，德之资也。德者，才之帅也。"唐朝著名的思想家、文学家、政治家韩愈在《师说》中写道："师者，传道授业解惑也。"德是做人之本，德育是教育之魂。作为学校的一门主干课和校级精品课，组织设计课程要充分发挥其思政育人功能，深入挖掘其专业知识中所蕴含的民族精神、国家意识、职业素养、道德品质、理想信念等思政元素，致力于培育对民族、国家、社会、人民有益的人才，把思政育人作为课程教学的根本要求，以正确的政治方向引导学生，以健康的道德观影响学生，关注学生的全面发展，充分实现知识传授与价值引领的统一。

参考文献：

[1]习近平在全国高校思想政治工作会议上强调：把思想政治工作贯穿教育教学全过程　开创我国高等教育事业发展新局面[N].人民日报，2016-12-09.

[2]赵继伟."课程思政"：涵义、理念、问题与对策[J].湖北经济学院学报，2019(3)：114-119.

[3]赵鸣歧.高校专业类课程推进"课程思政"建设的基本原则、任务与标准[J].思想政治课研究，2018(10)：86-90.

[4]杨涵.从"思政课程"到"课程思政"：论上海高校思想理论课改革的切入点[J].扬州大学学报，2018(2)：98-104.

[5]陆道坤.课程思政推行中若干核心问题及解决思路：基于专业课程思政的探讨[J].思想理论教育，2018(3)：64-69.

[6]高德毅，宗爱东.课程思政：有效发挥课堂育人主渠道作用的必然选择[J].思想理论教育导刊，2017(1)：31-34.

[7]田鸿芬，付洪.课程思政：高校专业课教学融入思想政治教育的实践路径[J].教育与人才，2018(4)：99-103.

[8]牛秋业.以专业课教学为平台创新思想政治教育模式[J].思想政治教育研究，2015(2)：78-81.

[9]高燕.课程思政建设的关键问题与解决路径[J].中国高等教育，2017(8)：11-14.

[10]虞丽娟.从"思政课程"走向"课程思政"[N].光明日报，2017-7-20.

[11]李国娟.课程思政建设必须牢牢把握五个关键环节[J].中国高等教育，2017(8)：28-29.

[12]闵辉.课程思政与高校哲学社会科学育人功能[J].思想理论教育，2017(7)：21-25.

[13]何红娟."思政课程"到"课程思政"发展的内在逻辑及建构策略[J].思想政治教育研究，2017(5)：60-64.

[14]何衡.高职院校从"思政课程"走向"课程思政"的困境及突破[J].教育科学论坛，2017(10)：27-30.

[15]邱开金.从思政课程到课程思政：路该怎样走[N].中国教育报，2017-03-21.

[16]吕宁.高校"思政课程"与"课程思政"协同育人的思路探析[J].大学教育，2018(1)：122-124.

[17]陈道武.课程思政：高校全程全方位育人的有效途径[J].齐齐哈尔大学

学报（哲学社会科学版），2017（12）：164-166.

基金项目：本文是内蒙古自治区教育科学"十三五"规划 2019 年度高等教育研究课题"高校专业课思想政治教育教学改革及其实现路径研究"（批准号：NGJGH2019347）、内蒙古财经大学 2019 年度"课程思政"教育教学改革项目《组织设计》课程融入思政教育教学改革探讨"（批准号：JGKCSZ201901）的研究成果。

作者简介：毛文静（1968.2—），女，汉族，山东省平度市人，内蒙古财经大学教授，管理学博士，硕士研究生导师，从事组织行为学、组织设计领域的研究。

运筹学课程思政教学改革研究与实践

凯　歌

摘要： 运筹学课程思政教学改革实施方案、实施方法将思想政治教育贯穿专业教育教学全过程。无论是专业素养教育还是思想政治教育，都紧扣时代脉搏，突出教育主题和内容，创新教育方法和载体，传递核心价值。在运筹学专业课程教学设计过程中，为了突出综合性和实务性，实现全程育人、全方位育人，一方面将国际国内的重大时事和经济问题纳入教学内容，另一方面努力将教学过程与学生广泛使用的微信、微博等网络新兴媒介有效结合在一起，不仅在时间上实现了从课上向课前和课后的延伸，还在空间上实现了从课堂学习向校外实践平台的延伸。本文通过显性教育和隐性教育相结合的方式，把对学生的思想政治教育融入师生的互动中，让学生在发现问题、解决问题的过程中受到潜移默化的教育。"运筹学＋课程思政"打破了原有课堂的时空局限，让传统课堂从单一转向全面化。另外，网络教学的利用，增强了思想政治教育的可信度和说服力，通过对学生学习习惯和行为轨迹的跟踪分析，能够挖掘学生的"价值需求侧"，有针对性地供给价值观教育内容，达到运筹学课程通过思政教学改革研究与实践提升教学质量的目标。

关键词： 运筹学；课程思政；教学改革；教学对策

一、背景意义及现状分析

高校是国家培养人才的重要基地，所有课程都有育人功能。习近平总书记在全国高校思想政治工作会议上强调，要坚持把立德树人作为中心环节，把思想政治工作贯穿教育教学全过程，实现全程育人、全方位育人，努力开创我国高等教育事业发展新局面。为实现这一目标，许多高校已在积极进行思想政治理论课、综合素养课程、专业课程"三位一体"的思想政治教育教学体系的构建和探索。

就我国本科教育的课程体系设置而言，长期以来思想政治理论课始终肩负着用马克思主义中国化最新成果武装大学生头脑、用中国特色社会主义共同理想凝聚大学生集体力量、推动高校社会主义核心价值体系建设的重要职责，承担着对大学生进行科学世界观、人生观、价值观教育的主体责任。综合素养课程通过传授历史文化、哲学道德、艺术与美感、科学与生命等方面的知识，帮助大学生更好地提升品德、审美、创新、公民责任感等综合素养。专业课程则更多地肩负着向学生传授专业基本理论知识和技能，把专业发展的新理念、新态势带进课堂的任务。

课程思政是当前高校思想政治工作的新理念、新模式，是各方高度关注的理论和实践问题。当前，要实现从思政课程主渠道育人向课程思政立体化育人的创造性转化，使各类课程与思想政治理论课发挥协同效应，一方面需要继续强化思想政治理论课在思政教育体系中的核心地位；另一方面需要充分发挥其他课程的思政内涵和德育功能，尤其是通过"课程思政"引领专业教学改革，在专业课程教学中通过对教学目标、教学内容、教学方法和载体等环节的有效设计和实施，体现育德内涵，发挥专业课程的价值渗透作用及对大学生价值的引领作用。

本文以运筹学的课程思政教学改革为例，提出应遵循教育规律，设置教学和育德双重教育目标；充分挖掘运筹学课程思政的内涵，巧妙融入中华优秀传统文化、经典案例剖析等德育元素，实现"显性教育"与"隐性教育"的结合；坚持理论认识与情境认知相统一，使学生在运筹学具体问题的实践中，不仅具有统筹规划、管理意识和社会责任担当意识，更具备科学认识和理性解决运筹学具体实际问题的能力，实现运筹学课程"知识传授"与"价值引领"的统一。

二、计划方案及计划实施情况

（一）运筹学课程思政教学改革内容中的德育目标设计

1. 运筹学课程简介

运筹学（Operations Research）是运用科学的方法（如分析、试验、量化等）来解决如何最佳地运营和设计各种系统的一门基础性应用学科。运筹学是现代管理学的一门重要专业基础课,它是 20 世纪 30 年代初发展起来的一门新兴学科,其主要目的是在决策时为管理人员提供科学依据,是实现有效管理、正确决策和现代化管理的重要方法之一。该学科是应用数学和形式科学的跨领域研究,利用统计学、数学模型和算法等方法,去寻找复杂问题的最佳或近似最佳的解答。运筹学经常用于解决现实生活中的复杂问题,特别是改善或优化现有系统的效率。研究运筹学的基础知识包括实分析、矩阵论、随机过程、离散数学和算法基础等。在应用方面,多与仓储、物流、算法等领域相关。

随着科学技术的发展,运筹学在自然科学、社会科学、工程技术生产实践、经济建设及现代化管理的应用中有着重要的地位。运筹学主要由线性规划、整数规划、动态规划、图论与网络分析、决策论、对策论等部分组成。

运筹学主要研究经济活动和军事活动中能用数量来表达的有关策划、管理方面的问题。当然,随着客观实际的发展,运筹学的许多内容已经深入日常生活中。运筹学可以根据问题的要求,通过数学上的分析、运算,得出各种各样的结果,最后提出综合性的合理安排,以达到最好的效果。

运筹学一般为高等院校经济管理、应用数学、工业工程、计算机科学等专业的专业主干课、基础课或选修课。课程教学的知识目标和能力目标主要是使学生通过学习掌握管理运筹学的一般性知识,掌握运筹学的基本原理、基本方法和解题技巧;培养学生根据实际问题建立模型及求解模型的能力;为学生学习相关专业课程和毕业后在管理工作中运用模型技术、数量分析和优化方法以及进一步学习打下良好的基础。

2. 运筹学课程特点

(1)运筹学已被广泛应用于工商企业、军事部门、民政事业等,以研究组织内的统筹协调问题,因此其应用不受行业、部门的限制。

(2)运筹学既对各种经营进行创造性的科学研究,又涉及组织的实际管理问题,具有很强的实践性,最终能向决策者提供建设性意见。

(3)运筹学以整体最优为目标,从系统的观点出发,力图以整个系统最佳的方式来解决该系统各部门之间的利害冲突。它对所研究的问题求出最优解,寻求最佳的行动方案,所以也可将其看成一门优化技术,提供的是解决各类问题的优化方法。

3. 运筹学课程思政的育德内涵

全球化背景下,世界各国都面临着各类经济危机和公共危机事件频发带来的严峻挑战，运筹学作为一门用来解决实际问题的学科，可以处理各种千差万别的问题。

就教育的育人本质而言，必须在遵循运筹学课程专业教育要求的同时，充分挖掘"德育"的内涵，有机融入社会主义核心价值观和中国优秀传统文化教育，特别是中国特色社会主义的"四个自信"（道路自信、理论自信、制度自信、文化自信）的教育内容，实现专业课程"知识传授"与"价值引领"作用的统一。就运筹学课程而言，其"德育"的内涵主要体现在以下两方面：

一是兼顾大学生法治理性成长和社会责任担当的培养。当代大学生存在着社会责任意识淡薄和责任担当不足的问题。而且，当前世界经济危机和公共危机多发，思维活跃的大学生对于此类事件的认识较多停留在感性认识的层面，尤其是在网络信息技术迅猛发展的今天，社会舆情极易影响大学生对事件的正确认知。运筹学课程通过引导大学生尝试从不同维度观察和理解经济危机和公共危机事件的成因、发生机制、治理难点等，可以帮助学生掌握运筹管理的一般性知识，同时充分发挥专业课程的价值渗透作用，加强对学生经济危机和公共危机运筹管理的法治化教育，指导大学生进行危机应对的实践，提升学生在经济危机和公共危机事件中的社会责任担当意识，以及科学认识和理性参与经济危机和公共危机事件治理与运筹管理的能力。

二是兼顾大学生"民族精神"和"国家意识"的强化。习近平总书记曾明确指出，优秀传统文化是中华民族永远不能离别的精神家园。运筹学课程将我国优秀传统文化与运筹管理的"现代表达"相结合，在教学与研究体系中，通过引导学生阅读与运筹管理相关的中华传统优秀典籍，发挥专业课堂主渠道作用，传承和弘扬中华优秀传统文化，增强大学生对中华优秀传统文化、社会主义核心价值观的认同，加强中国特色社会主义的"四个自信"的教育引领。同时，引导学生阅读与运筹管理相关的中华传统优秀典籍，也能加强大学生的民族精神和国家意识，推动他们去关注和思考国家、民族的前途和命运，坚守中华民族的文化基因和精神命脉，珍惜历史机遇，自觉把人生追求同国家和民族的前途命运联系起来。

4. 运筹学课程思政中德育发展目标的定位

专业课程是高校思想政治教育改革中的隐性课程，其根本是坚持立德树人，要想"润物无声"地把培育和践行社会主义核心价值观融入教书育人全过程，就必须在确立专业课程的德育发展目标前，对大学生的相关思想状况进行认真的调查和分析。调查的主要途径是通过平时与学生谈心及有意识地组织学生围绕主题进行各种讨论和辩论活动，明确在专业课程学习的过程中，学生真正关心的现实问题，以及社会热点问题对学生的思想与行为所产生的主要冲击和影响。之后有的放矢地设计课程德育发展目标。只有从学生关心的现实问题入手，增加对专业知识和典型案例的运筹管理阐释力，才能于无形中发挥专业课程思政教育的吸引力，提高专业教育教学的成效。

据此，遵循教育要求，融合德育元素，运筹学课程的德育发展目标定位为：通过运筹管理理论教育，使学生在应对经济危机和公共危机事件时，明晰并坚守法律法规底线、社会主义制度底线、国家利益底线、公民合法权益底线、社会公共秩序底线、道德风尚底线、信息真实性底线，提升学生在经济危机和公共危机事件中的社会责任担当意识，以及科学认识和理性参与经济危机与公共危机事件治理的能力。

(二)思想政治教育在运筹学课程教学中的融入路径

要改进专业教学中的思想政治教育工作，首先要把课堂教学重心下移，全面关注学生的期待和发展需求。"知之者不如好之者，好之者不如乐之者。"要恰当选择思想政治教育在专业教学中的最佳结合点，无论是专业知识的传授和思想政治的教育，都要尽量避免既单调又生硬的"说教"，而应创设让学生喜闻乐见的教学情境和实践形式，寓教于乐，既要提升教学的针对性和亲和力，也要培养和提升学生的问题意识和参与意识，推动"专业理论"与"道德实践"的有效结合。

就运筹学课程而言，可从以下几方面促进思想政治教育在专业教学中的融入。

1. 以古代传统文化中的危机管理思想作为融入点

弘扬中华优秀传统文化。配合课程教学目标的设计，汇编体现危机管理思想的中华优秀典籍节选，引导学生在课内课外进行经典品读，掌握中国古代危机管理思想精髓，奠定"四个自信"的坚实基础。将体现经济危机和公共危机管理思想的《谏太宗十思疏》《日知录·正始》《孙子兵法》等中华优秀典籍节选汇编成专业课程的补充阅读材料，引导学生认真思考和学习中华优秀传统文化中的丰富哲学思想、人文精神、道德理念，引导学生用辩证的思维看待中国社会发展的得与失，增强其对社会主义核心价值观的自信。

帮助学生树立忧患意识。中华民族的忧患意识源远流长，指导学生对危机的两面性(祸兮福所倚，福兮祸所伏)进行辩证思考。通过阅读《左传·襄公十一年》《周易·系辞下传》等古籍，理解"居安思危，思则有备，有备无患，敢以此规""安而不忘危，存而不忘亡，治而不忘乱"的古代士人阶层的危机思维，以及习近平总书记的《摆脱贫困》之《同心同德，兴民兴邦——给宁德地直机关领导干部的临别赠言》中提到的"居安而念危，则终不危；操治而虑乱，则终不乱"的思想，从而牢固树立"居安思危"的民族忧患意识。通过阅读战国末期文学家宋玉创作的文学作品《风赋》，理解宋玉所说"风生于地，起于青萍之末。侵淫溪谷，盛怒于土囊之口"蕴含的危机预防思想。

帮助学生提升爱国情怀。指导学生阅读唐代魏徵《谏太宗十思疏》，理解"思国之安者，必积其德义"，建立健全社会转型期经济危机和公共危机管理预防准备机制的重要性；阅读顾炎武的《日知录·正始》，重温"天下兴亡、匹夫有责"等古代士人阶层的爱国情怀，体会和思考在我国重大经济危机和公共危机事件的治理过程中"公民责任"应有的内涵。

2. 以经典历史故事作为融入点

帮助大学生提升个人修养。课上引导学生阅读《战国策》中的"三人成虎"等历史小故事，让他们更为生动、形象地理解"众口铄金"现象的形成，理解"流丸止于瓯臾，流言止于智者"，进而深刻理解经济危机和公共危机传播过程中谣言的形成及其造成的巨大破坏力，学会在面对危机混乱和恐慌时，树立正确的舆论观和信息观。

帮助大学生培养客观、理性的社会心态。指导学生阅读《韩非子·喻老》中的《扁鹊见蔡桓公》《扁鹊三兄弟》等寓言故事，引领他们感悟危机从轻到重、由表及里的渐进式发展过程，理解公共突发事件从酝酿到爆发的演化过程。引导学生学习《吕氏春秋》里记载的孔子困于陈蔡的故事，理解孔子所言"所信者目也，而目犹不可信"，进而思考对身边发生的经济危机和公共危机事件如何用科学的头脑和科学的知识进行真伪判断和归因分析，还原事物的本来面貌和真实性。

3. 以学生关注的重大经济危机和公共危机事件经典案例作为融入点

现有教材中的大部分案例存在着更新较慢、内容陈旧的问题，以此举例引导学生，会使其产生距离感和枯燥感，失去了案例教学的价值和本意。因此，应重视案例库和视频资料库的更新工作，以学生关注的、新鲜的案例激活课堂，借此增强课程思政教学的现实性和针对性。借助案例教学实现对学生社会责任担当的再教育。以贴近社会、贴近生活、贴近学生为原则，悉心分析社会热点问题对学生思想和行为所产生的影响，将学生普遍关注的典型、热点经济危机和公共危机案例充实到教学案例库中。在案例分析过程中，了解并纠正学生的社会认知偏差，让学生在对社会正确认知的基础上，形成社会责任意识和社会情感，并切实理解各类经济危机和公共危机治理的难点所在，提高应对经济危机和公共危机的能力。

借助案例教学实现对学生社会主义核心价值观的再教育。案例教学不仅可以借助教学情境的创设向学生传授专业知识，也可以帮助学生深化对社会的认识。如引导学生对于重大经济危机和公共危机事件涉及的社会热点问题进行充分讨论与辩论，了解学生的相关思想动态，进而对学生进行危机意识和主流价值观的再教育。同时，还应注意遴选、充实教学视频资料库，侧重选取包括专家学者、实务工作者、当事人、利益相关者等多主体围绕重大经济危机和公共危机事件进行思想交汇争锋的研讨视频，以图文并茂、声色并茂的方式，吸引学生围绕视频探讨的主题进行思考、调查、讨论、交流，通过多元观点的交锋有效发挥主流意识形态的引导作用，不断增强大学生对社会主义核心价值观的理论认同、情感认同和行为认同，使其做到"真学、真懂、真信、真用"。

（三）实施方案、实施方法

运筹学课程思政改革教育实施方案、实施方法将思想政治教育贯穿专业教育教学全过程。无论是专业素养教育还是思想政治教育，都必须紧扣时代脉搏，突出教育主题和内容，创新教育方法和载体，传递核心价值。在运筹学专业课程教学设计过程中，为了突出综合性和实务性，实现全程育人、全方位育人，一方面将国际国内的重大时事和经济问题纳入教学内容；另一方面努力将教学过程与学生广泛使用的微信、微博等网络新兴媒介有效结合在一起，不仅在时间上实现了从课上向课前和课后的延伸，还在空间上实现了从课堂学习向校外实践平台的延伸。

1. 倡导课前学生主动学习的理念

围绕教学主题引导学生进行个性化阅读。由学生自主选择一部喜爱的并能体现经济危机和公共危机管理思想的中华优秀典籍进行阅读，并在阅读后归纳出该典籍的思想精髓。通过主动学习的方式，让学生汲取危机管理思想的精华，加深学生对中国国情的思考和感悟，以优秀传统文化升华道德思想境界。

引导学生加强对当前国际国内形势的关注和思考。要求学生关注重大媒体事件，并效仿媒体对一周内国际国内发生的经济危机和公共危机事件就其影响力进行排序并阐明排序理由。通过这种方式，一方面促使学生自觉加大对经济危机和公共危机事件的关注，跟踪并思考各种类型危机的动向、影响及趋势，了解危机的因果关系、结构和治理对策；另一方面使学生主动关注国际国内形势，了解国际国内政治、经济、社会新动向，进而加深对社会发展规律的认识。

2. 强化课堂主题情境认知

创设和强化课堂主题情境认知，充分发挥课堂教学"育人"的主渠道、主阵地地位。在课堂教学中，充分利用多媒体教学的优势，营造生动逼真的教学情境。

以核心专业知识点为依据，确定"德育"主题，导入经典案例情境，组织学生围绕案例问题开展演讲、讨论与辩论。通过创设情境和教学互动，使教学内容变得更为直观和生动，激发和强化学生的认知动力；同时，在学生参与情境认知教学的过程中，教师全面考查学生客观传播和解读信息的能力，把握关键节点，指导学生从不同维度理性观察突发事件及经济危机和公共危机的管理，正面引导学生的价值观。

充分发挥多媒体辅助教学以及网络教学的"德育"优势。以学生为主体，创设逼真的情境体验，图、文、声、色并茂地反映相关专业知识的生成和应用，使学生在专业视角下"身临其境"地重温历史经典，思索现实社会。同时，将视听说相结合，丰富学生的学习过程。如组织学生观看《非典十年祭》等相关纪录片，可以让学生更深层次地了解推动《中华人民共和国突发事件应对法》——新中国第一部应对各类突发事件的综合性法律形成的重要历史事件的始末，及该法形成的重要立法背景。组织学生观摩围绕"PX论文事件"展开的辩论视频，让学生了解对于同一事件专家学者、实务工作者、当事人、利益相关者等多元社会主体的思想交汇争锋，理解加强以社会主义核心价值观为基石的主流意识形态建设的重要性。

3. 加强课后道德实践指导

实践是人类所特有的生存方式，也是人之为人的现实活动。大学生在公共领域的社会实践中，言论和行为的分享无不体现出其道德素养水平的真实构成状况。因此，可以结合专业知识点活用教学资源，拓宽德育实践平台，加强对学生课后实践活动的道德引导，通过多元化的隐形道德教育，努力将学生塑造成中国当代好青年，在公共领域更多地展现榜样力量，引领道德风尚。

一方面，让德育活动回归生活实践。如让学生甄别每周在微信朋友圈内流传最广的谣言，分析混淆视听的恶性谣言的传播机制及其危害。这样既可以提高学生对网络虚假信息的鉴别能力，也可以让学生充分意识到"勿以善小而不为，勿以恶小而为之"，积极践行网络空间"七条底线"，即法律法规底线、社会主义制度底线、国家利益底线、公民合法权益底线、社会公共秩序底线、道德风尚底线、信息真实性底线，自觉成为抑制虚假信息传播、维护良好网络环境的核心群体和重要推动者。

另一方面，在各类经济危机和公共危机治理实战中培育公共精神，强化社会责任。鼓励并指导学生科学理性地参与雾霾治理行动、网络舆情调查与研究、农村或社区矛盾纠纷排查与调解等各类基层经济危机和公共危机治理活动，或指导学生作为志愿者学习掌握交通劝导和疏导、心理危机援助等基本经济危机和公共危机治理技能，让他们以积极健康的思想道德情操去影响他人，做与时代发展相适应的好公民。

(四)具体实施计划及完成情况

第一，修订了的课程教学大纲，新教学大纲中确立了价值塑造、能力培养、知识传授"三位一体"的课程目标，并结合课程教学内容实际，明确了思想政治教育的融入点、教学方法和载体途径，以及如何评价德育渗透的教学成效。新教学大纲是在本课程原教学大纲的基础上修订而成，体现了思政教育与专业教育的有机衔接与融合。

第二，根据新教学大纲制作了新教学课件，体现了运筹学课程思政教学改革与实践的特点。

第三，编写了运筹学课程思政教学改革与实践实施总结报告(5000字以上)，准备结项。

(五)可行性分析：运筹学课程思政教学改革与实践的逻辑理路

"运筹学+课程思政"是解决高校"培养什么人，怎样培养人，为谁培养人"这个根本性问题的新范式。其目标是实现运筹学与课程思政教学的深度融合，从而提升价值引领和意识形态教育效果，让课程的"思政"作用更加明显。在逻辑上，"运筹学 + 课程思政"模式建构需要厘清三个方面的逻辑理路。

1."运筹学+ 课程思政"模式的理念变革

高校课程思政与"运筹学+ "的融合，是利用运筹学理论与实践对课程思政进行重构和优化，催生教学内容、教学方法的深刻变革。目前，高校课程思政融合"运筹学+"需要在两个理念上实现突破。一要突破人为划分的专业课程和思政教育的主次关系。当前高校教育教学课程思政探索中，运筹学与课程思政的结合对传统的教学模式起到辅助和补充作用，高校课程思政的第一课堂以传统教学为主、课程思政改革教育为次的理念仍未从根本上得到改变。二要突破专业课程只服务于第一课堂教学环节的守旧观念。运筹学专业课程思政不是第一课堂的补充，而是第一课堂教育教学不可分割的组成部分。在"运筹学+ 课程思政"的内容设计上，不能用课程思政课堂取代传统第一课堂，也不能把课程思政所授的内容简单"迁移"至运筹学，而是要把思想价值引领在运筹学专业课上传播与展现。

2．"运筹学＋课程思政"改革的价值引导转化

无论是知识传授还是价值引导，都是学生认知领域观念的重构过程。当今时代，课程思政不能套用传统课堂的话语体系，而是要建立新的价值引导范式，形成对学生世界观、人生观、价值观引导的新形式。相对于以前的传统课堂，运筹学课程思政改革认知的构建是一个从单一走向多面化的过程，也就是让主流价值观由原先单一的课堂单向传播，变为课堂和实践双维传播的过程。运筹学课程思政中的价值教育内容不能简单且直接地传播，而要进行相应的改革和价值引导转化，使之适应当今社会的传播特点。

3．"运筹学＋课程思政"运行的二重规律

（1）教育教学规律。教育教学是一个系统工程，课程思政本身不会代替教育教学，而是服务于教育教学。当今时代，高校课程思政的价值引领不是教师"教出来"的，而是学生在教师的引导下，充分发挥其自身的主观能动性，与教师平等地进行心灵对话和思想沟通，共同开展主流价值观的学习，最终将所接受的价值观念自觉运用于实践的过程。

（2）价值引导规律。在全球化背景下，"运筹学＋课程思政"的价值引领存在极大挑战。一方面，教师容易受教育工具理性的影响，对学生群体进行单一化教育，忽略每个学生都是不同个体的客观现实；另一方面，运筹学课程思政体现多元文化、多元价值观并存、良莠不齐、真伪难辨的负面信息给学生通过网络自觉进行价值观的规范和认同带来了难题。"运筹学＋课程思政"是一场思维方式的变革，必须遵循价值引导规律，其工具价值在于信息的有效传播和观念的有效传播，而规范价值在于"运筹学＋课程思政"对学生在实际问题上的有效引导和行为塑造。"运筹学＋课程思政"背景下课程思政的价值引导应该基于每个学生的特点开展教育活动，同时要求教师在传授上不能只重传道，还要主动回应学生的价值困惑，通过显性教育和隐性教育相结合的方式，把对学生的思想政治教育融入师生的互动当中，让学生在发现问题、解决问题的过程中受到潜移默化的教育。

"运筹学＋课程思政"打破了原有课堂的时空局限，让传统课堂从单一转向全面化。另外，网络教学的利用，增强了思想政治教育的可信度和说服力，通过对学生学习习惯和行为轨迹的跟踪分析，能够挖掘学生的"价值需求侧"，有针对性地供给价值观教育内容。

参考文献：

[1]习近平在全国高校思想政治工作会议上的强调：把思想政治工作贯穿教育教学全过程，开创我国高等教育事业发展新局面[N]．人民日报，2016-12-09．

[2]张琴. 高校思政课理论与实践一体化考核模式探究[J]. 扬州大学学报（高教研究版），2014，5(18)：89.

基金项目：内蒙古财经大学研究生教育教学改革项目"'双一流'背景下应用统计专业学位研究生(大数据方向)教学改革与实践"；内蒙古财经大学校级重点教育教学改革研究项目新时代地方高校公共数学课课程思政教学提质增效的实践路径研究。

大学数学课程思政教学改革的探索与实践

——以微积分课程为例

包永梅

摘要：以"课程思政"为目标大力推进课堂教学改革，是当前形势下高校教育教学改革的新理念、新思想。本文对大学数学课程开展课程思政教学改革的必要性和可行性进行了分析，以微积分课程为例，主要从丰富教学内容、优化教学方式方法方面探讨了课程思政教学改革的实践策略。

关键词：课程思政；微积分；教学改革

学术界首次明确进行课程思政研究的是高德毅和宗爱东（2017），他们提出"课程思政"是指将高等院校思想政治教育融入课程教学和改革的各环节、各方面，实现立德树人"润物无声"的观点。当前，大学生的思想状况普遍积极，但也有部分学生心理素质较差、诚信意识淡薄、缺乏社会责任感、道德选择带有偏见、理想信念模糊等。再加上数学研究抽象、客观存在的自然规律，超越意识形态，具有通约性和普遍性，本身并不关乎思想政治立场，因此，大学数学课程成为课程思政教学改革中最具改革难度的课程之一。但同时，数学的理性精神、思辨精神、应用价值、文化内涵、美学元素对当代大学生树立正确的世界观、人生观、价值观具有积极意义。

一、大学数学课程思政教学改革的必要性

大学数学课程开展课程思政教学是符合国家育人目标、国家培养目标的，是实现当代大学生数学知识、能力、情感价值等方面全面进步的客观要求。

第一，课程思政是打破学科分工、促进科学教育与人文教育相结合、构建完

整的课程育人体系的重要保障。长期以来，大学课程教学文理分家的倾向越发严重，大学思想政治教育完全依赖思想政治理论课。当前，科技创新融合趋势愈演愈烈，跨学科、跨专业的交叉和互通协作已成为常态。大学数学课程作为各学科及专业的公共基础课，其思政教育的开展，对理念的相互启迪、方法的相互运用、学科的相互建设与融合有重要的意义。课程思政教育是打破学科的分工、实现跨学科融合、充分发挥文理学科教育优势的途径。目前，大学数学课程对课程育人功能的定位存在欠缺，缺少对课程思想教育功能的挖掘，缺乏对学生理想、信念与精神铸就的引领。为了在大学数学课程的知识体系中体现思政元素，一切教学活动必须发挥立德树人、价值引领的功能，以利于课程育人目标的最终实现。

第二，课程思政是充分发挥课程育人功能、构建"以学生为中心"的教学模式、促进学生全面发展的需要。大学数学课程主要研究数量、结构、变化、空间及信息等概念，具有科学性、抽象性和系统性等特性。这些特性造成了师生对课程教学和学习的一些错误认识，逐渐形成了以知识为本位的教学范式，过于重视理论的传授和灌输，偏重于学生解题能力、逻辑思维能力等的培养，忽略了知识传授和价值引领之间的关系。当前，很多的教师和学生认为大学数学课程的学习，主要是为了获取数学知识，理解并掌握数学概念、定理、公式及解题方法。这种教学模式导致很多大学生对数学的情感变得淡漠，开始产生刻板、枯燥、乏味、无趣的负面情绪。学生的主体作用完全被抑制，失去了课程的情感育人、价值引领作用。大学阶段是形成正确"三观"的关键阶段，除了需要学习知识，还需对大学生的价值观有正面引导。数学的文化内涵、精神、思想、价值与美学对当代大学生树立正确的"三观"具有重要意义。因此，为了保证当代大学生的全面发展，必须构建将价值引导作为重要组成部分的"以学生为中心"的教学模式，把思想政治教育贯穿大学数学课程教学全过程，更好地发挥课程的育人功能。

二、大学数学课程思政教学改革的可行性

大学数学课程具有与课程思政有机融合的独特优势。

第一，课程开课时间长，课程之间关联密切，有持续实施课程思政的优势。大学数学课程由大一两个学期开设的"微积分"、大二上学期开设的"线性代数"、大二下学期开设的"概率论与数理统计"三门课程组成，学分多，开课时间长，

课程之间关系密切。大一、大二学年正是大学生树立正确世界观、人生观、价值观的关键时期，思想政治教育工作又是需要经过长期坚持不懈的努力才能取得良好成效。因此，大学数学课程具有持续实施课程思政的优势。

第二，数学是经典学科，课程文化底蕴非常丰厚。结合大学数学课程的要求适当增加思政内容，有助于增强大学生学习数学的兴趣，培养学生的文化自信，激发学生的爱国情怀、社会责任感及理想信念。因此，将思政教学思想和理念融入大学数学课程，体现了思想政治工作贯穿教育教学全过程的基本要求，也是高校课程教学改革的必然势趋。

三、微积分课程思政教学改革的策略研究

(一)深入挖掘微积分课程中蕴含的思政元素，丰富教学内容

微积分课程的思政教育，并不是生搬硬套，也不是在课程或者课堂结束后进行思政上的引申和靠拢，而是根据课程特点，在教学内容中巧妙地融入思想政治教育元素，达到自然融合(赵娟等，2021)。

1. 将数学史引入课堂教学，普及数学文化

数学文化是数学的血肉，课堂要想呈现有血有肉、鲜活丰满的数学，数学文化的普及是必不可少的。数学文化的普及应从历史、哲学、文化的维度展开，而历史能给我们很多智慧。所以，微积分课程中引入数学史是不可或缺的部分，在课堂教学中，通过介绍第二次数学危机，让学生看到数学坎坷的发展之路，以此告诫学生一切事情不可能一帆风顺，要敢于正视困难，不能轻言放弃，要坚持下去，只有坚持，才能看到希望。

2. 将哲学思想渗透到课堂教学，注重数学思想

数学思想是数学的生命和灵魂，也是探索数学的指南针。数学与哲学同宗同源、相辅相成、联系紧密，它们都具有超越具体学科和普遍适用的特点，因此，将微积分课程教学内容所体现的思想及解决问题的基本方法与哲学思想结合起来，使哲学思想贯穿数学教学的每个环节。通过数学公式和定理中体现的矛盾的特殊性与普遍性规律、运动和静止的辩证规律、量变与质变的辩证关系、整体与部分的辩证关系、实践与认识的辩证思想等哲学观点融入课程教学过程中，不仅

能帮助学生更好地获取数学知识，还能培养学生的辩证唯物主义思想，帮助他们更好地掌握数学的精髓。

3. 将数学家的故事引入课堂教学，弘扬数学精神

数学是一种精神，一种理性的精神，数学精神在人类历史上的数次思想解放中扮演着非常重要的角色(董玲玲，2021)。在微积分课程教学中会出现很多数学家的名字，他们勇于奋斗的精神、自强不息的人生态度会对当代大学生的思政教育，高校立德树人、塑造健全人格理念的教育有很大的帮助。比如，通过给学生介绍刘徽、牛顿、莱布尼茨、费马、罗尔、拉格朗日、柯西等数学家的生平和故事，弘扬数学精神，从而激发大学生学习数学的兴趣，引导学生树立高远志向，培养学生不懈奋斗的探索精神和爱国主义情怀，增强学生的民族自信和文化自信。当前，大学生毕业走进社会之后，学习过的数学定理、公式大部分或许会被遗忘，但是这种不懈奋斗的学习精神及数学思维方式会使他们终身受益。

(二)优化教学方式、方法，提升课程思政的有效性

1. 运用线上线下混合式教学方法，促进思政育人效果提升

目前，微积分课程利用各种教学平台进行线上线下混合式教学。从2020年以来，教师们利用两年时间不断完善线上课程建设，利用线上线下混合式教学方法，积极促进思政育人建设。例如，开学第一课可以猜谜或播放视频的方式，让学生了解课程信息及数学发展历史，增强学生的好奇感，加深学生对课程的印象。在微积分第一课的教学设计中，引入法国数学家赛德里克·维拉尼的"数学为何如此迷人"和"数学大迷思"视频片段介绍数学的美与广泛应用。这样不仅介绍了课程信息，还在无形中进行了课程思政，达到情感价值教育。课前给学生发送含有思政元素内容的视频以及参考资料的自学任务点和要求；课中运用影视导入法，教师认真筛选与本堂课所授的专业知识相关且蕴含思想政治教育元素的影视片段作为导入材料，通过感官刺激来吸引学生的注意力，了解专业知识，使其潜移默化地接受思想政治教育；课后布置思考讨论问题，可以写几个数学式，一方面可以活跃学习气氛，另一方面可以让学生体会其中蕴含的人生哲理。

2. 引入数学建模，运用案例引入法渗入思政元素

案例引入法有利于形成以教师为主导、学生为主体的教学模式，学生通过数学模型案例的学习，能够提高数学实践力，提升动手操作能力，同时巩固理论知识。在微积分课程中学习导数的概念、定积分、定积分的应用、微分方程等内容时，根据教学内容的推进，逐步收集并整理相关案例资料与素材，也可以通过分

析以往数学建模比赛的作品、制作 PPT 和文案资料,以加强师生沟通、交流、探讨,使学生更加全面地认识所学知识,让学生通过模型的建立与求解更加透彻地了解理论知识。

3. 运用实践体验法,提升课程思政育人实效

当代大学生大多为"00 后",喜欢有挑战性的活动,如社会调研、参加比赛、课题研讨等,而这些活动均属于实践体验法,将此方法引入微积分课程思政教学中,将极大地调动学生对课程学习的积极性与主动性。例如,通过校企合作,尝试让学生亲身参与项目,理论与实践结合,提高学生的综合能力;还可以利用全国大学生数学建模竞赛和全国大学生数学竞赛等大赛平台,调动学生运用所学知识探索数学问题的积极性,且学校每年都会进行数学建模选拔赛,学校教师多是指导教师,可借此便利,让学生积极参与比赛,提高他们的综合能力;以科研反哺教学,教师借助教育教学等方面的科研成果,与学生开展专题讨论,进而实现科研反哺教学,在此过程中,教师能检验学生的学习习惯、思维习惯是否正确有效,引导学生创新,强化思政认识与理解。

教师作为课堂教学的引领者,要保持思政教育的敏感性,不断提高自身课程思政的意识与能力。通过课前预习视频、资料中融入思政元素,课中与学生互动过程中融入思政教育,课后作业及实践活动中实施思政教学,三个环节融入课程思政,潜移默化地影响学生,真正做到"润物无声"。

参考文献:

[1]高德毅,宗爱东. 从思政课程到课程思政:从战略高度构建高校思想政治教育课程体系[J]. 中国高等教育,2017(1):43-46.

[2]赵娟,冯艳秋,马红霞. 高等数学中融入"课程思政"的教学策略分析[J]. 高等数学研究,2021,24(4):103-105,108.

[3]董玲玲. 高数育人的价值指向及实施路径:以《经济数学:微积分》为例[J]. 科技风,2021(6):24-25.

[4]吴珞. 大学数学课程思政推进方法初探[J]. 高教学刊,2020(4):72-74.

[5]王娜. 新时代高校学生资助工作理论与实务[M]//思想政治教育实践研究新探索丛书. 北京:中国人民大学出版社,2020.

[6]苏玉华,江伟,刘红艳. 基于课程思政理念的大学数学教学改革探讨与实践:以"概率论与数理统计"课程为例[J]. 贺州学院学报,2021,37(3):143-146.

[7]王鹏凯. 高校推进"课程思政"建设的有效路径研究[D]. 长春: 吉林农业大学, 2021.

[8]陈月异. 融入课程思政理念的大学数学课堂教学改革探讨与实践[J]. 重庆电力高等专科学校学报, 2022, 27(1): 49-52.

[9]李佩文. 高校"课程思政"实践研究[D]. 成都: 四川师范大学, 2020.

[10]陈媛. 高校思想政治教育生活化原则与途径研究[D]. 长沙: 湖南大学, 2010.

[11]陈航. 数学课程思政的探索与实践[J]. 中国大学教学, 2020(11): 44-49.

基金项目: 内蒙古自治区教育科学研究"十三五"规划课题(2020MGH267); 内蒙古财经大学校级教育教学研究课题(JXZC2118)。

作者简介: 包永梅(1982—), 女, 蒙古族, 内蒙古财经大学统计与数学学院副教授, 博士, 从事孤立子与可积系统及其应用、风险管理研究。

教学方法

劳动法学混合式教学改革的探索与实践

郝海燕

摘要： 混合式教学改革掀起了高校教学改革的新浪潮。混合式教学既能发挥教师激发、引导、监控教学的作用，又能体现学生的主动性与创造性。本文从混合式教学改革的研究现状出发，总结劳动法学课程的教学经验，依托在线教学技术，尝试构建混合式教学改革的新模式——劳动法学三位一体的混合式教学模式，并就此模式的实践过程与应用结果进行反思，最终为混合式教学改革的展开和推广提供一些参考建议。

关键词： 混合式教学；线上教学技术；教学改革

一、混合式教学改革研究的现状分析

随着教育信息化的深入，混合式教学模式逐渐受到了普遍的关注。混合式教学是把传统教学的优势和数字化在线教学的优势结合起来的一种新型教学模式，既能发挥教师引导、启发、监控教学过程的主导作用，又能充分体现学生作为学习过程主体的主动性、积极性与创造性，对于激发学生的学习兴趣，提高学生的学习能力与实践能力有着重要的作用。混合式教学模式是教育部关于教育信息化建设的必然要求，也是高等教育教学改革的重要举措。目前关于混合式教学模式的研究与应用正在如火如荼地展开。在中国知网（CNKI）全文数据库里检索混合式教学，可以查到相关文章12000多篇。从发表时间可以看出，相关研究总体呈现明显的增长态势，从2016年开始更是增长迅猛。从作者单位来源可以看出，相关研究人员主要集中在中东部地区。总体而言，内蒙古地区混合式教学模式的研究相对较少。

开展混合式教学模式的研究已成为教育教学改革的大势所趋。从教的角度来说，大多数教师还是以传统的教学模式开展教学与研究工作，教师主导和支配整个教学活动，学生则作为客体，被动地参与教学活动，学生的差异性及个性化需求容易被忽视；从学的角度来说，一些学生课上不积极、课下不努力，学习自主性缺失，导致学生学习能力偏低、实践能力和创新能力受限。内蒙古地区混合式教学模式的研究还有发展和深入的空间。混合式教学模式正是提升教师教学水平、扭转学生学习风气的良策。

2016年，清华大学在线教育办公室和学堂在线共同推出雨课堂教学工具，将PPT、MOOC、手机微信融为一体，预示着我国高校教学信息化将进入一个新的发展阶段，这个阶段的特征就是"互联网"+"黑板"+"移动终端"。受此启发，笔者以劳动法学课程为切入点，从2016年开始便展开了混合式教学改革的探索与实践。

二、劳动法学混合式教学改革的探索

为了引进先进的教学理念，提升劳动法学课程的教学水平和教学效果，笔者结合国内外高校的课堂教学实践和教学理念，总结了劳动法学课程的教学经验，依托雨课堂、作业交流系统、微信公众平台等线上教学平台，构建了劳动法学三位一体的混合式教学新模式(见图1)，并将其应用与推广。

具体来说，笔者通过两方面进行研究和改革：一方面搭建教学平台，通过雨课堂、作业交流系统、微信公众平台等线上教学技术平台，丰富教学手段、创新师生互动、轻松翻转课堂；另一方面优化教学资源，为教学平台量身打造相应的教学课件、思维导图、教学案例以及试卷和习题等相关教学资料，让学生的课程学习更加便捷和高效。

(一)教学平台的搭建

1. 雨课堂

雨课堂教学工具主要是利用手机微信与2007版本以上的Powerpoint/Wps软件，实现课程管理、资料上传、师生互动、生成课程数据等功能。笔者于2016年9月开始尝试在教学过程中使用该教学工具。

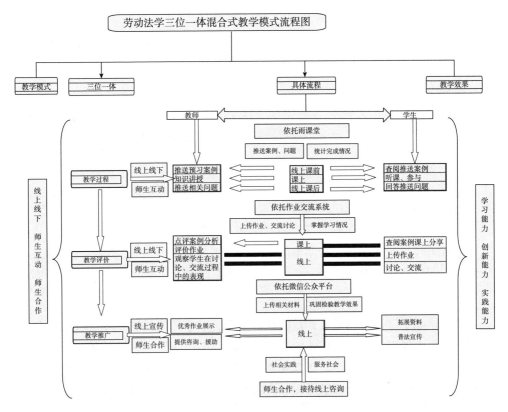

图1　劳动法学三位一体的混合式教学模式流程

课程管理功能：指课程的计划和课程的监控等。教师可以根据课程需要设置开课班级并且管理班级成员，系统可以根据教师上课情况自动生成教学日志，根据学生学习情况自动生成学习日志。

资料上传功能：教师可以将教学资料上传到雨课堂教学工具中，如教学课件的上传、课堂练习和教学视频的导入等。

师生互动功能：通过课下讨论、提问和课上弹幕等形式，实现课上课下师生全程互动、随时交流的功能。

生成课程数据功能：雨课堂可以根据学生预习情况自动生成预习数据、根据学生到场情况自动生成签到数据、根据学生课上答题情况自动生成排名数据、根据学生课上学习情况自动生成课件数据，全方位、即时反馈学生学习情况。

2. 作业交流系统

"法学院网络学习乐园"网站能够实现学生课程学习、作业交流等功能。

课程学习功能：作业交流系统可以发布教学大纲、教案等教学资料，供学生知悉课程的总体情况和主要内容。

作业交流功能:作业交流系统可以实现学生作业上传和讨论交流的功能,教师还可根据学生作业上传及讨论的情况进行教学评价。

3. 微信公众平台

"LDF 微课堂"公众平台具有图文、视频上传以及留言讨论和交流等功能。公众平台发布的文章主要由案例介绍、法条学习和热点问题评析等内容组成。

(二)教学资源的建设

1. 教学课件

教学课件根据课堂讲授内容分为劳动法基础理论、劳动法律关系、劳动合同法、休息休假和工时工资、劳动争议处理法和工伤保险六大模块,系统地体现了劳动法学课程的教学内容。

2. 思维导图

思维导图主要是运用图文并重的技巧,把各章节内容的关系用相互隶属与相关的层级图表现出来,包括整体的思维导图和章节的思维导图。整体的思维导图可以体现劳动法学课程的逻辑体系和整体内容,章节的思维导图主要包括章节的教学内容、教学目标、教学重点和难点以及思考题等内容(见图 2)。

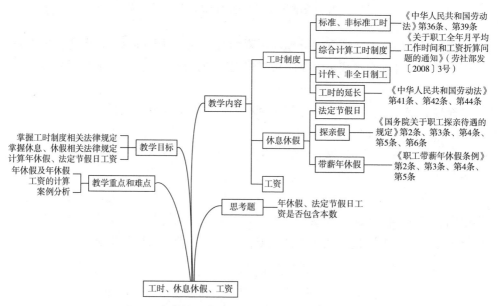

图 2　章节的思维导图示例——劳动争议的处理

3. 教学案例

劳动法学课程采用案例教学的形式，重要章节都配有兼具实践性和理论性的教学案例，并作为教学资料通过教学平台发送给学生，便于学生思考和讨论。学生会将分析和讨论的结果上传给教师用于教学评价(见图 3)。

图 3　学生成果示例——14 级法学 2 班××公司劳动合同纠纷案

4. 法律条文汇编

法律条文汇编由部分规范性文件、部分规章、地方规范性文件、法律、国务院行政法规、司法解释、最高人民法院工作文件组成，共约 174260 字。将其作为学习资料发送给学生，以便学生查阅。

5. 司法考试真题

根据历年司法考试真题，整理劳动法学相关试题，并将其发送给学生作为学习资料使用。

6. 模拟试卷

根据教学内容和学生学习进度整理一些模拟试卷和习题，通过教学平台发送给学生作为课下复习资料使用。

三、劳动法学混合式教学改革的成绩

目前，改革成果已在内蒙古财经大学劳动法学教研组展开应用，其中以雨课堂的应用最为突出。通过探索与实践，学生的学习热情、学习积极性和主动性得到激发，教学深度和广度得到拓展。与此同时，劳动法学课程的教学形成了自己的特色，取得了一定的成绩。

1. 三位一体的教学平台

搭建了三位一体的混合式教学平台，雨课堂、作业交流系统、微信公众平台科学地覆盖了课前—课中—课后的每个教学环节。教学平台的应用提高了教师的教学水平和学生的学习热情。

2. 丰富多样的教学资源

为课程教学量身打造了丰富多样的教学资源，包括教学课件和思维导图的开发、教学案例的优化、法律条文的汇编以及习题和试卷的整理，不仅拓宽了学习途径，而且让课程学习和师生互动更加便捷和高效。

3. 多样的学习途径和便捷的师生互动

学生根据自身的学习喜好，自助选择学习方式，同时可与教师及其他学生随时讨论、随时交流。这在提高学生学习能力的同时有效改善了学校的教风和学风。

为了更好地推进混合式教学改革，充分发挥高等教育的服务社会功能，笔者希望通过雨课堂教学工具建立一个向社会公开的班级，并将相关教学资料推送到该班级，在宣传劳动法律知识的同时，为劳动者合法权益的保障提供帮助。另外，就法律宣传而言，计划与内蒙古财经大学法律援助中心合作，将相关精彩作业与文章上传到法律援助中心订阅号，并在劳动法律知识方面提供相应的法律咨询与援助，在服务社会的同时提高学校的社会影响力。

四、混合式教学改革的反思与展望

劳动法学混合式教学改革虽然取得了一定的成绩，但是经过对改革过程与成果的反思，发现有很多方面还需要提高与完善。成功的教学改革不仅需要师生的努力，更需要相关部门的大力支持。

1. 校园网络环境的全面覆盖

混合式教学改革的关键在于教学平台的搭建与应用，目前三位一体的教学平台已经搭建完成，但是平台的使用需要校园网络和数据流量的支持。无论是教师还是学生，要想更好地利用平台，发挥平台应有的作用，就必须消耗网络流量。因此，相关部门应当优化校园网络结构，实现从有线到无线的全面覆盖，为混合式教学改革的应用与推广提供硬件基础。

2. 课时安排与考核方式的调整

混合式教学改革的实质是将传统的被动且单一的学习方式转换为数字化的主动且多样化的学习模式的一种尝试与实践。教师要想在教学改革的过程中提升教学水平，就必须重新调整教学方案、优化教学内容；学生要想在教学改革的过程中提高学习效果，就必须调整学习方式，不仅要在课上认真学习和积极讨论，更要在课下进行自学和深化。只有赋予教师和学生更自由的教与学，才能使整个课程更加完善。因此，灵活的课时安排和自由的考核方式将成为混合式教学改革的基本要求，这就需要高校教学管理部门给予配合和支持。

3. 学生管理工作的调整

混合式教学改革在一定程度上会增加学生课下学习的时间。这就要求学校要根据学生的作息情况和学业水平等调整学生上课时间、宿舍熄灯时间，以及自习教室和图书馆的开放和关闭时间，在加强学生日常管理的同时，给予学生更多的空间与时间进行自主学习。

4. 教学改革经费的投入

教学改革是一个漫长而又艰难的过程，不仅需要教师投入更多的精力和时间，还需要学校适当增加教学改革的经费。特别就混合式教学改革而言，除其他教学改革所需要的资源，还需要各种终端设备、网络空间、IP 地址等配套设施。随着互联网行业的发展和教育信息化的推进，传统的教学工具已经远远不能满足混合式教学改革的需求，高校要加大资金投入更新教学设备和教学工具，为混合式教学改革提供物质保障。

5. 教学管理理念的更新

高校应该转变单一和僵化的管理理念，鼓励教师进行混合式教学改革，提高全体师生的主动性和积极性，从多方面为教师提供方便和实惠，如给混合式教学改革的教师折算更多的工作量，职称评定时给予适当照顾等。与此同时，高校应当改变重科研、轻教学的管理理念，加大对教学的重视程度和投入力度，让混合式教学改革成为教师考核的重要内容。

参考文献：

[1]张其亮，王爱春. 基于"翻转课堂"的新型混合式教学模式研究[J]. 现代教育技术，2014，24(4)：27-32.

[2]李逢庆. 混合式教学的理论基础与教学设计[J]. 现代教育技术，2016，26(9)：18-24.

[3]林雪燕，潘菊素. 基于翻转课堂的混合式教学模式设计与实现[J]. 中国职业技术教育，2016(2)：15-20.

[4]刘斌. 基于在线课程的混合式教学设计与实践探索[J]. 中国教育信息化，2016(11)：81-84.

[5]王帅国. 雨课堂：移动互联网与大数据背景下的智慧教学工具[J]. 现代教育技术，2017，27(5)：26-32.

[6]汤勃，孔建益，曾良才，等. "互联网+"混合式教学研究[J]. 高教发展与评估，2018，34(3)：90-99.

项目基金：内蒙古财经大学课程思政项目"以'德法兼修'为育人导向的劳动与社会保障法课程思政一体化建设"(KCSZ202212)、内蒙古财经大学研究生教育教学改革项目"内蒙古法律硕士培养之改革与创新研究"和研究生精品课程建设项目"民法与民事诉讼原理与实务"的阶段性成果。

作者简介：郝海燕，博士，副教授。主要研究方向为诉讼法学、劳动与社会保障法学。

税基评估"三维度六环节"案例式教学改革研究

孙 晶

摘要: 税基评估融合税收学和资产评估学,是理论和实践特征都十分鲜明的课程。本文以培养学生税基评估实践能力为导向,回归税基评估业务实际过程,以完整的案例轮环式教学模式改革为切入点,构建"三维度(案例研究、案例开发、案例教学)六环节(开发程序、案例收集、案例写作、集体备课、教学实施、教学考核)"案例式教学模式。力图通过对学生税基评估能力的培养,打造与提升其资产评估实践认知能力、应用能力与创新能力,这符合新时代资产评估高层次创新人才的培养理念。

关键词: 税基评估;案例式教学;教学模式

税基评估是资产评估专业范畴中的一个重要分支,主要包括六大要素:评估主体(资产评估机构和评估人员)、评估目的(税收)、评估依据(税法和资产评估准则)、评估对象(从价税的税基)、税基评估程序和税基评估方法。税基评估课程是资产评估专业的主干课程,但由于其主要观点和内容仍处于争议阶段,尚未正式出版成熟教材,因此该课程开展案例式教学改革尤为重要。案例式教学可以解决教材缺乏的教学难题,我们可以此为契机,加强对税基评估理论和实践的深入研究,同时克服对案例式教学的畏惧和懒惰心理,厘清认识误区和实践误用,对案例教学本质和学习机制进行深入思考,不断纠正改善关键行为,提高教学质量。

一、案例教学的缘起及主要特征

案例教学兴起于 20 世纪初的哈佛商学院,其倡导"经验"是最好的老师,开展案例教学有利于夯实学生的经验基础(宋耘，2018)。案例教学提倡"以学生为中心"，教师不再是课堂上的讲授者，而是教学的引导者，通过"选择案例—设计问题—组织讨论—解决问题"来引导学生的学习过程。因此，资产评估专业教育更适合采用以讨论为重要特征的案例教学模式，并达成如下目标：一是有助于理论联系实践，二是有助于"新知"整合"旧知"，三是有助于教学融合实际，四是有助于提升创新能力(应尚军和冯体一，2018)。

案例教学有以下主要特征：①激励学生独立自主地思考问题。在案例教学中，没有人会直接告诉你怎么做，而是需要学生运用已有知识，判断客观情境，创造性地解决问题。②指引学生更加注重能力的提升。知识不等于能力，但是知识应该转化为能力。案例教学恰恰是由此产生并为此而发展起来的。③重视学生和教师的双向沟通。在案例式教学中，学生要消化案例材料、查阅相关理论、提出问题解决方案，实现知识和能力的升华；教师则要给予实时指导，需要针对不同参与对象及其不同理解程度及时补充新的教学内容。师生的双向沟通不断促进师生思维深化。

二、拟解决的主要教学问题

目前许多高校的税基评估课程仍采用以理论讲授为主的教学方式，学生在课堂上学习到的理论知识较笼统，学习积极性不高，实践应用能力较弱。从内蒙古财经大学资产评估专业的教育教学实践来看，其在课程设置、教学内容、教学方法、社会调查、毕业实习(论文)等多个环节开展了多层次、多形式的案例教学实验和实践，取得了一些良好的效果。然而，包括税基评估课程在内的资产评估专业课程教学仍是以老师讲授为主，案例教学仅作为课堂讲授的补充形式，甚至以"例题演练"代替"案例分析"过程，偏离了案例教学的本质属性和设计逻辑。

案例教学遇到了许多认识层面和技术层面的难题，改革存在很大空间，主要表现在以下三个方面：一是课程培养目标与就业脱节。税基评估课程与资产评估专业的其他课程在知识结构上存在着较大差异，需要根据内蒙古财经大学所属的地域环境特点，针对不同背景的学生，设置符合本地经济特征的课程培养目标，构建税基评估课程的差异化教学框架。二是课程教学过程与社会需求脱节。在税基评估教学过程中，难以做到理论与实践的同步化，使学生难以对知识融会贯通，最终导致其不能很快适应社会需求。三是实践教学与理论教学脱节。税基评估课程的实践教学与理论教学同等重要，然而二者的定位一直没有摆脱传统的先后关系，即先完成课堂理论知识教学，再进行学生实务能力培养。此外，实践教学往往是从形式上展开单纯的实务练习，并没有体现出其真正价值。

三、"三维度六环节"案例式教学模式的内涵和特征

(一)内涵

面向税基评估实务的税基评估"三维度六环节"案例式教学模式以培养学生税基评估实践能力为导向，从案例研究、案例开发和案例教学三个维度入手，关注"开发程序→案例收集→案例写作"与"集体备课→教学实施→教学考核"六个重点环节的步骤转移，培养学生税基评估"实践认知→实践应用→实践创新"能力养成，构建税基评估人才实践能力培养立体化体系，有利于学生税基评估综合能力的协调发展，符合新时代资产评估高层次创新人才培养理念。税基评估"三维度六环节"案例式教学模式如图1所示。

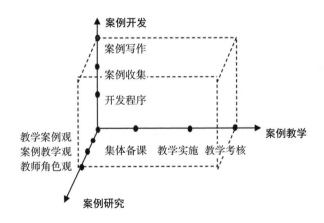

图1　税基评估"三维度六环节"案例式教学模式示意

1. 案例研究："教学案例观→案例教学观→教师角色观"强化认知

明确对案例教学与师生角色的本质认知，是开展税基评估案例式教学研究的前提和基础。

(1)教学案例观。与真实事例不同，教学案例是为教学目的而设计，经过筛

选、设计、加工过的真实事例和材料，其认知顺序为评估背景—实务—理论(资产评估准则)。

(2)案例教学观。案例教学是以案例为载体、以学生为主体的参与式学习方式，是教师引导学生挖掘知识与发展能力的过程。故事、议题、理论构成案例教学目的的三层结构。案例教学的特点是寻找定义模糊的问题解答、应用灵活、情境丰富、双向交流，因而更加适用于软科学，如资产评估等管理学科。

(3)教师角色观。与传统授课中的教师角色和任务不同，在案例教学中教师的任务是设计问题、规划讨论路线、激发学生思考，引导学生达到教学目标。

2. 案例开发："开发程序→案例收集→案例写作"深层对接

案例开发包括开发程序、案例收集和案例写作三个层次，具体经验归纳如下：

(1)案例开发8步程序。本教学团队与中国最大资产评估机构——中联资产评估集团建立了长期合作关系，依托产学研基地，通过"8步程序"共同开发案例，即寻找案例线索、制订初步计划、寻求企业合作、制定实施方案、确认案例议题、描述案例情景、案例写作和案例应用。

(2)案例收集3种方法。项目组采用实地访谈、公开数据收集和文献检索3种方法收集数据，案例所需数据包括被评估企业背景、宏观和行业分析、关键驱动因素分析等。

(3)案例写作的2个部位7个部分。2个部位是指案例正文和案例使用说明的撰写。案例正文主要包括起首段、案例描述、案例讨论、案例总结、附录等。案例使用说明主要包括案例名称、理论依据、教学目的用途、启发思考题、分析思路、关键点和课堂计划7个部分。

3. 案例教学："集体备课→教学实施→教学考核"科学规划

税基评估"三维度六环节"案例式教学改革注重集体备课、教学实施和教学考核等教学全过程。

(1)集体备课。通过集体备课形成高质量教案。完整的教学提纲应包括案例名称、理论依据、教学目的与用途、启发思考题、分析思路、关键要点和课堂计划7部分内容。

(2)教学实施。教学实施是教学目标的达成过程，也是教学方案由静态转化为动态的过程。在教学过程中，教师可以对教学提纲进行必要的调整和创造性发挥，并灵活运用提问、讨论、倾听、鼓励等多种教学技巧。

(3)教学考核。通常由教师说明案例评分要求，在组建小组成员、撰写评估报告、小组代表发言后，采取同学互评和教师点评方式赋分。课堂成绩考核标准拟定包括学生出勤率、发言次数和发言质量三个方面。

(二)基本特征

本次教学改革从提出设想、持续探索到教育教学实践，逐步形成了以资产(税基)评估能力为导向、面向税基评估实务的税基评估"三维度六环节"全过程、全方位案例式教学模式。该模式体现了三个基本特征：一是面向税基评估实务，以提升学生评估实践能力为导向，构建税基评估"三维度六环节"案例式教学模式；二是遵循 PDCA(Plan，Do，Check，Action)循环，循序渐进地实现案例轮环式税基评估教学运行体系；三是采用 CDIO(Conceive，Design，Implement，Operate)模式，推进税基评估多层次、一体化实验实践教学体系。

四、"三维度六环节"案例式教学的学生三维能力融合机制

税基评估"三维度六环节"案例式教学模式的落脚点在于塑造学生三维能力，即税基评估实践的认知能力、应用能力和创新能力。该模式有效地实现了学生横向(税基评估理论)、纵向(税基评估实践)和竖向(税基评估创新)三维立体能力的有机融合，及其与资产评估职业能力的全面协同发展。以"房产税税基评估中基准修正法的应用"案例教学为例，具体分析如下。

(一)税基评估实践认知能力是基础

在案例教学中，教师只有使学生理解和掌握基准地价修正法的基本原理和操作步骤，才能为下一步基本技能训练奠定基础。也就是说，税基评估实践认知能力是实践应用能力和实践创新能力的基础。不断夯实资产评估专业理论基础、完善专业知识体系、培养学生良好的税基评估思维能力和认知能力，是提升学生终身学习能力和知识获取能力的坚实基础。

(二)税基评估实践应用能力是重点

在学生深入理解和掌握基准地价修正法的基本原理及其操作步骤的基础上，教师引导学生完成评估情境描述、评估小组组建、评估方案制定等案例教学程序。如在房产税税基评估案例教学中，以北京市海淀区某建筑物为例，利用基准

修正法模拟北京市海淀区居住类房产税的税基评估过程，即小区基本勘察、被评估对象分析、基准物业设立、基准房价评估、调整系数确定、评估价值测算等，培养学生税基评估实践应用能力。因此，税基评估"三维度六环节"案例式教学基于税基评估实景，强调评估实践应用的系统性，反馈税基评估理论教学成效，完善税基评估理论教学体系，为税基评估创新提供有力支撑。

(三)税基评估实践创新能力是目标

在学生熟练掌握基准地价修正法基础理论和基本技能的基础上，引导学生对"基准修正法税基评估流程"和"基准修正法适用条件"两个问题展开进一步讨论，论证基准地价修正法的可行性，培养学生的税基评估实践创新能力。

参考文献：

[1]应尚军，冯体一. 论资产评估的案例教学[J]. 中国资产评估，2018(10)：4-7.

[2]张东娇. 比较视野中的中国"案例教学"：基于毅伟商学院案例教学经验的分析[J]. 比较教育研究，2016(11)：71-77.

[3]宋耘. 哈佛商学院"案例教学"的教学设计与组织实施[J]. 高教探索，2018(7)：43-47.

作者简介：孙晶，博士，副教授。主要研究方向为创新型企业价值评估、绿色创新效率评估、农村牧区治理能力评价等。

心理学视阈下"旅游综合大课程观"的课堂教学实现路径探析

张　薇

摘要：旅游业是促进经济发展、国际合作与文化交融的先锋领域，具有强大的关联性，它上承宏观战略，下接市场动态，中促百业融合。当今社会的旅游与各个领域紧密结合构筑起了"大旅游"的概念，而应用型高校旅游管理专业的专业课程也不遗余力地从休闲与消费、服务与发展、文化与交往、营销与经营等方面来阐释大旅游的内涵，开设的专业课程层出不穷且不断更新。在此背景下，应用型高校作为相关人才的培养单位急需转变办学理念与教学方式以确保储备人才有用武之地，这是关系到"一带一路"倡议走向落实、关系到地区及国家经济发展的重要课题。本文提出了"旅游综合大课程观"与案例教学的新模式，旨在为旅游管理专业的人才培养与课堂教育教学提供方向。

关键词：心理学；"旅游综合大课程"；课堂教学

一、高校旅游管理专业课程体系面临的新矛盾

当前，高校旅游管理专业的课程体系设置面临一些新矛盾。我们要积极地面对矛盾，解决好问题。兹分述如下。

(一)知识体系的完整性与分科课程的独立性之间的矛盾

科学是内在的整体，整体永远大于局部之和。旅游知识被分解为单独的分科部分不是取决于旅游这一事物的本质，而是取决于人类认识能力的局限性和

出于认识的方便。相应地，旅游管理专业的课程体系也应该体现这种知识完整性与课程独立性之间的矛盾关系。课程体系是一组相互关联的课程所组成的整体和课程群。当前，各应用型高校开设的专业课程如中国旅游文化、旅游景区管理、智慧旅游、旅游电商、旅游市场营销学、旅游消费行为学、跨文化交流等，课程设置的结构呈散点状，分科课程多，小课程多，没有形成层级分明的结构，课程之间交界面多、重复内容多，缺乏系统性、严密性。事实上，旅游专业的现存知识技能全部来自实践总结并在实践中不断更新。因此，每门分科课程并非独立封闭的，而是关联开放的。只有让学生建立起通古博今的"大旅游"概念，才能切实具备解决综合问题的能力。对此，分科课程与综合课程的设置都要开设并统筹安排，比例恰当，要有开课学期以及开课顺序上的逻辑思考，从而实现各学科知识之间的相互融通，以及融通之后产生新思维与新方法。

(二)课程设置的前瞻性与成熟课程的稳定性之间的矛盾

目前，中国的游客流量逐年增加，跨境旅游业正处于加快发展和转型升级的关键时期，投资需求大，热点领域多。从乡村旅游产品、休闲度假产品，到文化旅游产品、养生养老旅游产品，再到在线旅游产品的开发和智慧旅游产品的建设都在飞速发展。即使在疫情防控常态化阶段，也阻挡不住错峰出游、预约出行、寓学于游、散客自驾、小团定制等文明理性出游新行为。这呼唤着新时代重构旅游市场、重建旅游产业链、变革旅游营销方式。以目前的课程教育体系来看，高校旅游管理专业学生在从事新型旅游业工作时显得吃力，导致高校培养的旅游人才学旅游却干不了旅游。那么在变与不变、发展与不发展的进程上，相关人才的引导、激励、培养、储备成为一大现实问题。这需要有大量高质量的、成熟又有时代感的课程培养学生。所谓的成熟课程，即需要经过精心的自身打磨、各级部门的立项检验推优等程序，至少需要三四年的时间，而旅游管理的专业课程设置是要具有时代气息的，要培养与时代变化接轨的新型人才，如果对传统课程更新慢，仅靠在课程中增加一些新时代气息的内容，教师就是在用昨天的知识培养今天的人才，应对明天的挑战。但是，过快地开发新课程，又无法打造出高质量的成熟课程。那么，怎样使课程开发既不能盲从经济热点，又符合课程自身建设的规律，还要充分考虑自身实际情况优化课程体系，建构出动态生成性课程、整体建构性课程、真实体验性课程、人文素质性课程、政策导向性课程等，是亟须思考的问题。

(三)培养目标的高大上与课程体系的小细杂之间的矛盾

人才培养目标是构建课程体系的前提和基础,课程体系是实现人才培养目标的手段和保证。但一些本科院校构建的课程体系与人才培养目标不匹配。比如,一些高校没能从学科特点和地区特色细化培养目标,而是对于旅游人才的培养做"全能型"的专业定位,脱离了"专业化"大谈"复合"、脱离了时代背景大谈"高级管理人才"。于是乎,把旅游管理专业人才的培养定位为"只懂管理学的人才",将专业课程的学习定位为以讲授管理类的理论为主。事实上,社会所需要的复合是立足于特定行业和岗位的一技之长之上的复合,旅游管理人才是基于胜任基本工作之上的管理人才。人才市场入门的岗位首先需要的是"专"与"精"。这种大而全的全能性定位势必造成毕业生知识与能力结构的分散性,导致毕业生"什么都会,而什么都不会"的专业自我迷失和技术能力流于表面的现实。此外,有些院校的培养目标是培养应用型人才,但是按照培养研究型人才的要求构建课程体系;有些院校提出要培养综合型人才,但课程设置单一、片面,缺乏横向综合课程的联系;有些院校提出要培养创新型人才,但实践课程学时不够,双师型师资缺乏。凡此种种,使高大上的培养目标沦为空洞的乌托邦式的口号。事实上,旅游管理专业的课程设置要以产出为导向,主动对接经济社会发展需求,科学合理地设置人才培养目标,完善人才培养方案,优化课程设置,以切实提高人才培养的目标达成程度、社会适应度、条件保障度、质保有效度和结果满意度。

(四)学科知识的内在逻辑顺序与学生的认知心理逻辑顺序之间的矛盾

在旅游管理专业的分科专业课程的实践教学中,有的分科教师把教材中富有逻辑联系的系统知识直接照搬给学生,甚至连基本措辞、语言风格都不加任何变化,这虽然保证了所授知识的正确性,姑且认定其合乎学科逻辑,却严重地漠视了学生的心理逻辑,是欠科学的。可以说,严格的学科逻辑只体现了专家、内行者所取得的结论。把专家、内行者的终点当成初学者的起点,是极不合理的。在传统课堂的分科课程与教学中,相关知识是学生应当学的、必须学的,但未必是他们愿意学的、能够学的。对此,无论是各分科专业课程教学目标的制定,还是教学内容的选择,或是教学策略的运用,都必须关注大学生的身心特点,与学生的知识背景、理解水平、接受能力、内在需求等相适应,要遵循学生从整体感知到情感与思维发展的心理规律。

二、开设心理学视阈下的"旅游综合大课程"的 必要性分析

作为时代性很强的具有动态属性的旅游专业教学，只有进行彻底的教育教学改革，才能真正体现出课程的价值和人才培养的意义。教育教学如果未能紧跟形势，则将不利于学生成长成材。旅游事业的发展自始至终面对的是人，因此从心理学的视角开展旅游综合问题研究，以统整并有机整合旅游管理各门专业课程，是非常必要的。兹分述如下。

(一) 从旅游服务的角度来看

当前我国的旅游事业发展迅猛，旅游最大的特点在于服务，而服务的对象是人，这就决定了围绕着旅游的一切活动必须以人的心理为依据，贯穿整个旅游活动。可以说，谁把握了旅游者的心理，谁就把握了旅游市场的变化，谁就抢占了市场先机。如果忽视了心理的分析与研究，大谈宏观的旅游服务管理、旅游政策、旅游营销，大谈旅游业的可持续发展，那么一切理论假设都可能成为无源之水、无本之木。

高质量的旅游服务并非指程式化的外在操作步骤，亦非指工作人员多么敬业专业、设计的旅游线路多么盈利。"得人先得心"，最好的旅游是旅游者的旅游，只有把握了旅游者的心理和行为特征，了解其需求，才称得上为旅游者提供了满意的优质服务。如果漠视旅游者自身的需求和旅游过程中的心理规律，无视他们想听些什么、他们关注什么，那么旅游消费者和旅游服务者二者就会处于对立的角色状态中。

(二) 从休闲与消费的角度来看

休闲旅游是当今人们追求品质生活的消费选择。自驾露营、生态康养、宗教旅游、寻根旅游、夜间游览、乡村民宿、研学旅游、农业旅游、工业旅游等已全方位进入人们的生活，与此相适应的吃、住、行、游、购、娱等活动持续扩大了旅游消费规模。在疫情防控常态化阶段，错峰出游、预约出行、寓学于游、散客自驾、小团定制等文明理性出游方式蔚然成风。旅游需求已日益呈现出精细化、主题化、个性化、非标准化、多元化等特点。揭开凡此种种背后的心理学依据，

方可让人们更了解自己、更理解他人、更理性地参与决策旅游活动。

(三) 从文化与交往的角度看

当今的旅游活动尤其是跨境旅游日益频繁。旅游者之间、旅游者与旅游工作者之间、旅游者与旅游地居民之间会产生不同程度的人际交往关系。旅游活动中人际交往的障碍主要有语言的障碍、习俗的障碍、个性的障碍、文化的障碍等。密切、安全、合理、有效的跨文化交往可以增信释疑、求同存异，彰显中国的文化自信。心理学知识将帮助旅游相关人员消除人与人之间乃至国与国之间负面的文化认同，寻求文化对话意义上的最大公约数。

(四) 从营销与经营的角度看

"不患人之不己知，患不知人也。"作为从事旅游经营活动的企业，要想在激烈的市场竞争中求得生存和发展，就必须有正确的市场经营策略，而这些策略必须是建立在分析和研究消费心理和购买行为的基础上的。为此，旅游企业的营销与经营活动不仅要适应消费者的心理要求、心理特征和心理倾向，还要努力影响并激发消费者的心理需求、购买动机和购买行为，使企业形象、产品、服务更好地被消费者接受和满意，使旅游企业在激烈的市场竞争中取得优势，从而推动整个旅游市场和旅游业的繁荣发展。

综上所述，众多旅游问题的研究都离不开心理学视角的思考。在高校旅游管理专业开设心理学视阈下的"旅游综合大课程"，不仅必要而且必需。

三、心理学视阈下"旅游综合大课程观"的
课堂教学实现路径

(一) 依据整体协调原则打造"大实践"教学观

依据整体协调原则打造"大实践"教学观，有助于学生更深入地掌握知识。当然，旅游管理专业的分科课程与综合课程都有其存在的必要性，这两类课程的组织形式都不能随意被彼此取代。分科是综合的基础，只有在深入分化的基础上，才能有较高水平的综合，否则综合显得极为肤浅。分科课程注重发展学生的智力因素，而综合课程更强调学生的兴趣、情感等非智力因素的发展。分科课程

组织的逻辑起点是知识，而综合课程组织的逻辑起点是经验。"旅游综合大课程观"旨在从心理学的角度整合各学科理论，并综合分析旅游问题，以期实现学生的多元立体思维模式。如果不加统整，而是在旅游案例讨论时，将各个专业学科的知识杂糅在一起，"一锅端"地呈现给学生，学生就会感到茫然，感觉"公说公有理，婆说婆有理"，但实践中又不能只听某一方的一面之词。此时，心理学视角的统领地位能够起到使各学科知识相互融通的作用，而学生将是最大的受益者，因为只有在融通之后才能产生新思维与新方法。"旅游综合大课程"将实现旅游专业分科知识的有机联系和整合重组，淡化了现有学科的界限，优化了原有课程间的壁垒，打破了传统的学科课程结构，实现了专业课程之间的整合互补。"旅游综合大课程"的课程思维赋予了静态的课程内容新鲜的时代气息。

相应地，"旅游综合大课程"中的案例与解析应取材于导游业务、旅行社经营管理、旅游消费者行为、旅游开发与规划、跨文化交流、智慧旅游、遗产旅游等各门旅游专业主干课程。因为科学是内在的整体，整体永远大于局部之和，旅游事业在高校旅游管理专业被分解为多门单独课程不是取决于旅游事业的本质，而是取决于人类认知能力的局限性。相应地，旅游类课程体系也应该体现并很好地解决这种知识完整性与课程独立性之间的矛盾关系。为此，要想使学生学明白旅游，非常有必要让学生整体感知、多学科审视真实的旅游案例，透过事实建立理论，而不是停留在事实层面。对于任何一个旅游案例，应先从心理学的维度分析各种旅游现象背后的本质与原理，然后综合其他学科如管理学、文化学、经济学等分析旅游案例，只有这样才能够帮助学生建立起分析旅游问题的多元立体思维方式。

(二)依据学生的认知规律科学设计"旅游综合大课程"的教学流程

"旅游综合大课程"决定了课堂教学模式应当以案例教学为佳。选取的旅游案例则是没有明确解决之道的结构不良问题。由此延伸的内在教学程序可归纳如下：

1. 案例抛锚，引发认知紧张，激发内在学习动机
2. 新知识讲授
3. 分析讨论，解决案例
4. 知识迁移，实现从知识过渡到技能
5. 拓展探究，多学科视角再审案例
6. 社会建构，师生在线下、课外自由交流

这种教学过程符合学生从感性到理性的认知、情感、思维等心理规律，与学

生的知识背景、理解水平、接受能力、内在需求等相适应。各旅游案例当以问题为导向，依次按照"旅游情境案例—提出问题—心理学视角解析—综合视角问题分析"的逻辑推进。可以说，这一综合大课程的开展可以有效更新学生的学习理念、拓宽学生的学习形式，并旨在培养学生对既定学理的怀疑意识、对现实问题的批判意识、对学术权威的独立意识、对传统体系的突破意识，乃至思维方向的求异性、思维结构的灵活性、思维表达的新颖性、思维进程的飞跃性，以及对旅游领域实际问题解决的责任感、情怀及人格品质。

"旅游综合大课程"的案例教学形式能让自主学习、个性化学习、体验式学习真正落到实处。因为高等教育的三大基本功能除了知识传授、知识创新，还有重要的一项就是知识转化即社会服务。当旅游案例中涉及诸如做旅游地宣传图标设计、旅游广告设计等不良结构领域问题时，学生势必需要结合已学的其他分科课程，这就实现了分科课程之间、理论与实践之间的相互融通。学生在案例分析与实践中会发现，已有的旅游管理理论并不是一用就准、一使就灵的，这促使他们在多学科融通之后产生新思维和新方法。另外，这种教学模式在引导学生学习方法的转变，倒逼学生采用探究法、发现法、归纳法、比较法等新的学习方法以适应"专业综合大课程"。学生对自己利用这些方法总结出的结论也记忆深刻，从而使其探究意识、直觉思维和内在动机这些非智力因素得到了培养。这比起传统课堂接受学习的学习方式要有效，更有利于知识目标、技能目标与情感态度价值观三维目标的实现。

此外，"旅游综合大课程"的案例教学形式还强调问题解决过程中的师生之间、生生之间互相交流。这可以提升学习的兴趣度、参与度和延伸度，使个体学习与集体学习、课堂学习与个性化学习多元融合，让学生的内在动机与情感真正投入进去，变"要我学"为"我要学"，从而推动本科教学从"教得好"向"学得好"转变。

参考文献：

[1]陈侠. 课程论[M]. 北京：人民教育出版社，1989.

[2]张明. 走进多彩的心理世界[M]. 北京：科学出版社，2000.

[3]张树夫. 旅游心理学[M]. 北京：高等教育出版社，2001.

[4]江山野. 简明国际教育百科全书[M]. 北京：教育科学出版社，1985.

[5]袁靖宇. 高校人才培养方案修订的若干问题[J]. 中国高教研究，2019(2)：6-9.

[6]钟秉林. 人才培养模式改革是高等学校内涵建设的核心[J]. 高等教育研

究，2013(11)：71-76.

[7]王伟廉.人才培养模式：教育质量的首要问题[J].中国高等教育，2009(8)：24-26.

[8]胡建华.中国大学课程体系改革分析[J].南京师范大学学报(社会科学版)，2007(3)：76-81.

[9]彭樟林，姚卫华.基于创业能力核心的课程体系的构建[J].前沿，2012(15)：148-149.

[10]杨有振，王书华，卫博.高校人才培养目标与课程体系设置改革研究[J].山西财经大学学报(高等教育版)，2010(4)：10-15.

基金项目：内蒙古自治区教育科学研究"十四五"规划课题"新媒体时代高校学业评价创新模式研究"(NGJGH2021273)；内蒙古直属高校基本科研业务费项目"心理学视角下应用型高校学业评价体系研究"(NCYWR22008)阶段性研究成果；服务自治区重大战略需求为导向的课程建设项目"北疆旅游文化视觉形象设计"；内蒙古财经大学2023校级教育教学改革研究课程"《旅游视觉形象设计》教育教学改革研究"(JXYB2328)。

作者简介：张薇，内蒙古财经大学旅游学院副教授，主要研究方向为旅游与文化教育教学。

基于 PBL 的计算机专业高等数学课程的教学研究

徐琳琳

摘要：高等数学是非数学专业的一门基础必修课，对各专业的普适性导致教学内容偏重计算和证明，进而构建了完备的数学理论框架，缺乏对实际问题的关注。针对传统教学中存在的问题，本文基于 PBL 教学方法，从融入思政元素的教学内容、师资队伍建设两个方面对计算机专业高等数学课程的教学进行了探索和分析，为应用型专业高等数学的教学提出新的改革方案。

关键词：计算机专业；高等数学；教学改革；PBL

随着科学技术的发展，特别是计算机和计算技术的飞速发展，数学已经越来越被人们认为是在科学发展中具有高度重要性的学科。科学技术发展越快、越好，对数学的需求越多、越深，对计算机的依赖也越强，在基础科学、工程研究、军事指挥、金融、医疗等领域都可以看到强大的数学应用和计算机在其中的渗透能力，一定程度上说明了数学和计算机的密切相关性。

作为应用科学的计算机科学，它的算法和理论离不开数学的理论支持，如何在新工科背景下让学生理解数学在计算机中的基础性、重要性，调动学生的学习积极性，为本科阶段的计算机专业学习打下坚实的理论与实际操作基础，为探索和创新提供必备的知识素养，是需要持续思考并值得研究的教学问题。

PBL(Problem-based Learning) 教学模式"以问题为中心，以学生为主体"，着重培养学生自觉主动学习、勤于思考以及独立解决问题的能力，培养学生的创新意识和参与意识，目前是国际上公认的最受欢迎的教学方法之一。为了真正发挥数学的基础理论课作用，全面提高学生的数学素质，紧跟科学技术的发展速度，本文围绕"如何培养人"，从 PBL 视域出发，从融入思政元素的教学内容和师资队伍建设两个方面对计算机专业高等数学课程的教学进行探索和分析。

一、课程及改革现状分析

(一) 课程分析

从狭义上讲，高等数学是将多门数学专业课程如数学分析、高等代数、概率论与数理统计、解析几何、常微分方程、偏微分方程等的部分内容删减、难度降低后汇集到一起的简化版课程，供非数学专业的大学理、工、农、经等各种不同专业的学生学习，其目标是教育学生最基本的数学原理。虽然课程难度降低了，但过度简化内容，知识点的证明、推导失去了完备的知识架构体系，非数学专业的学生很难应付这种抽象性高、逻辑性严谨的数学内容，学得比较艰难，公式、推导过程死记硬背，把理科课程学成了文科课程，学后知其然而不知其所以然，收获甚少。

(二) 教学现状

高等数学的内容丰富，学时有限，为了在有限的授课时间内完成既定的教学计划，照本宣科是最保守的教学方式。一些长期承担高等数学教学任务的教师不熟悉数学与计算机的联系，在实际教学过程中就数学讲数学，强调运算技巧和证明，忽视了对现代数学素质内涵的特性的描述，不能从专业角度对高等数学本身所蕴含的算法思想进行分析和阐述。此外，面对基础薄弱的学生，部分教师可能会产生厌教情绪，为教课而教课，手段单一。以上各种因素容易导致高等数学的教学陷入学生没兴趣学、教师没动力教的恶性循环中。

(三) 学习现状

对于非数学专业的学生而言，数学就像一座高峰，加之高等数学一直被贴着枯燥、难懂的标签，学生戴着有色眼镜开始学习这门课程，所以学习的兴趣和动力由于课程的属性和对课程的传统认识而大大降低。

高等数学作为专业理论基础课，学生只知道其是必修课，对于其为什么是基础课，基础性又体现在什么地方，没有具象的理解。即使知道考研、比赛等需要高等数学，也只认为其是阶段性会用到的工具书。有些教师把考研题目融入授课内容，本质上仍是教材式的知识结构，即理论+例题，题目难易程度的把握非常关键，如果太难则更会让学生对数学产生畏惧之心。最终形成"以考试为学习动力，背题刷题备考"的学习模式，远远背离了人才培养的宗旨。

(四) 改革现状

对于高等数学，如何将被动学习变为"兴趣驱动"的主动学习是教师一直思考的问题。首先，教材内容面向非数学专业学生的普适性决定了其专业无关性，教材建设自然成为部分院校改革的目标之一，但如何融入每个章节或每个知识点，没有具体案例说明方案的可操作性。

部分教师希望以数学建模或实际问题为切入点激发学生的学习兴趣，但模型的建立、求解过程仍以理论推导丰富教材内容，对学生的兴趣激发作用并不理想。教学成果显著的"四步进阶"创新人才培养模式，将理论授课和实践应用独立进行。当然，也有对现有教学资源、教学模式等进行整合分析的相关工作。

学习数学最好的方式就是使用它，使用越多，越觉得有用、有趣，学得越好、越快，也越扎实。以专业为导向的改革方法中提出概念直观化方法，但没有具体的实施办法。因此，本文以理论联系实际为宗旨，探讨如图1所示的基于PBL的教学模式：问题引入(激发学生的课堂兴趣)→内容讲解，例题演练→问题分析、解答(研究应用)，让学生知道学习高等数学是有意思的，给教材式黑白内容增加"颜色"，"图"说高数。

二、教学改革方法

(一) 改革目标

本文的教学方法通过引入各专业的前沿知识、学术成果、建模问题，以科技创新为引领，激发学生对高等数学的学习兴趣，促使学生更好地掌握理论知识，提高专业基础课的教学质量，真正培养应用型专业学生应该具备的分析问题、解决问题的综合能力，切实发挥教师在学习、科研上的引路人作用，打造"让课堂有色彩、有活力，让学生有兴趣、有动力，让老师有突破、有能力"的教、学、研相长的图文并茂的教学模式。

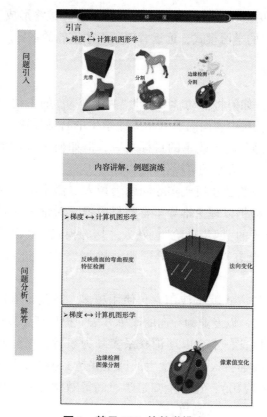

图 1　基于 PBL 的教学模式

(二) 改革方案

1. 基础内容调整

高等教育出版社提供了针对不同专业、不同学习能力的优秀教学课件。其中，知识总结、梳理(见图 2)有助于学生形成连贯的知识体系，防止因内容过度简化而导致逻辑严谨性弱化。为了让学生适应从高中到大学的转变过程，本文提出的教学方法打破了"内容讲授+习题课"的既定模式，将习题课的内容进行难度划分，遵循课程改革自主学习的首要目标，根据重点、难点、混淆点有针对性地将部分题目放到每一课时中，提高学生的理解效率和理解程度。

2. 应用内容添加

理论联系实际是应用型专业对学生的基本要求，也是最高要求。经过小、中、高三阶段的学习，学生的主要收获是为大学及以后的学习、工作的知识积

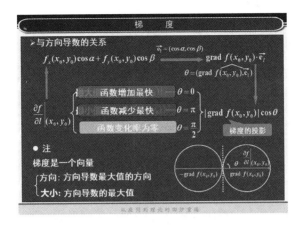

图2　知识总结与梳理

累。除了少数创新能力强的学生，大部分人很难将书本上的知识与身边实物进行联系，概念、名词、公式就是文本字符、数学符号、考试的基本知识点而已。专业能力强的教师自进入科学研究的大门后，才逐渐体会到数学工具的强大，真正在应用和理论之间建立起多对一（一个数学公式可以解决很多实际问题）的匹配关系。

所以，本文提出的教学方法对授课教师提出了较高的专业要求，授课教师需要将计算机相关的应用问题（如计算机图形、图像处理问题）、科研思想、建模问题引入课堂，对课堂内容做加法，形成如图1所示的教学模式，用实物讲述概念，从应用到理论探索知识。具体实施方法体现在以下四个方面：

（1）实物讲述概念。以空间解析几何中空间曲线方程的定义为例：空间曲线可以看作两个曲面的交线，两个曲面方程 $F(x, y, z) = 0$、$G(x, y, z) = 0$ 构成的方程组

$$\begin{cases} F(x, y, z) = 0 \\ G(x, y, z) = 0 \end{cases}$$

就是这两个曲面交线的方程。

方程有什么用？两个曲面交线又体现在哪些地方？在实际授课时，本文提出的教学方法加入可接触到的实物进行说明，如图3所示，给出人工智能（左图）、工业制造（中国）、玩具（右图）三个方面的简单实例，每个实物表面的线条都可以看成线条两侧两个曲面的交线，让学生理解得更加清晰、具象。

（2）应用问题。应用型专业的研究问题充分体现了高等数学的基础性作用，例如，图形、图像处理全面涉及了微分方程、求导、求积分、切向、法向、法曲率、高斯曲率、梯度、面积、体积等所有章节内容。

曲线方程概念：空间曲线可视为两曲面S_1、S_2的交线

图3　实物讲述概念

图4演示了两个基本的数学知识。左图是三角网格表示的立方体，同一个体面上的三角形的法向一致，相邻体面上的方向相互垂直，利用法向变化可以检测出立方体每条棱的位置；右图球的曲率不变性反映了球面弯曲程度处处相等。法向、曲率均可用于图形的特征检测，图1中瓢虫图像的轮廓检测也是同样的原理。

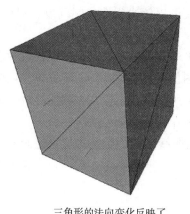 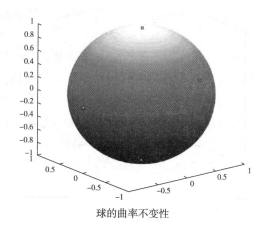

三角形的法向变化反映了　　　　　　　　球的曲率不变性
立方体每条棱的位置

图4　图形中的数学知识

(3)科研思想。从某个角度来看，好的教材、课程是许多优秀学者的学术成果，每门基础理论课隐含了很多科研思想。例如，计算机专业中，图形、图像在视觉感知上是平面和立体或二维和三维的区别，图像处理相对简单，很多图像处理方法都可以向三维几何图形的处理进行推广，这是科研人员常用的研究方法之一，与高等数学中一元函数向多元函数的类推过程完全一致。图5对二元函数、曲面方程两个基本概念的推广方法进行说明。这种由简入深的方法不仅能帮助学

生理解内容，而且在无形中培养了学生解决问题的能力。

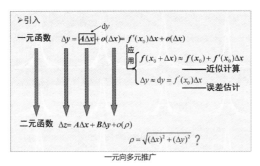

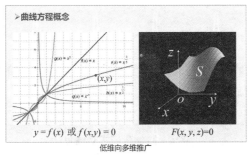

图5　科研思想

（4）建模问题。数学建模竞赛题目是对实际问题的一种数学表达，根据特有的内在规律（逻辑推理能力），作出必要的简化假设（抽象能力），运用适当的数学工具（内容的扎实程度），得到合理的数学模型（数学表示），最终求解模型"解决"实际问题（计算、推导能力）。每个题目综合考虑学生的数学素养，某些题目更是贯穿了高等数学若干章节的内容。图6显示了"储油罐的变位识别与罐容表标定"问题的部分求解过程，巧妙地将空间几何、积分等基本知识融合起来，将课程的抽象逻辑性具体化。

3. 案例库建设

目前，随着教改的不断兴起和推进，案例式教学方法层出不穷，但普及程度和教师的重视程度还不够高，很多方法只存在课题的申报和论文中，而思政教学对于大部分青年教师是高深的、迷茫的以至于不想触碰，主要原因是现有参考资料不足或者不全面。笔者在教学过程中总结出难易程度合适、可融入思政元素的专业相关案例，高等数学上下册是从一元函数向多元函数的推广，本文以高等数学（上）为例，将上述改革方法的具体实施方式、作用及相应思政元素进行详细说明（见表1）。

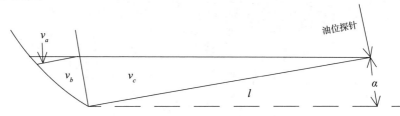

油位探针测得的油位高度 h 始终为零，分成三部分来计算这部分的体积，如区域1的放大图(13)

图13　实际储油罐分区示意图

区域1的总体积应为：

$$V_1 = V_a + V_b + V_c$$

对圆柱体部分进行三重积分得到：

$$V_c = 2\int_{R-l\cdot\tan\alpha}^{R}\mathrm{d}y\int_{0}^{\sqrt{R^2-y^2}}\mathrm{d}x\int_{0}^{\frac{y-R+l\cdot\tan\alpha}{\tan\alpha}}\mathrm{d}z = 2\int_{R-l\cdot\tan\alpha}^{R}\frac{y-R+l\cdot\tan\alpha}{\tan\alpha}\sqrt{R^2-y^2}\,\mathrm{d}y$$

由球缺部分的体积随油位高度的计算公式（9）得：

$$V_b = V_{球缺}(l\cdot\tan\alpha)$$

图6　数学建模求解过程

表1　高等数学(上)案例库

内容	案例	作用	思政元素
开课	图像无缝移植、颜色变化、图像修复、图形编辑	激发学生的学习兴趣，了解数学在计算机专业中的重要作用	增强学生对专业的认可度和对数学课程的学习自信
第一章　函数与极限			
映射与函数	两个班级的学生按学号一一对应分组	帮助学生理解映射、满射、单射、双射等概念，通过实际生活案例，方便学生理解	生活就是一门数学艺术，理论联系实际，增强学习自信
数列极限	割圆术	帮助学生理解极限及近似值、精确值之间的关系	严谨、坚持不懈的治学态度
函数极限	"白话"定义：基于数形结合学习方法，将 $\varepsilon-\delta$、$\varepsilon-X$ 语言在图形上翻译为一个具体点的左右两侧向该点靠近/向 x 轴左右两侧无限延伸时，函数曲线上的点与某条 $y=C$ 无限靠近，首次提到"以直代曲"的数学思想以及在数学建模中的应用	帮助学生理解概念	增强学习自信

内容	案例	作用	思政元素
极限运算法则	证明定理时，提及"大中学数学"之间的差异，中学用的是结果，现在就需要将以前的结论加以证明	转变学习方法、思维习惯，帮助学生理解高等数学严谨的知识体系	不要想当然做事，要脚踏实地
极限概念总结	知识体系框架图，对比不同概念的定义（以下知识总结部分不再阐述）	帮助学生建立知识点之间的联系，体会高等数学知识的系统性，强调类比学习以及在学习中总结方法	人生规划；善于阶段性总结，发现问题、提升自我
无穷小的比较	函数图形可显示变化速度，如何将"看起来"成立的结果用数学语言进行表示	简单数学建模思想	包装的重要性；从现象看本质
零点定理	从图形上看，将定理中端点符号问题转变为：一条线不管从正的变成负的还是从负的变成正的，都需要经过 x 轴，与 x 轴有交点，说明有零点。同时强调数学定义、定理中每个字、词都是有意义的，比如"连续"在连续中的作用	利用图形，将定理"白话"，帮助学生理解、记忆	事物的变化都有转折，学会利用转折或者变化

第二章 导数与微分

内容	案例	作用	思政元素
导数的概念	中学平均速度、瞬时速度：以学生从宿舍到教室过程中的平均、瞬时速度举例曲线割线→切线的变化过程，强调中学看起来不相关的割线与切线之间的相关性	帮助学生理解概念，体会生活中的数学现象、"大中学数学"的区别，加快学生转变数学思维	生活就是一门数学艺术，理论联系实际，增强学习自信
函数的求导法则	引入计算机3D模型，比如立方体，观察模型中不同部位的特征，面上每个顶点的法向一致，没有变化；棱上顶点相邻的位于不同面上的顶点的法向有变化，可用于特征检测。说明学习导数、求导数的作用	扩充数学知识在计算机图形中的应用	增强学习自信、专业认可度
隐函数图形	给出隐函数图形，解释隐函数在表示图形中的强大作用，介绍隐函数在计算机3D模型的表示、逼近和编辑中的应用；摆线方程图形用滚铁环游戏加以具象说明	帮助学生对函数的理解，加深数形结合学习方法的理解，扩充数学知识在计算机图形、日常生活中的应用	增强学习自信、专业认可度
函数微分近似计算	热胀冷缩	类比学习，帮助学生理解问题	生活就是一门数学艺术，理论联系实际，增强学习自信

内容	案例	作用	思政元素
第三章 微分中值定理与导数的应用			
微分中值定理	"白话"定理,以罗尔定理为例:先不看定理,从图形描述为,两个顶点的高度一样,正如跳绳时,两个人拿着绳子,中间自然下垂,最低点的切线平行于地面,当然,如果一根绳子经过多次弯曲,两个端点还可以保持一样高度,弯曲的地方切线依然有这种性质	列举日常生活实例,讲述生活中的数学现象,帮助学生理解抽象概念	生活就是一门数学艺术,理论联系实际,增强学习自信
泰勒公式	以自己科研工作、多项式逼近3D模型说明泰勒公式的本质含义及其在数值逼近、数值计算等方面的重要性;泰勒公式由各阶导数相等推出,用多项式逼近函数描述	将烦琐的公式与实际应用相结合,将推导过程赋予实际含义,容易理解	增强学习自信、专业认可度
函数的单调性和凹凸性	以盘山公路/山区公路为例,某些公路修筑或者为了把公路数据保存下来,需要其导数/切线、法向等信息	说明函数的单调性和凹凸性的重要作用	生活就是一门数学艺术,理论联系实际,增强学习自信、专业认可度
函数的极值及其求法	扩充计算机图形学中最值问题:曲面逼近/曲线逼近;求逼近的方法:最优化	具象地理解高等数学的基础性、重要性	增强学习自信、专业认可度
曲率	CAD刀具加工路径设计:刀具走圆弧,每一段圆弧的曲率处处一样,相邻圆弧曲率不同。有一个研究问题,就是对于一个零件的边缘,希望用尽可能少的圆弧逼近,这样不会经常改变方向,进而不影响加工效果	具象地理解高等数学的基础性、重要性	增强学习自信、专业认可度
第四章 不定积分			

本章主要以计算为主,授课过程中强调导数、积分的学习方法:①从题目中巩固公式,而不是死记硬背;②从题目中总结方法,而不是就题做题

第五章 定积分			
定积分的概念	以计算学校镜湖的面积为例引出定积分概念	激发学生学习兴趣	理论联系实际
牛顿—莱布尼茨公式	介绍牛顿、莱布尼茨的人物事迹	帮助学生了解数学历史,人物介绍让课堂更加生动	引导学生在最美的青春奋斗

内容	案例	作用	思政元素
定积分计算	不定积分到定积分只是添加了积分上下限的约束，就有了具体的几何意义，就如学习一样，除了在教室学习，如果跟着教师一起做项目，在以后工作中则可以熟练运用所学知识，这样课堂教学才有意义	引导学生考虑职业规划	引导学生考虑职业规划、不浪费青春

第六章　定积分的应用

介绍定积分在计算机图形学、日常生活、物理中的应用，理论联系实际，增强学生对课程的认可度和学习兴趣

备注
本项目除了授课，还在超星学习通的大部分习题课中加入了项目负责人手写推导的照片，让学生感受到教师与他们共同学习以及认真负责的教学态度，一定程度上对学生起到鼓励作用

4. 师资队伍建设

教师在专业领域中对数学知识的运用，是不断学习、尝试、积累和创新的过程，将专业领域的应用问题融入课堂对教师的专业能力要求较高，需要根据研究计划和结果，阶段性地回顾、总结自己研究过程中运用数学知识的困惑，基于自己对知识点的重新学习和理解，以上文添加的四个方面内容为指导，找到合适的应用问题进行重点、难点的讲解。

从应用到理论的改革方法，应该充分利用活跃在各专业研究领域的教师资源，结合资深教师丰富的教学经验，形成学历、专业、年龄结构合理的师资队伍。制定科学的管理激励评价机制，提升教师的责任心和工作积极性。

三、结语

本文针对计算机专业高等数学课程的教学方法，从融入思政元素的教学内容、师资队伍建设提出了教学研相长的教学改革方法，本质上是授课内容的创新和丰富，也是课程教学的核心内容，更加符合新工科背景下创新改革进而提升学生综合素质的要求，同时可以达到培养学生品行的思政目标。本文研究内容对授课教师具有实际参考价值，对其他专业的数学教学具有一定的指导意义。

参考文献:

[1]邹洪侠,刘志高,李胜.程序设计视角下高职计算机数学教材建设探讨[J].电脑知识与技术,2017(4X):2.

[2]张庚,段渊.应用型本科院校计算机专业高等数学课程教学改革探究:以数学建模为切入点[J].新课程研究(中旬),2015(2):38-40.

[3]潘文文.浅析高等数学在计算机专业中的教学改革[J].福建电脑,2015(8):69.

[4]朱长江,郭艾,杨立洪.面向理工科创新型人才培养的"四步进阶"大学数学教学改革[J].中国大学教学,2018(3):33-36.

[5]林潘能.新工科背景下"高等数学"课程教学改革[J].科技资讯,2020,18(31):3.

[6]陈莉,栗青生.新工科背景下以专业为导向的高等数学教学改革[J].科技资讯,2020(31):168-169,172.

[7]张士军.高等数学教学课件(同济六版)[EB/OL].[2019-08-25] http://xuanshu.hep.com.cn/front/product/findProductDetails?productId=5b224e75f18f967ee7f37076.

[8]2010数学建模A题全国一等奖论文[EB/OL].(2011-07-29).[2019-09-10].https://wenku.baidu.com/view/803e19ea4afe04a1b071de7c.html.

基金项目:中央引导地方科技发展资金项目(2022ZY0172);内蒙古自治区自然科学基金项目(2023LHMS06018)。

作者简介:徐琳琳,副教授。主要研究方向为计算机图形学、数字图像处理、CAGD、稀疏优化等。

供应链管理课程"一核六翼"教学创新探索与实践

汤晓丹

摘要： 供应链管理课程理论性与应用性并重。传统教学的痛点问题体现以下两方面：教——重理论轻实践、教法单一、育人元素缺失、考核不科学；学——动力不足、积极性差、缺乏自主探究意识、应用与实践能力不足。基于此，团队以"立德树人"为培养目标，遵循"以学生为主体、教师为主导"的教学理念，开展了"一核六翼"教学创新的探索与实践。具体来说：以"立德树人"为核心，从供应链管理课程目标、内容体系方面优化教学内容，从模式方法、组织管理、教学手段方面改进教学过程，从过程性评价视角重建考核评价体系，形成六翼合力，有效激发了学生的参与感和积极性，提高了学生对理论知识的理解和运用能力，培养了学生诚实守信、合作共赢的价值观和求真务实的科学精神。

关键词： 翻转课堂；PBL；一贯式案例教学；情景模拟；全过程思政教学

一、教学创新改革背景

21世纪是供应链的时代，从"一带一路"倡议到构筑人类命运共同体，再到企业战略协同，无不体现供应链管理的理念与思想。内蒙古财经大学供应链管理课程始建于2003年，是物流管理专业的主干课，市场营销、工商管理、贸易经济等专业的选修课。课程面向大学三年级学生，融合管理学、运筹学、物流管理等多学科知识，理论性较强，但同时又强调实践性，因此在传统教学中也面临着一些痛点问题。

(一)问题的提出

1."教"的问题

(1)重理论轻实践。高校课程通常是理论性与实践性并重的。但现有教材内容大多注重理论性知识,实践教学内容相对较少,从而导致教师以理论教学为主,忽视实践教学。

(2)"育人"不足。教师关注理论知识的传授,以教书为主,"育人"不足。学生在情感价值方面没有得到足够的教育。

(3)教学方法单一。在"以教师为中心"的理念下,教师主要采用讲授式、灌输式的教学方法。这对于学生缺乏吸引力,出现到课率低、抬头率低等问题。

(4)缺乏科学评价体系。考勤等平时成绩与期末考试成绩的考核评价体系仅局限在知识记忆层面,无法全面评估教学目标的达成情况,也无法激发学生学习的动力。

2."学"的问题

(1)学习动力不足。学生通常抱有"及格万岁"的态度,缺乏积极端正的学习态度和动力。

(2)学习兴趣不高。传统教学方法对于学生缺乏吸引力,学生参与感差,无法激发学习兴趣。

(3)主动探究意识不强。学生基本属于被动接受的一方,缺乏主动学习、主动探索的积极性,发现、分析、解决问题的能力不足。

(4)系统性知识应用与实践能力不足。学生缺乏自主思考和总结,缺乏对知识的系统掌握和运用,实践能力不足。

这些问题,看似存在于"教"与"学"两方面,但根源在于"教"。由于"教"的理念、方法不能与时俱进,才导致了"学"的问题出现。因此,要从本质上解决这些问题,教学的创新与改革势在必行。

(二)研究和改革的必要性和可行性

1.研究和改革的必要性

(1)教学主体发生变化。信息技术飞速发展,作为教学主体的学生——互联网时代的原住民,接受知识的方式与习惯已发生极大的变化。教学有规律可循,但更要因材施教。这必然要求我们认真分析学情,了解学生的学习习惯、特点等，只有这样才能更好地开展教学。

（2）教学目标发生变化。社会对专业人才的需求出现了变化。以供应链管理领域为例，近年来，国家和企业对于供应链管理越来越重视。社会亟须掌握先进的供应链管理理论与方法、能够解决现实问题的专业化人才。我们必须深入思考如何创新课程教学，以适应社会需求，真正实现学以致用。

（3）教学纲领发生变化。2017年教育部提出建设一流本科教育，推动高质量的一流课程建设；2018年，教育部发布《关于狠抓新时代全国高等学校本科教育工作会议精神落实的通知》，首次将"金课"写入教育部文件；2019年，教育部发布《关于一流本科课程建设的实施意见》，推动高校把教育教学改革成果落实到课程建设上。这些纲领性文件要求我们高度重视课程建设和课程教学，提高教学质量，培养振兴中华的栋梁之材。

2. 研究和改革的可行性

（1）现代化教学平台与技术出现。雨课堂、云班课、学习通、微助教、钉钉、腾讯会议等先进的教学平台与技术具有功能多样、操作便捷的特点，为我们的教学创新提供了利器，使我们更好地设计教学环节、开展教学活动。

（2）先进的软件更符合教学需要，教学软件支撑实践教学。比如，我们目前使用的供应链理实一体化软件，具备供应链管理中的决策设计、流程模拟、决策优化、对抗竞赛等功能，能在虚拟环境下开展实践教学，将所学的理论知识进行应用。

（3）自上而下营造的良好环境。从教育部到教育厅再到高校，均已将教学提升到首要地位，在项目设立、赛事举办、一流课程评定等方面为教师开展教学研究改革提供平台、支持与奖励，营造了良好的环境。这些为我们的教学研究与改革提供了可能性。

二、供应链管理课程教学改革创新探索与实践

团队在教学过程中始终注重观察、分析、思考，通过文献研究法对教学方法、模式、规律等进行研究，并通过调查法、访谈法了解师生对教学的意见与建议，同时及时了解社会对人才需求的变化，进而对教学改革创新开展探索与实践。

(一)教学改革创新思路

基于人本主义学习理论与建构主义学习理论，团队遵循"以学生为中心、以教师为主导"的教学理念，提出"一核六翼"教学创新思路(见图1)。"一核"即以"立德树人"为核心，立德为先，树人为本，育德增智并重。"六翼"即从课程目标、内容体系方面优化教学内容；从模式方法、组织管理、教学手段方面创新教学过程；科学设计评价体系，细化考核标准，全面衡量教学目标达成情况。供应链管理课程教学目标如图2所示。

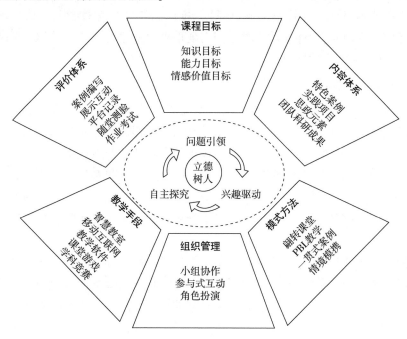

图1 供应链管理课程"一核六翼"教学创新思路

知识目标	能力目标	情感价值目标
了解供应链管理思想，学习供应链管理基本理论，掌握供应链管理战略、供应链网络设计、供应链管理的基本技术与方法	具备供应链管理思维，能够将供应链管理的相关理论方法应用到企业供应链管理实际问题的分析、评价与解决中	建立诚信合作、共享共赢的价值理念，塑造求真务实的科学精神，培养为国家供应链建设贡献智慧和力量的社会责任感

图2 供应链管理课程教学目标

（二）教学创新改革实施

基于学校人才培养定位，根据创新改革的设计，将课程教学目标进行修订。以课程理论体系为基础，融入思政元素、特色案例、实践项目和团队科研成果等内容。供应链管理课程教学创新实施思路如图3所示。

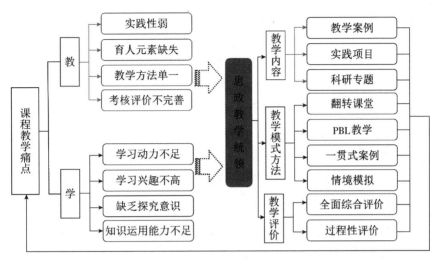

图3　供应链管理课程教学创新实施思路

通过理论内容体系优化、一贯式案例编撰与课堂游戏、软件模拟、参加竞赛等多样化实践教学相结合，实现学生知识体系的构建、自主探究意识的激发与实践能力的提升，充分体现课程教学的高阶性、创新性与挑战性。同时，综合利用云班课、学习通等平台，以及智慧教室、实训中心开展多样化教学、软件模拟等活动，将现代化、多样化的教学手段运用到教学中，提升教学效果。

1. 一贯式案例教学

课初学生分组选定企业，根据教学进度，逐步收集整理企业相关资料，整理编写案例，最后分组汇报展示。学生在知识理解与运用的过程中获得感悟，提升理论知识体系构建与运用能力的同时，学生团队协作、文案编写、知识理解与应用等综合能力也得到了训练，全面达成教学目标。

2. 多样化实践教学

利用课堂游戏与模块化软件，使知识点模块化；通过综合性软件模拟训练学生运用知识解决供应链运行管理问题的能力；组织指导学生参加"全国供应链大赛"等竞赛，训练学生系统性知识的运用能力，同时拓宽学生视野、提升学生团队协作能力，培养学生创新性、创造性思维，打造学生综合能力与素质。以学生为中心，形成问题引领、兴趣驱动、自主探究的良性循环，更好地实现学生知识体系构建与综合能力的培养。

3. 全过程思政教学

团队以立德树人为目标，实施全过程课程思政。将思政教学融入课程教学全过程，课程思政元素与素材，如表1所示。课初引入热点事件，将国情党情动向传递给学生，启迪学生关注思考国情党情，激发学生爱国爱党爱专业的情怀；课中基于知识点中提炼的思政要素，结合相关素材，与学生进行深入探讨，培养学生的专业精神；课后布置思政考察问题引发学生思考，强化思政认识。

4. 科研反哺教学

依托团队在生鲜农产品电子商务供应链等方面的科研成果，与学生开展专题讨论，培养学生的科研意识，实现科研反哺教学。

5. 教学考核创新

团队采用过程性评价与终结性评价相结合的方式，对平台教学活动参与情况、课堂测验成绩、课堂讨论、案例编撰及展示效果、软件模拟的成绩、参赛成绩与期末考试成绩等进行全方位评价，在全面衡量学生知识、能力、育人三方面教学目标达成度的同时，调动、激发学生学习的积极性。

三、教学创新实践成效与反思

(一)教学成效

教学创新改革的实施，激发了学生学习的积极性，提升了学生对于理论知识的理解和运用能力，使学生形成了诚实守信、合作共赢的价值观，培养了学生的社会责任感，教学获得了学生的认可和好评。

根据学生评教结果，2020—2022年团队成员得分均在95分以上，在教学方法、手段等方面获得学生好评。教改班级90.22%的学生愿意接受教学创新。在最喜欢的教学环节中，排名前三位的是软件模拟实战、案例讨论、课堂讨论。其他评价如图4至图7所示。

表 1　课程思政元素与素材

章节	课程内容	知识点—思政元素	思政教学素材	思政考案
第一章 供应链概述	供应链管理产生的背景，供应链的基本知识	横向—体化管理模式—战略合作，优势互补	我外交部：中巴是全天候战略合作伙伴关系稳如泰山 http://mil.news.sina.com.cn/2018-09-10/doc-ihixyeu5797490.shtml	1. 如何将横向—体化思想应用到学习与工作中？ 2. 结合对"一带一路"政策的理解，简单构建"一带一路"供应链网络框架体系。
第二章 供应链管理概述	供应链管理的基础知识，供应链管理下的业务外包，集成化供应链管理	供应链管理思想—整合集成优势资源，核心竞争力—精益求精	一场疫情，才知阿里，才懂中国 https://baijiahao.baidu.com/s?id=1661608797322818075&wfr=spider&for=pc	1. 请思考你的核心竞争力是什么？如何提升核心竞争力？ 2. 逆全球化背景下，中国企业实现集成化供应链管理的困难和障碍是什么？ 3. 中美经贸关系紧张背景下，我国该如何稳供应链？
第三章 供应链的构建	供应链战略，供应链战略匹配，供应链设计概述，供应链体系结构模型，供应链的设计策略与方法	供应链战略匹配—个人理想与中国梦	将"个人梦"与实现中华民族伟大复兴的"中国梦"相结合 https://www.sohu.com/a/437376971-12063567	1. 结合供应链战略匹配，思考个人理想如何和中华民族伟大复兴结合？ 2. 乡村振兴背景下，分析农民合作社在供应链网络结构中的位置和影响力？
第四章 供应链合作伙伴	供应链战略合作伙伴关系，供应链关系建立与制约因素，选择合适的供应商合作伙伴，供应商关系管理	合作伙伴关系—相互信任，合作共赢，利益共同体	"一带一路"为构建人类命运共同体注入强劲动力 http://www.qstheory.cn/wp/2019-04/29/c_1124433131.htm	1. 结合"一带一路"倡议，了解国家之间建立合作伙伴关系的可行性和障碍，从供应链角度谈谈你的认识。 2. 结合习近平主席倡导的"人类命运共同体"，谈谈你对供应链合作伙伴关系的理解。
第五章 供应链运作中的协调管理	供应链协调问题的表现形式，提高供应链协调性的方法，供应链问题与供应链的激励契约	牛鞭效应—一个体理性决策导致群体不理性	无"芯"又无"力"防疫神器额温枪的供应链之困 https://xueqiu.com/3026946894/14152841	1. 个体利益与集体利益冲突时应如何选择？ 2. 结合疫情期间口罩严重短缺到目前口罩供应过剩，分析供应链协调问题的产生原因，影响及应对措施。

续表

章节	课程内容	知识点—思政元素	思政教学素材	思政考察
第六章 供应链采购管理	传统的采购模式，供应链管理下采购的特点，即时采购策略，供应商的选择与评价	采购管理—供应保障	"三同"品质，书写舌尖上的"李锦记" https://www.sohu.com/na/455813239100172767	从供应链采购管理环节出发，如何实现习近平总书记所倡导的保障供应链稳定性？
第七章 供应链生产管理	生产计划，供应链生产管理的特点，面向供应链的生产组织计划模式，供应链管理下的生产计划与控制系统总体模型	供应链生产组织—危机之下制造企业的社会责任与感与担当	疫情期间"转战"口罩生产，这些跨界企业收获了什么？ https://bajiahao.baidu.com/s?id=1667003018306733332&wfr=spider&for=pc	1. 如何理解习近平总书记所强调的"要稳定优化产业链、供应链、产业链，供应链在关键时刻不能掉链子"？ 2. 了解我国目前制造行业发展动态，结合供应链制造思想谈谈我国制造行业该如何与时俱进。
第八章 供应链物流管理	物流与供应链管理，基于供应链的运输管理，基于供应链的库存控制，基于供应链的物流网络	供应链物流—经济社会发展的大动脉，VMI，JMI—协同合作	抗击疫情 中国邮政在行动 https://bajiahao.baidu.com/s?id=5767995534581438&wfr=spider&for=pc	1. 结合新冠疫情，谈谈你对国家应急物流体系建设的思考。 2. 乡村振兴战略背景下，思考农村物流发展的难点是什么。 3. 结合VMI和JMI等现代库存管理模式；谈谈你对信息共享、相互信任、协同合作、互利共赢的理解。
第九章 供应链信息管理	概述，供应链中的信息流，流程整制，信息技术在供应链管理中的应用，供应链企业的信息系统	信息技术—中国北斗	中国北斗：创新超车 http://www.xinhuanet.com/politics/2020-12/08/c_1126834169.htm	信息科技日新月异，数字经济如火如荼，请从国家安全视角分析信息技术背后的风险。
第十章 供应链绩效评价	供应链绩效评价的特点，供应链评价体系的构架，供应链企业的激励机制	供应链绩效评价—集体绩效优化	全球供应链，商得开中国吗？ https://bajiahao.baidu.com/s?id=1662555100829054898&wfr=spider&for=pc	结合供应链企业的激励机制，思考"一带一路"倡议推行中的难点。
软件模拟教学环节	随堂练VMI，JMI等模块，百蝶供应链管理软件，供应链管理理实一体化软件	供应链管理优化中的合作，难点并不在于技术，而在于思想	在软件模拟中感受团队协作精神	结合供应链管理的思想，如何理解习近平总书记所倡导的构建"人类命运共同体"的深刻内涵？

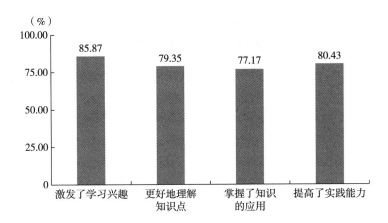

图 4　实践教学环节的收获

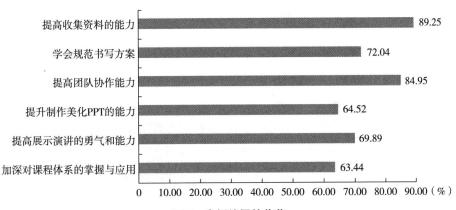

图 5　案例编撰的收获

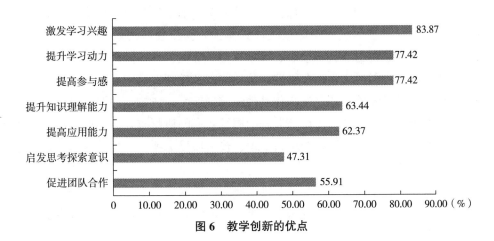

图 6　教学创新的优点

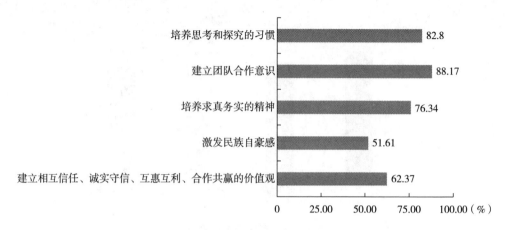

图 7　知识以外的收获

同时，组织指导学生参加全国供应链大赛等相关比赛，2020—2022 年，学生获得奖项 15 项，涉及 44 人次，团队教师也多次获评优秀指导教师。

(二)社会反响

团队持续开展实践应用研究，并将成果逐步推广到物流与供应链管理等其他课程教学中，有效地激发了学生学习的积极性，培养了学生的钻研与探究精神，提高了学生理论知识的运用能力与实践能力。

2020 年课程思政教学入选内蒙古财经大学在线优秀教学案例面向全校推广。2021 年团队参加教学创新大赛获得校级特等奖、内蒙古自治区一等奖，2022 年团队再次参加教学创新大赛获得校级、自治区级特等奖，并即将参加国赛。2021 年供应链管理获批自治区级一流课程；团队成员参加学校与自治区的课程思政大赛，分别获得校级特等奖和自治区级优秀奖，并获得校级思政教学能手荣誉称号；团队获得内蒙古财经大学校级教学成果奖一等奖，并入围区赛。

团队受内蒙古财经大学商务学院、法学院以及教师发展中心的邀请，面向教师开展讲座、分享经验；还受邀担任其他学院创新大赛选拔赛的评委。

教学创新也受到区内外主讲该课程的同行专家的认可与好评。团队依托课程教学，发表论文 6 篇，承担省级项目 1 项、校级项目 7 项。学生就业单位对学生给出了较高的评价。

团队教师始终专注于教学思考和创新研究，不仅积累了丰硕的成果，也支撑了专业建设，所在物流管理专业获批国家级一流专业，新增供应链管理专业获得教育部批准备案。

四、教学创新改革反思与改进思路

(一)教师需要坚持创新,不断优化

教学创新对于教师而言,需要精心组织与设计。因此,需要教师能够坚持创新,并在反思中不断优化教学效果。

(二)学生专业背景不同,创新要有所侧重

课程面向物流管理、市场营销、工商管理、贸易经济等专业作为必修课和选修课开设。不同的专业背景,学生的知识能力和知识基础存在差异,因此对于知识点的学习与掌握存在较大差距,需要在教学方法、教学内容上进行适当调整。

(三)软件模拟条件受限

目前,供应链管理创新教学体现了理论实践教学相融合,实践教学环节需要依靠教学软件进行,且该教学软件目前是试用版,只能在实训中心的固定教室使用,因此受到时间和场地的限制。学生无法在课下自行操作演练。需要想办法解决教学软件的购置问题,以便更好地开展教学。

参考文献:

[1]教育部.关于狠抓新时代全国高等学校本科教育工作会议精神落实的通知[EB/OL]. 2018-09-03. http://www.moe.gov.cn/srcsite/A08/s7056/201809/t20180903_347079.html.

[2]教育部.教育部关于一流本科课程建设的实施意见[EB/OL]. 2019-10-31. http://www.moe.gov.cn/srcsite/A08/s7056/201910/t20191031_406269.html.

[3]朱文娟.基于应用型人才培养的供应链管理课程教学改革[J].物流技术, 2019, 38(3): 152-155.

[4]余波, 兰莹霜.基于实践教学的供应链管理课程优化[J].物流技术, 2020, 39(4): 147-149.

作者简介:汤晓丹, 女, 博士, 教授。主要研究方向为农产品物流与供应链管理、中蒙经贸物流等。

高校资产评估专业分层教学模式探索

——以土地分等定级与评估课程为例

李雪敏

摘要： 土地分等定级与评估课程是资产评估专业的专业主干课，在资产评估专业课程中占有重要的地位。为实现应用型人才的培养，以提高人才综合实践能力为目标，使课堂教学与学生需求相统一，通过剖析该课程的特点及教学现状，运用文献资料法、问卷调查法、专家咨询法、实验法、观察法对土地分等定级与评估课程的改革内容进行构建与执行，以内蒙古财经大学资产评估专业学生为对象，实践探索分层教学模式，为课堂改革提供经验，这对资产评估专业其他相关课程的教学结构安排和教学模式应用具有重要的借鉴意义。

关键词： 资产评估专业；分层教学；教学效果

"十四五"规划提出加强创新型、应用型、技能型人才培养，实施知识更新工程、技能提升行动，壮大高水平工程师和高技能人才队伍。课程教育是高校人才培养的核心要素，具有重要的地位和价值。内蒙古财经大学作为全国最早一批开设资产评估专业的高校，自专业开设以来，历届毕业生就业率高、职业发展良好。但内蒙古财经大学作为少数民族自治地区的高校，具有生源水平层次性及学生需求多元化的特点，教师把握资产评估专业的发展变化规律、培养多元人才的目的更为重要，这与教育部当前提倡的建设"金课"的要求也一致。

传统教学中，学生个体能力差距较大，其理论和实践水平参差不齐，进而出现学生"知识收入"上的两极分化。在此环境下，确保高等教育应有的教学质量，满足学生的教育需求，在原有专业教育模式的基础上进行适应性改革，构建"和谐"教育新体系，是深化教学改革和提高教学质量的重要途径。分层教学作为一种相对行之有效的教学模式，充分尊重学生的个体差异，针对不同层次的学生制定不同的教学方案，使学生达到其最佳的学习效果。基于此，本文运用文献资料法、问卷调查法、专家咨询法、实验法及观察法对分层教学方法进行系统梳理、总结归纳和实践，以内蒙古财经大学资产评估专业开设的土地分等定级与评估课程为研究对象，探索分层教学模式在该课程中的具体应用，以期今后在更多的课堂教学中进行应用并推广分层教学方法，通过发现问题、总结经验，促进教学质量不断提高。

一、土地分等定级与评估课程教学特点及现状

(一) 课程教学特点

改革开放以来，中国房地产市场逐渐繁荣，促使房地产评估中介行业迅速发展，土地分等定级与评估作为土地管理与资产评估行业的主要业务之一，其相应的课程逐渐成为高校资产评估专业的核心课程。该课程的开设和学习可以拓展本专业学生的就业面，并为土地价格评估及房地产价格评估行业提供人才储备。

随着社会的不断发展，土地、房地产的利用和权属类型逐渐趋于多样化，使不动产估价的教学面临更多挑战。对于教师而言，课程内容涉及多学科，且更新快，这一方面需要其根据新形势、新政策实时更新讲授内容；另一方面需要实时调整实践教学内容，使实践教学与学生未来的职业实践趋于一致。

基于此，土地分等定级与评估课程的培养目标在于学科的专业建设，更在于新时代应用型人才培养，将课程理论与实践应用充分结合，并应用到土地分等定级与评估的实务中，从而为学生未来从事土地管理及不动产估价的相关工作奠定基础。

(二) 课程教学现状

当前高等教育存在的问题较为普遍，就土地分等定级与评估课程教学现状及存在的问题，主要可以概括为生源差异、理论与实践偏离、学生需求差异三个方面。

1. 生源差异

内蒙古财经大学生源差异的主要原因是班级有少数民族学生，学生对汉语教学的理解程度不同，给课堂教与学的过程造成一定影响。

2. 理论与实践偏离

土地分等定级与评估是一门对具体的实践应用要求较高的专业课程，若仅传

授理论知识，则无法对知识点进行全方位概述，但以往的课程教学由于班级容量较大，教学时间有限，难以实现实践教学，从而导致学生对知识点的理解不够深入，学习效率低下。

3. 学生需求差异

本课程的开设时间为第六学期，不同学生针对毕业后有升学或就业等不同的规划。针对不同需求的学生进行分层教学，是作为"双师"型教师的优势在课堂教学上的具体体现。

二、课堂分层教学改革的举措

(一)教学设计：分层教学改革的内容

根据土地分等定级与评估课程的教学大纲和目标要求，按照不同关键点对教学进行分层构建。第一，立足于本课程特点，进行培养对象的分层构建；第二，立足于本教学特点，进行教学方法的分层构建；第三，立足于学生的不同层级，进行教学内容的分层构建；第四，立足于学生的不同需求，进行考核方式的分层构建。根据以上原则，将分层教学改革的内容概括为专业班外分层、学生班内分层、教师授课分层、学生实践分层、课程考核分层五个方面。分层教学法的应用方式如图 1 所示。

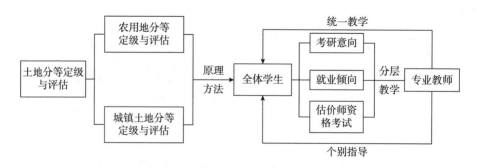

图 1　分层教学法的应用方式

1. 专业班外分层

可对所有开设土地分等定级与评估课程的班级按专业进行分层排课和分层教

学。根据不同课程类别的教学培养目标，以及不同专业学生对课程的需求进行初步分层，为课堂分层教学提供硬件上的保障。

2. 学生班内分层

在学期初始，通过课堂交流、调查问卷等形式，了解学生的不同需求，如应试、实践、考证等。依据土地分等定级与评估课程教学大纲，在熟悉并掌握教材的前提下，在使所有学生掌握基本内容的基础上，针对不同需求的学生，提出不同的教学要求，设计不同的教学方法，进行分层教学。

3. 教师授课分层

根据不同类型学生的接受能力，提出不同的教学要求，使每个学生在能力范围内得到充分的发展。通常可采用"统一教学，分层探索，个别指导"三结合的教学方法，即导入新课，根据大纲要求创设探究情境；针对不同的学习小组，关于土地分等定级与评估前沿知识探索的侧重点不同，调动学生的主动性，提高其接受能力；对个别学生的特殊问题进行个别指导。

4. 学生实践分层

学生完成相应层级的学习实践后，可尝试提高层级。在保证基本教学目标实现、不同层级学生练习目标完成的前提下，提供高层级的练习，认真做好分层级的信息反馈和分层级的答疑工作，帮助不同学生进一步深入学习土地分等定级与评估的理论知识并掌握其实践技能。

5. 课程考核分层

针对不同层级的学生设计多样化的成绩考核形式，如小论文、调查报告、案例分析等。根据评价结果，反思教学中存在的问题，及时采取集体校正、分层指导、调节教学进度、改进教学方法等措施解决问题。

(二) 教学实施：分层教学的实施方式

除土地分等定级与评估课程基本知识的讲授外，针对不同层级的学生制定不同的学习目标，从而使学生能够获得相应的"知识收入"。在分层教学的基础上，合理灵活地划分学习层级，在切实考虑学生生源情况及学情的前提下选择教学方法和内容。例如，班级蒙古族学生较多，教师需要深刻了解学生学情，并依据差异进行分层，形成优化组合。注重结构的合理性，首先人数要合理，解决班级容量大的情况；其次遵循"组间平衡、组内存异、优势互补"的原则；最后小组成员之间要合理分工，以便更好地掌握学习内容。

三、分层教学模式的成效分析

(一)学生对教师和课程的认可度提高

学生依据自身的学习需求进行理论知识与专业技能的偏好选择,在组内根据自己的兴趣发挥自身的优势,同时感受和学习他人的优点,从而弥补自身的不足。通过成果展示,师生之间及同学之间的互动加强,学生的参与度也得以提高,除了理论研究,学生的实践活动也更加充实且更有意义。

(二)学生投入程度增加

调查发现,分层教学模式实施后,75%以上的学生愿意利用课后时间进行学习,由于学生主动学习意愿加强,以及考核方式的分层设计,以往考核成绩两极分化的现象得到有效缓解,也充分体现了学生对所学知识的掌握程度有所提高。

(三)学生收获更多

在分层教学模式的实践中,学生不仅加深了对所学专业知识的理解,而且将所学的知识应用于实践,增强了其专业技能,职业所需的多方面的能力得到了不同程度的锻炼。问卷调查结果显示,87.6%的同学认为分层教学模式使其毕业后的职业道路选择方向更为清晰。

(四)教师授课针对性更强

分层教学改变了以往统一的授课方式,针对不同层级学生的意愿进行目标更为明确的教学。教师对于基础相似的同一层级的学生的教学把控得更为精准。

四、总结与展望

任何教学方法的组织和实施都是为了更好地完成教学任务、调动学生的学习积极性、提高教学效果，分层教学模式在专业教学中有其实践的价值和意义，应用过程中也收到了很好的效果。从课堂教学氛围与期末教学结果来看，课堂分层教学实践基本实现了预期目标，课堂教学效果相较往年有较大提升。学生均反馈学习过程中收获良多，能发掘自身发现问题、分析问题和解决问题的能力，对该教学方法满意度评价较高。教师则认为，分层教学使学生主动学习的意愿增强，课堂气氛更加活跃，教师教学的积极性与学生学习新知识和新技术的主动性提高，极大地提升了教学质量。然而，该方法对师生的要求较高，既需要专业教师具备深厚的理论功底及丰富的实践经验，也要求学生能够依据自身需求进行不同层次的选择，即需要师生在教与学中积极配合。

随着普通高校招生来源复杂化，尤其是在少数民族地区生源更为复杂的情况下，不同层级学生的需求不同，课堂分层教学模式符合当下教学改革的要求。本文以资产评估专业课程土地分等定级与评估的课堂教学改革形成此次实践案例，希望能够对同类型的课程课堂教学改革给予一定的实践参考，使各高校向教育部所倡导的建设"金课"的目标共同努力。

参考文献：

[1]姜楠. 关于资产评估学科与资产评估专业定位的思考[J]. 中国资产评估，2014(5)：10-14.

[2]宋晓华，祁晨. 资产评估专业教学创新模式初探[J]. 华北电力大学学报(社会科学版)，2012(6)：138-140.

[3]冯博，史婉玲，石林，等. 资产评估省级一流专业建设案例：以南京审计大学金审学院为例[J]. 中国管理信息化，2020，23(23)：209-212.

[4]刘国超，张文霞，刘颖. 对资产评估本科专业人才培养方案的思考[J]. 时代金融，2020(2)：138-139.

[5]黄琼，樊千，郭岚. 资产评估专业本科实践教学体系初探[J]. 经济研究导刊，2014(32)：235-236.

[6]徐江虹. 我国高校公共法学分层教育教学模式探析[J]. 中国农业教育，2008(4)：60-62.

[7]彭怀祖，杨建新. 基于分层教育理论的榜样教育实效性研究[J]. 思想教育研究，2010(11)：88-91.

[8]李科，孟现录. 新建本科院校公共体育"品"式分层教学体系的构建与实践：以重庆第二师范学院为例[J]. 中国教育学刊，2015(S1)：102-104.

基金项目：内蒙古自治区高等教育学会 2022 年高等教育研究重点课题（NMGJXH-2022X13011）。

作者简介：李雪敏，女，博士，副教授。主要研究方向为资产评估理论与实务。

民族地区高校"健康经济"学术创新团队跨组织集聚效应研究

吴碧波　乔燕君　刘　玲　沈志远　张　伟

摘要：地方高校"健康经济"学术创新团队的能力和水平是高校学术创新的重要力量之一，也是国家原始创新和竞争力的关键因素之一，在新时代肩负起历史赋予的科技创新重任，研究其跨组织集聚效应的影响因素、运行机制和调控方法显得非常重要。当前，众多地方高校"健康经济"学术创新团队的建设仍不尽如人意，内部运行机制不完善、创新能力明显不足，如何有效提升其创新能力成为各级科研管理部门亟待解决的首要问题。民族地区高校受限于特殊区位、历史、经济和文化，其"健康经济"学术创新团队跨组织集聚效应的致因、结构、程度具有异质性，测度民族地区典型高校"健康经济"学术创新团队跨组织集聚效应，满足"培养造就高水平创新团队"的目标要求。

关键词：民族地区高校；学术创新团队；跨组织集聚；效应评价

地方高校"健康经济"学术创新团队的能力和水平是高校学术创新的重要力量之一，也是国家原始创新和竞争力的关键因素之一。当前，众多地方高校"健康经济"学术创新团队的建设仍不尽如人意，国家"双一流"建设方案的颁布打破了长期以来传统的资源分配模式，为各级各类高校发展指明了新的方向。国内外在该方面取得了较为丰硕的研究成果，得出了许多非常有价值的结论或观点，但关于地方尤其是民族地区高校学术创新团队的异质性问题的研究还比较少，未深入揭示其影响机制，侧重宏观（区域、国家）或中观（行业）视角，欠缺微观（企业、团队）视角。本文的创新之处包括：一是拓展"健康经济"学术创新团队跨组织集聚效应变量维度，对民族地区异质性进行多维度动态分析。科学界定高校学术创新跨组织集聚效应的内涵，对内部效应、外部效应、负面效应及调节效应等进行测度和区域比较。二是揭示"健康经济"学术创新团队和集聚效应的内在机制，对民族地区集聚效应进行测度比较。创新性构建模型考察任务冲突与关系冲突的转化问题，将社会燃烧理论与突变理论应用于组织冲突，构建集聚效应演化的动力学方程。三是分析提升民族地区"健康经济"学术团队集聚效应的路径，提出组织学习效应调控的方法。将市场竞争机制和政策调控机制统一于分析框架，健全政策助推机制、完善助推路径、优化政策体系，为进一步促进政府与市场协同提供新思路。

一、民族地区高校"健康经济"学术创新团队
跨组织集聚趋势

"健康经济"学术创新团队跨组织集聚具有不同的学缘结构、学历结构、年龄结构，是高校科技创新的主要载体和动力源泉，并在国家需求、社会需求和学术需求等的推动下，以及在长期合作的基础上逐渐具备了共同的奋斗目标。

(一)国家导向的需要

国家间的综合实力竞争关键在于核心竞争力的较量，很多国家出台政策、发布方案等推动跨学科研究的实施。2005 年美国国家科学院、美国国家工程院等联合发布《促进跨学科研究》(*Facilitating Interdisciplinary Research*)，推动"国家学院凯克未来计划"。2012 年澳大利亚学术学院理事会发布《加强跨学科研究》(*Strengthening Interdisciplinary Research*)，对跨学科研究的内涵、分类、运行、机制提出建议。2016 年英格兰高等教育基金会联合研究理事会发布《英国跨学科研究全景回顾》(*Landscape review of interdisciplinary research in the UK*)和《英国高等教育机构跨学科研究案例研究述评》(*Case study review of interdisciplinary research in higher education institutions in England*)。卡耐基梅隆大学提出要致力于培育一种用跨学科方法解决学习和研究问题的文化。波士顿大学于 2012 年建立计算和计算科学与工程研究所，通过计算和数据驱动方法开展跨学科研究。近年来，我国政府也在多项政策中提及跨学科研究的重要性。2016 年国务院印发的《"十三五"国家科技创新规划》提出"加强信息、生物、纳米等新兴学科建设，鼓励开展跨学科研究，促进学科交叉与融合"。2017 年《统筹推进世界一流大学和一流学科建设实施办法》鼓励高校发展新兴学科与交叉学科。这些政策、方案为民族地区高校"健康经济"学术创新团队的跨组织集聚提供了有效指导。

(二)社会发展的需要

社会环境复杂多变,解决复杂性问题的社会需要是高校跨学科建设的外在动力。21世纪以来,各种全球社会民生问题呈相互渗透趋势,导致任何一门学科或专业都无法独立、有效地解决。学术合作创新逐渐由自发演化为自觉,从或然发展到必然,并逐步向高水平、大范围、深层次、多模式的方向发展。这就要求在跨学科建设中注重人文社会与自然科学的融合研究,推动新兴学科的涌现,进而实现不同科研资源、科研方法与科研人员的互动。"健康经济"跨学科科研合作成为个体科研工作者、科研团队、跨系统组织等多元主体进行学术创新的主要途径。我国于2020年11月3日出台的《新文科建设宣言》,对新文科进行了正确定位和建设部署。

(三)学科建设的需要

科学研究经历长久演化逐渐呈现出高度分化又趋向综合的格局,在经典学科范式下,科研人员通过特定学科概念、范畴、研究对象和方法来构建完整的理论结构。然而学科壁垒在一定程度上制约着学科间的交流,对许多重大复杂科学问题的探究和解决产生阻碍。随着信息与通信技术的普及,学术交流模式朝网络化、协同化、开放化和多元化方向发展,越来越多的重大课题要求整合多学科知识、方法和技术加以攻克。基于知识发展的学术需要是高校跨学科建设的内在动力,个体式知识创造也逐渐被团队合作所取代。在20世纪172位诺贝尔医学奖和生理学奖获得者的原创性成果中,53%涉及其他学科体系。无论是自然科学还是人文社会科学,跨学科研究均呈现明显上升趋势。从纳米技术、信息技术、生物技术和认知科学之间的交叉融合,到互联网技术、大数据和人工智能以及更广阔领域的拓展,均体现了跨学科研究的时代价值和影响力。"健康经济"跨学科研究是科学综合化发展的表现,是当代科学发展的主要特征之一。

(四)创新使命的需要

绩效使命被引入管理学领域,即工作使命,可以分为外部召唤、生命意义和亲社会动机三种类型。外部召唤指为帮助某一类群体而乐于从事相关的创新工作,生命意义指成员通过研发、突破等创新性活动而实现自我价值和人生意义,亲社会动机指进行创新性的工作可以为社会大众谋幸福。"健康经济"团队成员在具有较高的创新使命时,持积极的知觉、态度及行为,从而提升团队的创新绩效。创新使命会使团队成员乐于从事当前的研发工作,为团队从事创新性的研发工作提供了可能;使团队成员对研发工作保持高度热情,有助于成员获得成就感。通过分享与交流帮助其他成员获得知识,有助于团队成员更好地工作和取得突破,对团队创新绩效具有显著的促进作用。

(五) 人才培养的需要

民族地区部分高校教师来源单一,存在"近亲繁殖"现象,由博士研究生导师、硕士研究生导师及其学生组成的小型团队,抑制了学术思想的自由发挥,成员创新活力不足。跨组织"健康经济"学术团队对新观念的接受力强,更能够激发与产生新知识、新思想、新理念,不仅有利于加深对问题的理解,吸纳其他成员的观点,迅速将团队的应用性成果上升到理论层次,而且有利于充分挖掘后备力量的创新潜力。与早期大学的运行模式、发展理念已然不同,现代大学的传统单一知识生产的科研模式逐渐朝着集体协作的方向转变,朝着以多学科联合、团队协作的形式来攻克复杂难题的方向转变。

二、民族地区高校"健康经济"学术创新团队
跨组织的集聚效应

学术创新团队具有技能互补、目的统一、责任分担等特性,以解决重大科技问题为基础,而民族地区高校"健康经济"学术创新团队将目标定位在打造一流学科、提升学校办学层次上,具有内部效应、外部效应、负面效应及调节效应,尤其团队内的带动效应比较强。在"双一流"和"新文科"建设背景下,民族地区高校也逐步加强一流学科建设。其中,内蒙古大学现有4个国家级基础科学研究和教学人才培养基地、1个国家西部卓越基层法律人才培养基地、2个国家级人才培养模式创新实验区、2个国家大学生校外实践教育基地等;内蒙古财经大学现有1个自治区高校创新平台、6个自治区级学术创新团队、20个校级虚体研究机构。人才集聚现象和集聚效应在任何性质的组织内发生,产生多样化观点与多视角反思,以及有效的问题解决方案和创新方法。

(一) 跨组织集聚的内部效应

"健康经济"团队内部互动形成创新效应、激励效应与节约效应。①创新效应。提供良好的社会文化环境，参与者平等地分配资源。开放、平等、自由的网络化特征，有利于提高生产和创新效率。②激励效应。集聚加剧了竞争，优胜劣汰产生生存危机感，产生持续不断的激励。转变人才的培养战略，走精品化、专业化的道路，能够互相启发、学习和交流。③节约效应。集聚产生规模效应，缩小空间范围，彼此的地缘、业缘相近，大大节省了搜寻成本。

(二) 跨组织集聚的外部效应

"健康经济"团队与外部的交流产生品牌效应、示范效应与规模效应。①品牌效应。不断增强组织的竞争力与影响力，树立良好的"品牌"形象。②示范效应。形成示范和榜样效果，吸引更多、更优秀的人才和物质资源加入组织。③规模效应。集聚数量与质量达到一定程度便会产生规模效应，规模效应为分工提供了可能，使各单位专攻擅长的技术与领域，实现优势互补，激发潜能。

(三) 跨组织集聚的负面效应

"健康经济"人才集聚也可能产生负效应，包括拥挤效应和滞后效应。①拥挤效应。区域的选择往往带有一定的盲目性，从而过度积累导致供过于求。跨组织集聚不可避免产生新思想，也会发生种种冲突，会破坏人才个体之间的协作关系。②滞后效应。观点分歧、心理认知差异、工作分工合作不协调等产生消极效应，过度竞争导致内耗。不合理的人才集聚既不利于效率的提升，也不利于资本的积累。

(四) 跨组织集聚的调节效应

"健康经济"人才集聚效应的实现具有极大的不确定性，持续的冲突影响集聚组织的整体性能，必须及时采取措施规避风险。①冲突调节效应。任务冲突增加了认知成本，提供了开放、交互、互信的工作环境，加快了人才集聚的知识溢出与创新效应。②心理安全效应。提升团队成员的心理安全，增强其自我效能感，提升其知识共享意愿和行为。提升内部合作意愿，建立知识交流共享渠道，减少沟通障碍。③风险共担效应。共同投入、资源共享、优势互补、风险共担，分散风险，避免机会主义行为。

三、民族地区高校"健康经济"学术创新团队跨组织集聚的问题及原因

随着我国"双一流"目标的提出和实施，民族地区高校"健康经济"团队成为重要战略，但人才集聚的同时难免产生冲突。因此，民族地区高校"健康经济"学术创新团队跨组织集聚既可能产生积极效应，也可能产生消极效应。在民族地区高校"健康经济"学术创新团队跨组织取得一定成效的同时，平台建设、学术团队、规训制度、团队文化、师生互动等维度依然存在诸多问题。

(一) 平台建设：缺少资源共享意识与学科发展不平衡

学术平台是高校跨学科建设的基本阵地，但存在以下两个方面的问题：一是缺乏资源共享的理念和协同合作意识。一些价格高昂的科研设备使用受限，拒绝与其他机构单位共享使用，造成资源的闲置和浪费。合作停留在"形式"期，未能打破固有界限开展协同研究，导致平台运作和研究间的"碎片化"。二是无法有效解决社会中的重大问题。虽然以多学科联合的方式致力于探索并解决社会难题，但在现实中并未从问题需求出发。此外，学科群内各学科间发展不平衡，新兴学科还未成长为优势学科，交叉融合还有待加强。

(二) 学术团队：成员间交流合作方式单一与资源整合度不高

"健康经济"学术团队是跨学科建设的重要力量主要存在以下两个问题：一是不同学科知识背景的教师整合程度不足。学术团队中人员知识背景同质化，教学方法单一且固定，不同学科之间的理论、工具、方法等要素难以深度融合。熟人间的封闭式合作多，与外来人员的开放式合作少。二是资源整合度不高，科技成果转化率低。缺少有效的资金投入与平台管理，考核评价等机制不完善。学校与政府、企业之间合作政策不完善，市场以小微企业为主，缺少高端技术需求，导致科研平台的部分成果无法就地转移转化。

(三) 规训制度：学科准入设定的偏向性与绩效管理制度不健全

一是学科准入设定的偏向性。忽视内部的学术力量支撑与文化价值。量化的评价考核指标成为测算和评价的普遍手段，无法精确测量出真正的贡献程度，忽

略了研究成果的原创性与质量。二是绩效管理制度不健全。未能建立及时有效的绩效管理反馈机制，反馈机制仅反馈存在的问题，并没有深入挖掘问题产生的原因。考核指标权重设置不合理，未能彰显基层人员绩效管理的主体性，行政化管理在高校普遍存在，习惯上采用"从上至下"的绩效管理模式，上级主管部门工作人员有限等导致绩效考核的片面化。

(四)团队文化：科学与人文学科及学科间的对立与冲突

"健康经济"团队建设的过程，本身是一个不断协调整合不同学科文化的过程。①"科学文化"与"人文文化"的冲突。两种文化的发展境遇日趋不同，文化之间的冲突也日趋加剧。科学文化的中心化和人文文化的边缘化，表现为政府对自然科学和人文社会科学资助经费投入的不均衡。②学科群内各学科之间的文化冲突。不同学科具有不同的学科规训体系、创新组织模式、学术文化网络等文化要素，决定着学科知识体系的发展方向。学科文化的群体性和排他性，使不同学科泾渭分明，在封闭的系统内独立存活。

(五)师生互动：跨学科领军人才缺乏与学生创新性不足

"健康经济"学科是人才培养、科研创新的基本单位。没有高质量的研究人才，交叉研究难以实现。①跨学科领军人才缺乏，人才的凝聚力和协同性不够，无法突破传统范式。领军人才短缺，年轻教师受制于考核评价机制。团队成员更新换代频繁。②学生创新意识及创新欲望不强，学生知识积累及实践能力不足，知识视野多局限在本专业。学生团队意识欠缺，缺乏长远目标及规划，内部讨论常流于形式，缺乏协同攻关的凝聚力。团队激励机制不健全，未与学生升学、留学、就业的时点契合。

四、基本结论与对策建议

"双一流"和"新文科"建设背景下，充分发挥民族地区高校科技创新优势，充分认识"健康经济"学术创新团队跨组织集聚效应的重要性，大幅度增加学校投入，切实加强人才队伍建设，加快科技成果转化，努力开创学校创新工作的新局面，增强学校服务地方经济社会的能力。

(一)基本结论

第一,学科异质性、认知异质性和组织异质性对高校"健康经济"学术创新团队集聚效应有显著促进作用。民族地区高校受限于特殊区位、历史、经济和文化,学术创新团队跨组织集聚效应具有异质性,其中认知异质性对原始性创新总绩效的影响最大,其次是学科异质性,最后是组织异质性。第二,领导风格对"健康经济"学术创新团队集聚效应的调节作用因维度不同而有所差别。学术创新团队管理模式与组织效能关系紧密,正向调节任务冲突与集体学习和知识溢出之间的关系。第三,高校"健康经济"学术创新团队由过去点对点的线性模式向网络化模式转变。高校"健康经济"学术创新团队是国家创新系统中重要的知识创造主体,在当今开放式创新逐渐成为主要范式的背景下,合作网络成为"健康经济"学术创新团队最重要的外部环境。第四,结合高校"健康经济"学术创新团队不同互动阶段特征构建成员间的信任。互动中某些关键特征与信任有着直接关系,结合创新团队不同阶段的特征构建信任是科学有效的。此外,民族地区高校为民族地区人才培养、经济社会发展、民族文化发掘与保护等做出了巨大贡献,"健康经济"学术创新团队对铸牢中华民族意识共同体和边疆地区社会稳定等也有着重大意义。

(二)对策建议

1. 结合学科建设

(1)重视特色学科建设。充分考虑团队成员的知识结构和研究能力,使不同知识体系的学科之间彼此对接、频繁互动,在相关学科边界交汇处丰富人类知识,确保研究领域适应时代发展和地方经济社会的需要。

(2)团队的人才梯队。优化"健康经济"学术创新团队学缘结构,既需要学术思想创新、管理能力强的带头人,也需要具有专长、思想活跃的带头人,还需要精力旺盛的青年骨干。

2. 创新组织形式

(1)加快一流学科建设步伐。在紧密对接行业发展需求的基础上,建立学科群内不同知识创新主体间的协同创新联席机制,将交叉融合做到"真交叉、真合作、真交流"。

(2)以大格局整合现有院系。为多学科交叉融合创造平台,成立行业特色型"双一流"建设高校联盟,发挥学科的联动优势,共同培养行业急需的高精尖人才。

3. 强化团队文化

(1)学科群文化建设。改变传统的学科研究模式和学科文化保守观念,解决不同学科在融合过程中的文化差异。加强学科群内学科间的汇聚融通,尊重不同学科在知识差异的基础上"求同存异"。

(2)自由宽松的外部环境。建立学科群文化建设的长效干预机制,以形成新的学科范式。重视和加强高校国家重大科研项目团队的心理建设,形成互动默契、协同集约的心理状态,切实做好管理和服务。

4. 健全协同路径

(1)强化协同的路径框架。借助多源数据与定量分析方法,综合多方面数据与信息源,确定区域优势学科分布及各学科的优势与特色。结合区域技术研发、成果转化应用等状况,确定区域各优势学科的重点发展方向。

(2)合作运行模式和管理机制。全面收集国内外相关科研机构、团队、项目的跨学科科研合作实践案例,对不同模式的应用情境及在我国的适用性进行比较,探究不同运行模式的构成和作用机制。

5. 完善科研管理

(1)完善运行体制机制建设。构建科学、规范、合理的管理制度体系,建立健全评估体系,形成有效的激励约束机制。积极交流和研讨国内外科研发展动态,加大对高水平科研平台的宣传力度。系统剖析跨学科科研合作利益相关者,深入研究合作行为及其交互机制。

(2)加强与国内外高水平大学的科技合作。探索高校与国外高水平科研平台合作的新机制,共同解决重大关键技术与核心问题。

6. 促进成果转化

(1)优化适应市场的成果转化机制。建立高校与企业在科技成果转化中的联盟机制,提升科技成果的有效供给和有效需求,打通科技成果转化渠道,建立及完善成果持有者、市场化推动者的保障体系。

(2)搭建信息共享平台和科技平台。综合分析区域学科发展的主要需求和可利用的技术与产业条件,确定区域应优先发展的优势学科和顺序,长期稳定平台集中优势资源和重点攻关。

参考文献:

[1]李文武. 西部高校创新型学术团队的构建:以内蒙古部分高校为例[J].

民族教育研究, 2012(5): 34-37.

[2] Committee on Facilitating Interdisciplinary Research. Facilitating interdisciplinary research[R]. Washington, DC: National Academies Press, 2004.

[3] ACOLA. Strengthening interdisciplinary research: what it is, what it does, how it does it and how it is supported[EB/OL]. 2021-01-03. https://acola.org. au/wp/PDF/Strengthening%20Interdisciplinary%20Research.

[4] Dava, Hopkinsm, Huttonj, et al. Landscape review of interdisciplinary research in the UK[EB/OL]. 2021-01-03. http://sro.sussex.ac.uk/id/eprint/65332/1/2016HEFCE_Landscape%20review%20of%20UK%20interdisciplinary%20research.

[5] HEFCE. Case study review of interdisciplinary research in higher education institutions in England[EB/OL]. 2021-01-03. https://emps.exeter.ac.uk/media/universityofexeter/emps/research/cee/news/Technopolis-Case_study_of_interdisciplinary_research_in_HEIs_in_England.

[6] Carnegie Mell on University. Strategic plan 2025[EB/OL]. 2021-01-03. https://www.cmu.edu/strategic-plan/university-community/index.html.

[7] Boston University. Strategicplan[EB/OL]. 2021-01-03. http://www.bu.edu/plan2015/05/.

[8] 中华人民共和国中央人民政府. 国务院关于印发"十三五"国家科技创新规划的通知[EB/OL]. 2021-01-03. http://www.gov.cn/zhengce/content/2016-08/08/content_5098072.htm.

[9] 严建新. 社会需求: 跨学科研究的根本动力[N]. 中国社会科学报, 2016-03-22.

[10] 杨善林, 吕鹏辉, 李晶晶. 大科学时代下的科研合作网络[J]. 西安交通大学学报(社会科学版), 2016(5): 94-100.

[11] 郑海燕. SSCI 和 A&HCI 收录中国人文社会科学合著论文统计分析(1995—2004)[J]. 社会科学管理与评论, 2007(4): 47-55.

[12] 李景林. 西部地区非中心城市本科高校科研平台建设困境及突破路径[J]. 教育理论与实践, 2021(18): 16-19.

[13] Beaverdd. Reflections on scientific collaboration (and its study): past, present, and future[J]. Scientometrics, 2001, 52(3): 365-377.

[14] 宁滨. 服务国家重大需求, 彰显一流学科特色[J]. 中国高等教育, 2016(18): 16-17.

[15]王媛媛. 封闭与开放：走向学科研究与跨学科研究的统一[J]. 高等教育研究，2010(5)：38，47-49.

[16]张庆玲. 知识生产模式Ⅱ中的跨学科研究转型[J]. 高教探索，2017(2)：31-36.

[17]许海云，尹春晓，郭婷，等. 学科交叉研究综述[J]. 图书情报工作，2015(5)：119-127.

[18]黄巨臣. "双一流"背景下高校跨学科建设的动因、困境及对策[J]. 当代教育科学，2018(6)：21-25.

[19]刘仲林，赵晓春. 跨学科研究：科学原创性成果的动力之源：以百年诺贝尔生理学和医学奖获奖成果为例[J]. 科学技术与辩证法，2005(6)：107-111.

[20]陈仕吉，Arsenaultc，Larivierev. 跨学科研究在科学研究中越来越重要？[J]. 科学学研究，2018(7)：1153-1160，1195.

[21]樊春良. 美国科技政策的热点和走向：基于美国科学促进会 2018 年会的观察[J]. 全球科技经济瞭望，2018(2)：11-15.

[22]顾江洪，江新会，丁世青，等. 职业使命感驱动的工作投入：对工作与个人资源效应的超越和强化[J]. 南开管理评论，2018(2)：107-120.

[23]姚柱，张显春. 团队创新使命、隐性知识共享与团队创新绩效[J]. 软科学，2021(7)：78-84.

[24]Duffy R D, Dik B J. Research on Calling: What have we Learned and where are we Going？[J]. Journal of Vocational Behavior, 2013, 83(3)：428-436.

[25]张亚军，张金隆，张千帆，等. 威权和授权领导对员工隐性知识共享的影响研究[J]. 管理评论，2015(9)：130-139.

[26]张学文，陈劲. 使命驱动型创新：源起、依据、政策逻辑与基本标准[J]. 科学学与科学技术管理，2019(10)：3-13.

[27]王楠，陈详详，王海军. 社区奖励对隐性知识共享的影响：内部动机的中介作用[J]. 科研管理，2019(8)：126-134.

[28]闫佳祺，罗瑾琏. 科研团队双元领导与创新绩效[J]. 科学学研究，2018(11)：2103-2112.

[29]邢亮，乔万敏. 文化视阈下的高校创新人才培养[J]. 教育研究，2012(1)：9-13.

[30]陈丝璐，张安富. 高校科研团队创新型人才培养之管见[J]. 科学管理研究，2016(2)：93-96.

[31]闫健. 高校青年教师提高科研创新能力的途径与对策研究[J]. 科技与

管理，2008(6)：131-133.

[32]周玲. 论大学组织的学术团队建设[J]. 清华大学教育研究, 2005(4)：13.

[33]Stefan Wuchty, Benjamin F. Jones, Brian Uzzi. The increasing dominance of teams in production of knowledge[J]. Science, 2007(316)：1037.

[34]唐朝永，陈万明，牛冲槐. 冲突、社会资本与科研团队人才聚集效应[J]. 商业经济与管理, 2013(10)：54-62.

[35]Amason A C, Schweige R D. The effect of conflict on strategic decision making effectiveness and organizational performance[M]// Ckwdedreu, Evande Vliert. Using Conflict in Organizations. London：Sage, 1997：101-115.

[36]张体勤，刘军，杨明海. 知识型组织的人才集聚效应与集聚战略[J]. 理论学刊, 2005(6)：70-72.

[37]杨海波. 知识型组织的社会资本集聚效应及其实现：以高等学校为例[J]. 中国成人教育, 2012(8)：19-22.

[38]Carnevale P J, Probst T M. Social values and social conflict in creative problem solving and categorization[J]. Journal of Personality and Social Psychology, 1998, 74(5)：1300-1309.

[39]赵晨，唐朝永，张永胜，等. 任务冲突与科研团队人才集聚效应：参与型领导的调节效应[J]. 科学管理研究, 2019(10)：56-60.

[40]Pelled L H, Eisenhardt K M, Xin K R. Exploring the black box：An analysis of work group diversity, conflict, and performance[J]. Administrative Science Quarterly, 1999, 44(1)：1-28.

[41]Alper S, Tjosvold D, Law K. Conflict management, efficacy and performance in organizational teams[J]. Personnel Psychology, 2000, 53(3)：625-642.

[42]黄超，杨英杰. 大学跨学科建设的主要风险与治理对策：基于界面波动的视角[J]. 中国高教研究, 2017(5)：55-61.

[43]Jehn K A. A multi-method examination of the benefits and detriments of intra-group conflict[J]. Administrative Science Quarterly, 1995, 40(2)：256-282.

[44]李静海. 抓住机遇推进基础研究高质量发展[J]. 中国科学院院刊, 2019(5)：586-596.

[45]陈其荣. 诺贝尔自然科学奖与跨学科研究[J]. 上海大学学报(社会科学版), 2009(5)：48-62.

[46]于汝霜，阎光才. 高校教师跨学科交往研究[J]. 高等教育研究, 2016(2)：85.

[47]李景林.西部地区非中心城市本科高校科研平台建设困境及突破路径[J].教育理论与实践,2021(18):16-19.

[48]俞淼.实验室跨学科科研团队的绩效管理[J].中国高校科技,2018(7):67-68.

[49]顾海良."斯诺命题"与人文社会科学的跨学科研究[J].中国社会科学,2010(6):10-15,220.

[50]黄超.文化重塑:一流学科群建设的文化调查与兼容性分析[J].中国高校科技,2018(4):41-44.

[51]王建华,程静.跨学科研究:组织、制度与文化[J].江苏高教,2014(1):1-4.

[52]庞青山,陈永红.试析大学学科制度的功能与局限[J].清华大学教育研究,2005(4):22-26.

[53]黄巨臣."双一流"背景下高校跨学科建设的动因、困境及对策[J].当代教育科学,2018(6):21-25.

[54]袁广林.综合交叉学科发展的组织建构和制度设计:基于我国大学创建世界一流学科的思考[J].学位与研究生教育,2018(7):1-8.

[55]杨春勇,杨杰.面向高校创新人才培养的团队"浸润"模式探索[J].实验技术与管理,2018(1):17-21.

[56]翟大彤,康淑瑰.地方高校科研创新团队建设存在的问题及对策研究[J].教育理论与实践,2020(18):47-49.

[57]布鲁贝克.高等教育哲学[M].杭州:浙江教育出版社,2001:45.

[58]张洋磊,张应强.大学跨学科学术组织发展的冲突及其治理[J].教育研究,2017(9):55-60,131.

[59]尚丽丽."双一流"建设背景下行业特色型高校学科群建设问题分析及对策研究[J].高等教育管理,2019(9):36-44.

[60]徐礼平,李林英.团队心理资本:内涵、测量、作用机理与研究展望[J].科技进步与对策,2016(23):123-127.

[61]徐礼平,李林英.高校重大科研项目团队的特点、问题与对策[J].教育评论,2017(3):17-20.

[62]张发亮.区域学科协同发展路径发现框架的探讨:基于"学科—方向—团队"对江西省分析视角为例[J].中国高校科技,2021(8):10-15.

[63]曾粤亮,司莉.跨学科科研合作:背景、理论研究与实践进展[J].图书情报工作,2021(5):127-140.

[64]赵宇,吕子燕.高校科研平台建设存在的问题与对策:以黑龙江省为例[J].教育探索,2016(2):69-71.

[65]叶李,田兴国,吕建秋,等.高校科技创新团队建设状况、存在问题与改革取向:基于全国61所高校的实证调查[J].科技管理研究,2017(16):124-129.

项目基金:内蒙古自治区自然科学基金面上项目(2021MS07010)、内蒙古哲学社会科学规划一般项目(2021NDB118)、内蒙古自治区高等学校科学研究2021年重点项目(NJSZ21012)、内蒙古财经大学2020年度校级教育教学研究课题(JXYB2018)。

经济学方法论课程多元互动与参与式教学模式改革研究

纪红丽

摘要： 经济学方法论课程兼具理论性、方法性和应用性的特点，这决定了其教学模式改革将能够充分发挥其在人才培养、思维方式转变、综合能力培养方面的作用。经济学方法论课程改革的思路是实施多元互动与参与式教学模式改革，通过课前准备与课堂讨论、个人学习与小组学习、线上与线下、理论教学与实践教学、多方面考核方式等相结合的措施积极展开。

关键词： 经济学方法论；多元互动；参与式教学；教学模式

面对越来越复杂的变化，经济学方法论越来越重要，经济学方法论的学习和应用是学好经济学的重要前提，学习任何专业知识，最重要的是学习和掌握其研究方法，要真正了解和掌握研究方法，就必须进一步了解其方法论。在经济学教学工作中，教师比较重视理论的逻辑分析与推导，忽视了方法论在教学中的应用，导致许多学生在学习了基本的经济学知识后发现，理论与现实常常不一致。例如，对于在一定假定条件下的经济理论与现实经济现象的对应、经济理论对中国发展中新现象的解释及政策建议的有效性等问题，要想获得有效的解答，需要具备一定的方法论层面的知识。加强经济学方法论课程教学模式的改革，不仅可以提高教学质量和效果，还可以培养学生的思维方法、实际分析应用及创新能力，使其构建起自身的理论分析体系。

一、经济学方法论课程的性质

尽管西方学界对经济学方法论的研究有着悠久的历史，但在一定意义上它又是一门新兴学科，从 20 世纪 70 年代开始，人们才清晰地识别出经济学方法论这个分支学科。高校开设的经济学方法论课程具有以下课程性质。

(一)经济学方法论是一门交叉学科的课程

虽然高校中经济学方法论课程教学内容不尽相同，但大体上会涉及经济学方法论三个层次的内容，"第一个层次是经济学的哲学基础，第二个层次是经济学方法，第三个层次是经济学的技术方法"。也就是说，经济学方法论课程的内容包括一般的思维科学、经济学研究的思维科学及从事经济研究的具体方法和程序，以及方法论、经济学方法论和经济研究具体方法。该课程依托哲学和经济学等，既具备哲学的特性，又具备经济学的特性，是一门具有交叉学科性质的课程。

(二)经济学方法论课程内容涉及面广

经济学方法论课程的内容涉及面非常广，科学哲学涉及一般的思维科学，内容包括证实主义、证伪主义、历史主义等哲学流派思想；经济学方法包含经济思想史以及经济学各流派的方法论；经济学的技术方法包含自然科学的研究方法、社会学的研究方法、经济学的主要研究方法以及论文的写作方法，其中经济学的主要研究方法包括实证分析方法、计量经济学方法、投入产出分析方法、实验经济学方法等内容。如果没有一定的经济学知识的积淀，对经济学方法论理论的理解就将存在一定难度。

(三)经济学方法论课程兼具理论性、方法性和应用性的特点

该课程特色是体现方法论的基础性、定性与定量方法相结合；受到近代哲学、科学哲学的直接影响，构成其独特的哲学基础；借鉴数学、物理学、生物学等自然科学方法，是一门理论性和方法性较强的课程。经济学方法论课程主要讲授有关经济理论如何运用科学研究方法和分析工具进行研究的规则问题，让学生了解经济学家的思维结构和分析方法，以及如何解释他们所关心的现象。该课程在技术方法层面上具有较强的应用性，主要体现在利用所掌握的具体研究方法分析中国的现实发展问题，形成调查报告、研究报告、学术论文、政策报告等用于指导实践。

二、经济学方法论课程教学模式改革的必要性

首先，从经济学方法论课程本身的重要程度来看，其是经济学理论背后的认识和思想，也即经济学的哲学基础，反映在经济学理论体系的各个组成部分，从定义、研究范围、理论假设、基本原理到政策主张，都渗透着经济学方法论的思想。通过方法论的学习能够更好地理解经济学研究方法的功能与特点、经济学假设的重要性以及经济学理论检验、理论分析体系等内容。例如，经济学在发展过程中出现了过度演绎化和数学化等趋势，如何看待这一趋势，以及如何认识经济学的演绎系统、假设条件及其与数学的关系，需要学生在学习和理解经济学理论的同时，对这些问题有清醒的认识，使学生通过对经济学方法论的学习不仅能够"知其然"，还能够"知其所以然"。因此，从"学"的方面来看，加强学生对经济学知识的理解和掌握，能够对其他课程的学习产生辐射作用，从而为整个经济学专业课程的学习提供有力支撑；从"教"的方面来看，加强经济学方法论课程的教学效果是提高经济学教学质量的重要途径。

其次，从人才培养来看，经济学方法论课程教学模式改革对学生的思维方法、实际分析应用及创新能力的培养非常重要。在现有的教育体制下，教师和学生比较注重分数，适用于"填鸭式"的教学方式，学生多一味地被动接受。经济学方法论这门课程本身就可以培养学生创新型的思维方式，加上教学方式改革的辅助作用，更有利于促进学生对所学知识的理解和反思，以经济学方法论孰优孰劣的争论及对经济学方法论的评价与反思，引导学生积极思考和反思。例如，任何理论都是有其前提假定的，离开前提假定的理论可能是错的，让学生在了解什么是科学、什么是科学的方法的前提下，对于所学的知识、教师课堂讲授的知识，反问其正确性，并试图寻找现实生活中和理论不一致的例子，证实或证伪理论，以批判性地接受所学的知识，这才是真正科学的态度，也是经济学方法论课程的重要教学目标。

最后，从实践层面来看，经济学方法论课程教学模式改革是提高学生动手能力的需要。除了改变思维方式，学生理论联系实际的能力同样非常重要，理论学习的目的是指导实践。学生通过前期对经济学分支学科的学习，已经具备了一定的经济学知识，经济学思维方式具备了一定的基础，这样学生无论在知识的积累上还是在经济学思维能力的培养上都有了一定的积聚，再通过经济学方法论的训

练，便能够使学生了解和掌握经济学大师解释现实经济问题的思维和方法，把这些已经过检验的方法应用于解释和分析全社会、区域性的现实经济问题，分析的结论一般通过论文、研究报告、调查报告、政策建议等表达出来，进而提高学生的实践能力。

因此，随着学界对经济学方法论的日益关注，以及经济学方法论课程受众学生范围的不断扩展，以教师讲授为主的传统教学模式，已经难以发挥出方法论课程的基础性作用，同时也难以激发学生的兴趣，学生课堂互动不足、参与度不高，没有让学生成为真正的学习主体，在人才培养上也没有发挥出经济学方法论课程对学生思维方式转变、科学素养提升、创新能力和实践能力提升等方面应有的作用。因此，需要对经济学方法论课程的传统教学模式进行改革，以充分发挥其在人才培养上的作用。

三、经济学方法论课程教学模式改革的思路及措施

(一)改革思路：多元互动式与参与式教学相结合

经济学方法论课程可从以下三个方面实施多元互动式教学：①师生互动。摆脱"灌输式"的教学方法，转变为学生主动学习与教师积极引导的学习方式——参与式学习、互动学习，积极培养学生的创造性思维能力。②生生互动。为了加强学生对科学哲学内容的理解，以问题为引导，让学生带着问题进行线下自主学习，以学习小组的形式，对较难理解的重点难点进行集体学习，并完成小组作业，鼓励学生之间的互动学习、相互沟通、互相帮助。③线上线下互动学习。该课程组织实施了线上教学，并将相关参考资料、讨论议题、阅读材料等上传至平台，使学生可以进行线上线下互动学习，有问题及时解决。

参与式教学主要是在教师的引导和启发下，实行课下自主式学习、探究式学习与课堂互动式教学相结合，改变传统的以讲授为主的教学模式，让学生成为学习的中心，主动学习。教师起引导学习的作用，通过问题引导、案例引入、实践应用等让学生独立思考、参与式学习，从已学的经济学理论中探寻方法论的应用及体现，课上结合实际应用的案例及实践资料，引导学生将所学的认识论应用到对实际问题的解释和资料分析上，提高学生分析问题、解决问题的能力。

(二)经济学方法论课程教学模式改革的具体措施

1. 课前准备与课堂讨论相结合，加强学生参与、师生互动

在经济学方法论课程教学中将课前准备作为重要环节，课前发布学习任务单，把需要阅读的资料、思考的问题等在课前发布给学生，学生作为学习的主体积极主动地思考、分析与解决问题，并在组内及组间进行交流，相互合作完成课前任务，这不仅是培养学生的语言表达能力、逻辑思维能力、竞争合作意识的过程，也是学生融入班级和集体的过程。课堂讨论环节是对学生课前学习效果的检验，在课堂讨论中教师围绕教学内容提出问题、教授重点与难点、解析案例，把控节奏，引导学生积极参与互动。但由于学生性格特点不同，因此，其课堂参与度会存在差异，为了让更多的学生参与到课堂中，需要提前让学生对要讨论的问题进行知识收集、筛选、归纳整理，以充分做好参与课堂讨论的准备，从而提高课堂讨论效率。

2. 个人自主学习与小组合作学习相结合，提升学生自主学习能力

教学改革的目的就是要适应时代发展的需要，让学生成为学习的主体，培养学生自主学习的能力，发挥学生的主观能动性，这改变了传统的被动接受的教学模式，只有打破陈规，才能够实现创新。个人自主学习主要体现在以下方面：①课前预习，课前根据学习任务单完成知识点的预习，概括章节内容，记录重点、难点，以及不理解、有疑问的内容；②课堂中与教师积极配合，参与互动，思考、分析和解决教师提出的问题，以及在课前记录的难点和疑点，形成整体的知识分析框架；③课后自主复习所学内容，并归纳、整理、总结章节内容的逻辑关系，完成课后思考题及作业。学习任务单中除了个人自主学习任务，还有小组合作项目，目的是培养学生的团队协作精神及实践能力。首先，小组成员需要共同完成小组任务，任务分配是小组需要协调的重要内容，这需要教师进行合理的制度设计，以监督和激励小组成员共同进步；其次，将自主学习过程中遇到的问题通过与小组成员讨论予以解决，并记录讨论过程，最终形成小组学习报告。"个人自主学习+小组合作学习"的方式不仅提高了学生的自主学习能力，而且让学生提前掌握了课堂讨论内容，提高了课堂参与度，起到了知识内化的作用。

3. 线上与线下相结合，激发学生的学习兴趣

目前很多高校开启了线上教学模式。学校将速课视频、教学要素、阅读资料、讨论、作业等内容上传至学习平台，学生选课后，教师在平台上以通知的形式向学生发布一周的学习任务单，学生通过视频学习掌握课程内容，再根据课程

学习情况进行自我检测，在直播课时完成随堂练习，并参与问题的讨论。学生通过课前自主预习、课中互动学习和讨论以及课后讨论及检测完成课程的学习。在"互联网+"时代，经济学方法论课程的"教"和"学"变得更便捷、更有效。教师借助线上教学方式，组织学生课下查找资料，对现实问题进行调研，分组对问题进行讨论，将方法论问题具体化，让学生更容易掌握理论知识，更多地参与到课堂互动中，积极发挥参与式学习方法在课堂中的作用。课堂互动教学与课下学生自主学习有效结合，能激发学生的学习兴趣，提高课程教学的及专业教学的整体水平。

4. 理论教学与实践教学相结合，提升学生的动手能力

将科学哲学、经济学方法论及实际研究方法三个层面的知识进行有机结合，转变传统课堂教学与实践教学分离的教学方法，所有理论层面的知识尽量用实践去解释，从而加强学生对方法论的理解与认识。例如，经济学方法论第三层次对经济研究方法的教学，可以让学生调查社会热点问题，设计问卷、发放问卷、回收问卷，并对问卷的结果进行分析，练习撰写调查报告；对社会研究工作规范性要求的教学，可以让学生在熟知规范性要求的前提下，撰写文献综述、课程小论文等，既增加了学生对科学哲学内容的理解，又提升了学生的动手能力。激励学生主动学习和研究经济学大师的思维方式和分析问题、解决问题的具体方法，培养学生对问题进行反思和批判的思维方式，提高学生的研究能力及论文写作能力。

5. 多种考核方式相结合，全面衡量学生的学习效果

考核方式不再仅仅以期末考试的成绩为主，而是从学生课堂参与程度、作业完成情况、小论文、课题成果展示、笔试等多角度考核课程学习效果。这样不仅可以实现教师评价与学生互评相结合，还可以利用学习平台的统计功能设定各考核部分的占比并统计各部分的得分情况。通过多种考核方式对学生学习效果进行评价，反映学生的综合能力，这是培养创新型、复合型、应用型高级人才的重要措施之一。

总之，经济学方法论课程的教学改革以互动式与参与式教学相结合的模式组织教学活动，体现了以学生为中心的教育学习理念，对改变学生的思维方式，培养学生的逻辑思维、批判性、创新型思维，提升分析问题与解决问题的能力及团队合作意识等方面具有重要意义。

参考文献:

[1]黄少安. 经济学方法论的三个层次[J]. 南京社会科学，1994(3).

[2]高本权. 经济学方法论与经济研究方法[M]. 北京：中国财政经济出版社，2013.

[3]康远志. 经济学方法论在经济学本科教学中的应用与实践[J]. 大学教育，2013(5).

[4]程莉，文传浩. 基于优质课程建设的《经济学研究方法论》教学内容设计与教学模式的探索实践[J]. 现代经济信息，2019(5).

[5]李殿实. 参与式教学在《农村发展研究方法》教学中的应用[J]. 现代商贸工业，2020(25).

基金项目：内蒙古财经大学课堂教学手段与方式改革项目"《经济学方法论》课程多元互动与参与式教学模式改革研究"(JGKT201805)。

作者简介：纪红丽，博士，副教授。主要研究方向为西方经济学、经济学方法论教学。

情境教学模式在会计学教学
改革中的应用设计

郭巧莉　钱丽丽

摘要： 习近平总书记关于高等教育的系列重要论述进一步明确了教师塑造生命、塑造灵魂的时代重任。高等院校教师肩负传播知识、传播思想的历史使命，肩负重构教育生态的历史重担。高等教育对人才培养的定位是知识学习能力、研究能力与运用能力的提升。会计学作为高等院校特别是财经类院校的核心课程，其教学过程完善空间很大。本文分析了会计学教学现状，提出了会计学教学改革中的情境设计，为提升会计学教学质量提供一定的参考。

关键词： 情境教学；教学改革；教学设计

一、引言

马克思说，"经济越发展，会计越重要"。数字经济正在驱动新一轮的经济变革，财务智能化水平的不断提高，这无疑给相关院校的会计专业教育带来多重压力，会计专业教育需要革新实践教学体系，以此来顺应外部环境的变化并满足当下学生的学习需求。因此，如何创新会计人才的培养模式、提升会计人员的职业竞争力，成为亟待讨论和解决的问题。

会计学课程作为专业基础课，为财务分析、财务管理、审计等相关专业奠定了良好的学习基础。然而，在会计专业的教育教学中，一方面教学方法强调会计理论，忽视与实践的结合运用；另一方面考核方式强调答案的标准化和一致性，导致学生成绩越好，思维越单一、视角越狭隘。此外，会计专业授课内容脱离我国企业和资本市场实践，应用性较差。

鉴于此，打破现有课程体系的局限，融入问题情境、故事情境、突出问题导向的实践教学是新时代会计能力培养的逻辑切入点，也是会计专业教学改革的关键。

二、会计学教学现状分析

大学生的成长与成才一定程度上离不开教学方式的选择和老师的指导，当前"填鸭式"满堂灌输理论知识的教学方法已不能适应人才的培养，如何引导学生早日适应社会，提高其动手能力，成为各大院校教学改革的焦点问题。目前，会计学教学现状主要体现在以下两方面。

一方面，会计学教学偏重理论知识的传授，学生动手能力弱。会计学具有实践性、技术性、操作性较强的特征，在传统教学理念下，教师在规定的学时内，既要完成基本理论的传授及相关计算的讲解，又要介绍会计的实际操作情况，但教师讲课基本重在口头说教，没有改变灌输式教学的实质，事倍功半，这种现象与李佳钰（2016）对我国高校教学模式的评价一致。陈敏（2020）认为，在财务智能化背景下有必要深化实践教学，集理论与实践于一身，发挥会计人在企业中的作用。所以，会计实践课程也是会计教学中的重要部分，加强会计教育是为以后的会计职业岗位服务（陈辉如，2019），传统教学观念使学生成为理论的巨人与实践的矮子，难以适应市场经济环境及用人单位拓展业务上的需求。

另一方面，会计学课堂气氛沉闷，互动少、讨论少、思考少的"三少"现象常见。会计学作为热门课程，授课涉及专业与非专业对象，因此会计学教学普遍面临教学任务重、授课层次多的问题，面对如此大的教学压力，教师容易"满堂灌"，出现"三少"现象不足为奇。以学生为中心的课堂活动较少，会计学教学设计被忽视。因此，帮助学生轻松掌握会计技术，规范教学设计层次，保证人才质量工程，针对会计学教学手段和方式的改进势在必行。

三、情境教学模式在会计学教学改革中的应用设计

朱熹曾说："读书无疑者须教有疑，有疑者却要无疑，到这里方是长进"，

其蕴含的哲理正是教学设计的关注点。会计是实践性较强的课程,设计情境教学环节,收集情境教学资源,有助于帮助学生理解会计学教科书中抽象的概念和枯燥的数字,以及提升会计学教学质量。

(一)带入情境设计

初学会计学的学生对企业经营活动基本是陌生的,对会计的核算过程和会计信息的作用更是知之甚少,如果一开始便灌输大量的概念、假设和原则,容易使学生对会计学产生厌烦情绪。会计学的情境教学首先应把学生带入会计的真实环境,体验会计的作用,激发学生的学习兴趣和积极性。情境教学设计更多的是让学生与情境互动,参与学习过程,若学生缺少与情境中会计业务人物、事件的互动,就不能与学习内容产生共鸣。如果教师能恰当安排学生融入情境中,组织学生体验会计业务的某个人物或事件,与同学一起探究会计知识,了解会计知识在实际生活中的作用,就能激发学生的学习兴趣,启迪学生的思维,使学生逐渐掌握处理会计实务的技能。比如,带入企业情境时首先让学生了解制造企业全貌,以沙盘缩略图展示(见图1),还可以展示制造业运营中心及相应配备人员(见图2),建立学生学习的空间感。

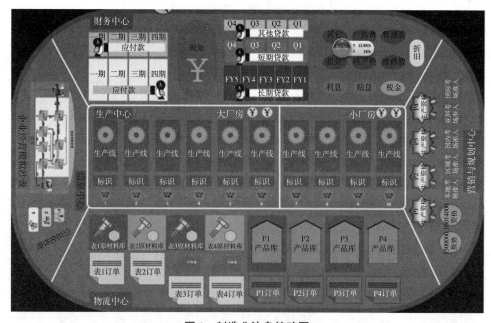

图 1　制造业沙盘缩略图

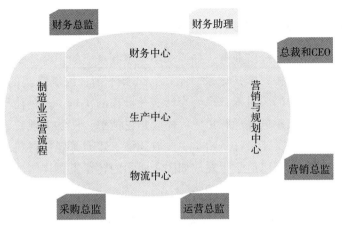

图 2　制造业运营中心及相应配备人员

（二）展示业务真实情境

把学生带入情境后，容易激起学生的学习动机。教师要把会计内容有机地融入教学情境中，使情境成为一个连续的、动态的客体，使教学内容转化为连续情境中真实可信、生动具体的故事情节。比如，在讲授"固定资产"科目时，可以通过制造业沙盘缩略图创设教学情境，向学生介绍企业常见的生产线、厂房等固定资产发生在生产中心（见图3），通过感知加深学生对固定资产概念的理解，从而起到为学生提供认知的基础作用。

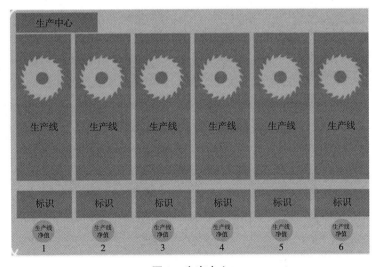

图 3　生产中心

(三)学生模拟业务情境

教师设计一些典型经济业务,如要求学生填制真实的记账凭证、登记真实账簿、进行账项调整、核对账户记录、结账、试算平衡、编制真实的会计报表等,让学生亲自体验会计循环过程,享受会计实务操作的快乐。通过让学生扮演情境中的一个角色,进入角色并理解角色,体会角色情感,使学生理解教学目标和领悟知识。这时教学的重要设计是给学生发放凭证、账簿等感性材料,帮助学生充分理解知识。比如,可以给学生发放如图4所示的转账支票样例,让学生掌握琐碎的会计知识点。

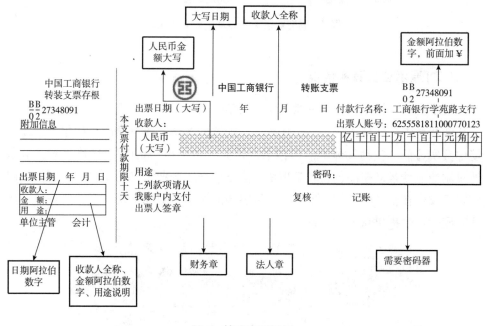

图4　转账支票样例

(四)问题情境设计

教学实践中以问题情境为导向进行教学设计,能够避免学生互动少、讨论少、思考少的"三少"课堂现象。教学过程中主要由教师创设业务问题情境,然后师生共同查找资料,研究、讨论、实践、探索出解决问题的办法,进而使学生掌握知识和技能。

教学问题的提出能增加知识教育的疑问性,促使学生的专业知识与现实问题相互交织，共同构成教学的主要内容。为培养学生的思维能力，教师需要对教学内容进行重组和改造，活化知识，给学生的思维提供素材，精心设计问题情境。微观层面，会计假设情境设计思路如图5所示。

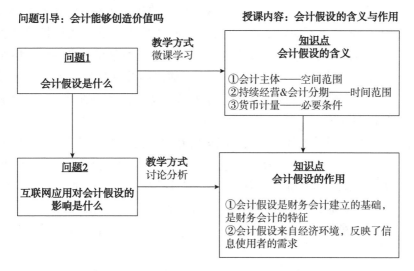

图5　会计假设情境设计思路

宏观层面的问题情境设计如"总经理与财务副总经理谈会计机构设置与会计目标"和"银行经理看财务报表"两个案例情境。通过"总经理与财务副总经理谈会计机构设置与会计目标"情境设计，引发学生关于企业组织结构、会计目标的学习与探讨。通过"银行经理看财务报表"的情境设计，引发学生对会计信息使用者及其信息需求、会计信息质量特征的学习与探索。

四、情境教学模式设计在会计学教学改革中的意义

情境教学模式设计在会计学教学改革中有一定的实践意义。

第一，情境教学模式设计在会计学教学改革中注重问题解决的过程性，让学生经历完整的思维过程。在会计情境教学中，教师可以围绕理论知识点创设问题情境、设计开放性问题，让学生联想和想象，发挥学生思维的自主性和能动性，进而使学生创新性地解决问题。教师需要侧重学生解决问题的过程性体验，即问题安排能够让学生体验发现问题、探索问题、分析和解决问题的过程。问题解决

的几个重要环节蕴藏着描述问题、确定问题、表征问题、设计、评价、验证和反思的多重思维过程，从而可以增强学生的问题意识，锻炼收集信息、分析和处理资料的能力，同时提高学生驾驭知识和解决问题的能力。

第二，情境教学模式设计帮助教师关注学生的认知状态，培养学生的认知兴趣。孔子说："知之者不如好之者，好之者不如乐之者。"认知兴趣是学习动机中最现实、最活跃的因素，学生的这种求知欲可以通过教学设计来增强。培养学生认知兴趣是深入推进高等教育"质量革命"、加快高等教育强国建设的基石。学生是教育的中心和重心，教师需要对学生的认知现状有清晰的了解，对教学对象有正确的分析和评价。

第三，以情境设计为教学主线，能够培养学生的思维与创新能力。情境教学模式设计应围绕"为何学、学什么、怎么学"，反映学生的学习结果与收获，重在培养学生的思维能力与创新能力，使学生掌握解决实际问题的方法和手段，潜移默化地提升学生能力。学生的知识获得和知识应用同生共存，学生正是在应用知识的过程中不断地建构和加深对知识的理解，才获得思维迁移能力，并最终解决问题。

第四，情境教学模式设计能够体现研究型教学思想。会计学课程设计中强调基于情境问题的学习方法，使学生在现实问题的引导下、在分析与解决问题的目标驱动下进行思考与讨论，领悟相关知识点与现实问题之间的内在逻辑关系，尝试给出符合分析逻辑的基本判断，从而达到提高学生自主学习能力的目的，进而加深学生对理论与方法的理解，提高学生的运用能力和实践能力。

五、研究结论

教师是学生身心成长的引路人，授人以渔、塑造有生命的灵魂是教师的初心。胡适曾说："宁鸣而死，不默而生。"教师不应该淹没在教育的洪流中，教师是教学的实践者，要成为教育改革的主流，为教育赋能，改变教育生态。

教育者和被教育者是平等的，在教授过程中，教育者也同样受到教育。通过情境教学模式在会计学教学改革中的应用设计研究，能够不断督促教师提升自身教学水平，不断钻研教学方法，发挥教师的积极性、主动性、创造性，在解决"培养什么人、怎样培养人、为谁培养人"这个根本问题的过程中，进一步夯实教师的学科知识基础，提高教学造诣，保证教学质量。

通过构建情境进行会计学习，师生之间、学生之间形成了相互交流、相互启发、相互补充的学习模式。这样既提高了学生学习的主动性和积极性，又促使教师与学生共享彼此的思考、经验和知识，从而达到了师生之间、生生之间的共识、共享、共进。

参考文献：

[1]李佳钰. 会计与金融学教改论文[J]. 现代经济信息，2016(21)：397.

[2]陈辉如. 会计实践教学体系的构建与应用[J]. 教育教学论坛，2019(20)：148-149.

[3]蒋淑玲. 浅析情境教学法在五年制高职《基础会计实务》课程中的运用[J]. 科技创新导报，2019，16(20)：239-240.

[4]陈敏. 财务智能化背景下《会计基础》实践教学体系的研究[J]. 国际公关，2020(12)：70-71.

[5]王泓玉. 情境教学法在中职《基础会计》教学中的探索[J]. 财会学习，2020(1)：218-219，221.

[6]魏群. 基于OBE理念的应用型高校会计学专业人才创新培养研究[J]. 科技资讯，2021，19(36)：80-82.

[7]芮文燕. 会计学的理论基础与价值认知：基于马克思劳动价值论的价值范畴[J]. 兰州工业学院学报，2022，29(2)：98-102.

[8]王方露.《会计学基础》线上线下混合教学模式改革与实践[J]. 财会学习，2022(12)：135-138.

基金项目： 内蒙古自治区"十四五"规划项目，内蒙古高校重点实验室"智慧财务与会计创新实验室"项目。

作者简介： 郭巧莉，博士，教授，主要研究方向为财务管理。

基于 SPOC 混合式教学模式的
互联网金融课堂创新实践

王　妍

摘要：近年来，随着互联网、云计算、人工智能等新技术的广泛应用，在线教学模式快速发展，改变了传统的教学内容和教学方法。在新的教学理念下，SPOC 混合式教学模式已成为高校课堂教学的主流。本文以互联网金融课程为例，利用 SPOC 平台探索和实践混合式教学模式，在充分利用超星泛雅平台网络教学资源和教学辅助工具的基础上，突出"以学生为中心"的理念，发挥教师的引导作用，激发学生学习的主动性和积极性，提升课堂教学效果。

关键词：SPOC；混合式教学模式；互联网金融；学习通

SPOC(Small Private Online Courses)即小规模限制性在线课程，它把 MOOC、小规模专业教育等融合在一起，形成了 SPOC 特有的教育模式。这一模式最早是由美国加州大学伯克利分校计算机科学教授阿曼多·福克斯(Armando Fox)于 2013 年提出的。国内学者贺斌和曹阳(2015)认为，SPOC 的基本价值取向是通过设计和利用优秀的 MOOC 资源，改变或重组学校教学流程，促进混合式教学和参与式学习，扎实提高教与学的质量的教学方法。2018 年，互联网金融课程教学团队申请了学校课堂教学手段与方式改革项目，基于 SPOC 混合式教学模式对互联网金融课堂教学模式进行了一些探索和实践。

一、互联网金融课堂教学存在的问题

互联网金融是一门跨学科的新课程，对普及大学生互联网金融知识、提升大学生互联网思维和金融素养有着积极的作用。但在传统教学模式下，互联网金融课程在教学中存在一些问题，影响了教学目标的实现，主要表现在以下方面。

(一) 教学内容设计方面

互联网金融行业发展速度快，新的业态伴随着风险事件不断涌现，国家对互联网金融风险专项整治力度随之加强，新的风险防范措施陆续出台。为了应对这些变化，互联网金融课程的教学内容应当紧贴时代的步伐，尤其是课程设置、理论知识和具有代表性的企业案例需要教师不断地进行更新和拓展。但由于工作量较大，教师教学任务又比较繁重，在实践中，课程教学内容设计容易走向"重理论、轻实践"的状况。

(二) 教学模式方面

课程教学模式采用"讲解—案例—考核"的方式，以教师课堂"一对多"面授为主，课堂中虽然贯穿当前我国各种互联网金融业态发展中的案例，但还是以互联网金融理论为主，而对于如何有效利用不同的互联网金融平台，设计不同的金融产品，精准定位客户群体，为客户提供个性化互联网金融服务，开展真实的互联网金融业务实训，并未过多涉及。

(三) 学生参与度方面

由于课堂时间有限、部分学生注意力不集中，在课程学习的过程中，师生之间和生生之间的互动存在参与度低的情况，并不是所有学生每次都能参与到互动当中，部分学生没有参与或发言较少，尤其是线上教学教师与学生存在空间距离，在时间不足的情况下学生互动参与率低的问题更为严重。

(四) 教学课时分配方面

在教学课时分配方面，理论教学课时过多，实践教学课时较少。虽然高校都在不断探索工学结合、产学结合的途径，但大量的理论教学课时数导致学习知识的情境与以后应用知识的情境不匹配，不利于知识的提取和将知识转化为学生的能力。

(五) 教学评价方面

在教学评价方面，考试分数是评价学生学习质量的唯一手段。在现有课程评价体系中，总评成绩由平时成绩(出勤+作业+课堂提问)、实践技能训练、期末测试三部分构成，各占 30%、20%、50%。教学评价主要采用以"学"为本、以"考"为主的主导模式，实践技能训练却成了附属品。

综合以上问题，利用 SPOC 混合式教学模式功能来改变传统课堂教学现状，融合在线学习与传统课堂教学的新的混合学习模式。

二、SPOC 混合式教学模式的优势

SPOC 混合式教学模式就是将数字化学习和网络学习的优势与传统学习的优势结合起来，二者相辅相成，把与教学有关的所有优势元素有机地融合在一起，充分调动学生学习的积极性、发挥学生学习的自主性、促进学生的个性化发展，多方面发展学生的潜能，提升学生的创造力。

（一）打破空间限制，实现学生间协作学习

学生可以在任何有网络覆盖的地方，使用计算机或者移动终端进行线上资源学习，学习的场所不再局限于教室，学习伙伴也不再局限于本班同学。这种打破空间限制、协作学习的学习方式是传统课堂教学无法企及的。

（二）学习时间碎片化，有利于提高学生学习的自主性

在线学习过程中，教师为学生提供的微视频以及授课中的知识讲解，无形中让知识变得凝练，优化了学生的学习时间安排。学生在进行线上学习的过程中通过自主学习、小组协作、探究实践等方式解决问题，提高了学习的自主性。

（三）以学生为中心，实现多元评价

在 SPOC 混合式教学模式中，学生是学习的主体，学生的学习转变成基于资源的自主学习，学生的创造性、自主性、协作性得到了充分的发挥和锻炼；教师的任务是创设教学情境，调动学生学习积极性，监控教学过程，引导和启发学生进行自主学习，发挥其启发、引导以及监控教学过程的作用，学生的学习成果可以在线展示，师生互评、生生互评使评价的主体由教师向学生转变，实现了多元评价。

三、基于 SPOC 混合式教学模式的互联网金融课堂教学的创新实践

以遵循学生知识学习规律和技术技能习得规律为依据，互联网金融课程通过超星学习通 SPOC 课程平台，对课程内容进行优化重组，形成适合学生学习的线上课程资源体系，并探索线上、线下混合式教学模式，对传统教学流程进行变革，对教学方式、学习方式及课程评价方式进行创新。

（一）基于 SPOC 混合式教学模式，创新教学过程，让教师做导演

基于 SPOC 混合式教学模式，将面对面授课与互联网在线学习结合起来，进行优势互补，创新教学过程，具体分为"课情分析—课程设计—过程创新—教学评价"四个环节。

1. 课情分析

课情分析对课堂教学能否成功起着十分关键的作用。这一环节主要详细分析 SPOC 混合式学习的三要素：学习对象、授课内容和学习环境。学习对象主要分析学情状况，包括授课学生的教育背景、已学课程内容、前续课程掌握情况，目的是因材施教，使本课程的教学更具有针对性。授课内容则侧重于分析授课范围、授课重难点、授课安排。学习环境主要是指课程教学中实现培养目标所需要的学习软硬件等条件。

2. 课程设计

课程设计在整个教学过程中发挥着根基作用。SPOC 平台的混合式教学模式分层分类优化课程设计，具体将课程概述、课程公告、教师介绍、课程大纲、授课计划、教学目标、评分标准等基础性资源，以及教学微视频、PPT、电子书、题库等其他扩展资源与课程知识点相契合，形成清晰的知识脉络，以及层次分明、内容丰富的在线教学资源，帮助学生对重点、难点知识的理解与掌握，从而激发学生学习兴趣，提高学生学习质量。

3. 过程创新

SPOC 混合式教学模式构建"课前、课上和课后"课堂三部曲。课前，学生要根据教师发布的线上教学资源进行自主学习，找出自己的困难点、疑问点，以便

在课中和师生交流讨论解决。课上，教师要求学生根据平台推送的任务情境，采用发弹幕参与讨论、分组辩论、头脑风暴等研讨方式，完成对重难点的理解和对知识的总结与梳理。课后教师可以通过学生课堂参与情况、得分情况、学习成绩、学习进度、资源访问情况、面授详情等，对课前、课上的教学资源进行提炼，发布课后任务，进行追踪，不断提升学生的学习体验，并注意收集学生的反馈和意见，不断迭代课程系统化的设计、科学合理地安排步骤、优化教学流程。

4. 教学评价

教学评价主要采用线上评价和线下评价相结合的过程评价方法。例如，通过超星学习通网络教学平台可以考核学生课前的登录平台次数、访问时长、下载资源次数、分组讨论得分情况等线上自学情况，以及课堂参与度、课堂出勤率、课堂表现等线下学习情况，并记录到过程性评价中，学生通过提出问题、分析问题、解决问题，动手实践，提高自主学习能力。同时，为了让更多学生积极参与到活动中，采用小组互评的方式，这样有利于提升学生活跃度、个人贡献率，鼓励小组成员的分工合作学习。另外，教师的评价对学生的影响也是潜移默化的，不能忽略。终结性评价可以根据学生的考试成绩或者作品成果给出。

(二)基于 SPOC 教学平台，创新教学模式，让学生成为主角

本课程一改传统教学模式，基于 SPOC 教学平台，将学生线上学习与线下学习相结合，分为课前准备、课堂实施、课后提升三大教学活动(见图 1)。

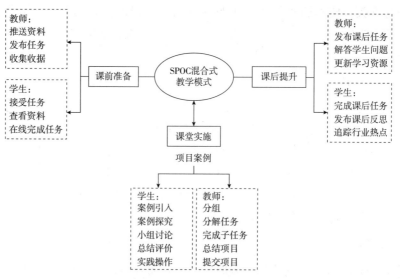

图 1　互联网金融课程 SPOC 混合式教学模式

1. 课前准备

课前教师通过超星学习通网络教学平台发布预习任务单，上传课程资料供学生预习，并完成本单元课前预习测试。学生根据任务单或任务点的要求，观看课程视频和课件，完成相应的测试，学生可以利用手机随时学习，反复查阅。在完成任务的过程中，如遇疑难不解的地方，可在线与教师、同学讨论互动。对没有完成预习任务的同学，可定时推送提醒通知。教师根据后台答疑时收集的学习数据调整教学内容。

2. 课堂实施

课堂实施活动由教师和学生共同完成。课堂教学主要帮助学生完成项目任务，并实时评价。教师负责项目案例引入，包括案例探究、分组讨论、方案评价、实践操作四个教学环节。学生分解任务，分别采用讨论、辩论、头脑风暴等研讨方式，分组协同作业，形成图片类、PPT类等展示成果进行项目总结。教师可以对学生的展示成果进行评价分析。

3. 课后提升

互联网金融课程的内容多而广，仅仅依靠课堂时间是远远不够的，课后，学生通过平台完成技能提升任务，教师在平台解答学生问题，平台向学生推送相关课程的网站和公众号，拓展学生的视野，让学生更加了解行业的发展动态。教师通过学生的学习效果动态调整教学资源和完善教学计划，SPOC 后台管理系统多方位地为学生自动生成学习评价。

(三) 基于 SPOC 混合式教学模式，创新教学内容，增强学生的体验感

课程教学内容要适合 SPOC 翻转课堂教学模式，根据学生的特点，选取教学内容和教学方案，充分利用互联网技术，线上和线下相结合，全方位提高学生的学习动机和学习效果。

1. 教学内容碎片化

立足于互联网金融业态发展，根据专业课程标准和学生学情，将教学内容细分为若干个教学任务，每个任务又由几个子任务构成。每个任务的知识点制作成微课、案例视频、课件、文本类案例素材等如图 2 所示，实现了知识碎片化、学习微积化。

2. 学习体验趣味化

由于当前一部分学生学习动机不明确、自主学习能力较差，课程内容和教学

图2　互联网金融课程项目二任务三"认识数字货币"教学内容

设计要充分考虑学生的基础水平、专业背景，为学习者提供差异化、个性化的教学服务。依据高校教育教学改革要求，基于 OBE "成果导向"的教学理念，运用翻转课堂、任务驱动等教学模式，引导学生自主学习、协作学习、合作探究。一方面设计督促措施；另一方面设计学习游戏化激励机制，提高学生的学习兴趣。

3. 教学管理智能化

教学管理主要是依托超星学习通网络教学平台，根据教学目标完成教学组织设计、学生管理和教学评价等活动，如发布学习任务，掌握学生签到和学习状况，进行线上双向交流，发布课堂活动，组织提问抢答、分配小组任务、评价评分等。网络教学平台会将学生参与活动的情况及时反馈给学生和教师。

(四)基于 SPOC 混合式教学模式，创新教学方法，让学习不再枯燥

基于 SPOC 混合式教学模式，以提升课程的学习成效为目标，教师通过运用

"五大教学法"创造一个丰富的、灵动的课堂，即案例教学法、项目驱动法、自主学习法、思维导图法、分组学习法。这里重点介绍后三种方法。

1. 利用自主学习法，打造"以学生为中心"的个人学习空间

为了切实提升在线课程的支持服务体验，满足学习者的个性化学习需求，课程依托超星学习通网络教学平台以学生为中心构建个人学习空间，根据学生的学习过程智能推送课程资源，为学生提供移动互动平台；任课教师可以设置助教为学生提供服务，对学生的学习进程进行统计；平台支持学生和教师团队进行可视化自查与管理。

2. 利用思维导图法，基于"知识地图"提供课程资源

课程尝试基于思维导图法构建"知识地图"，切分知识点、关联课程资源，即根据不同类型学习者的特征及课程目标，对课程的知识点进行规划设计，并以思维导图的形式，实现知识体系结构的可视化展示，如图3所示。在"知识地图"中，学习者可以通过展开(+)和隐藏(-)功能，便捷地获悉课程框架及学习导航；可以在知识地图上实现对各级知识点的资源关联；可以汇聚、关联学习过程中动态生成的资源，如讨论帖、学习笔记、项目协作交互记录等，通过"文本"图标实现提示及一键式跳转；可以在各级知识点前端可视化呈现学习进度，通过任务驱动的方式，刺激、引导学习者积极地开展在线学习。

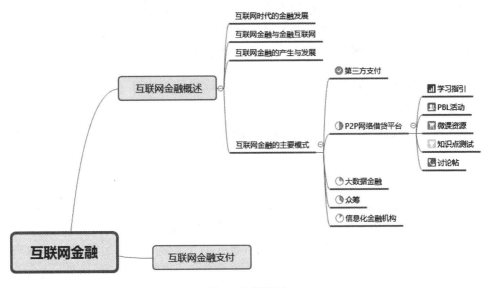

图3　知识地图

3. 利用分组学习法，设计小组学习活动

任课教师通过超星学习通网络教学平台设置自由分组，由各小组组长组织本组学生设计小组学习活动。分组学习内容由理论教学内容和实践技能操作内容两部分组成。理论教学内容在课前由任课教师以案例分析或问题讨论的形式安排布置，小组成员可采用讨论、头脑风暴等研讨方式协同完成，形成图片、PPT、视频等展示成果在平台上发布，教师可以对学生的展示成果进行评价分析。实践技能操作内容由各小组组长组织完成。课堂上教师会安排各组组长进行 5 分钟以内的小组学习情况点评，回顾小组讨论和实践操作中存在的问题，然后由教师对重难点知识进行总结、梳理。

(五) 基于 SPOC 混合式教学模式，创新课程评价体系

互联网金融课程内容涉及面广，知识繁杂，很难通过一次考试来评价学生的学习状态。通过 SPOC 混合式教学模式来开展丰富的教学活动，充实了学生的学习过程，加强了学生的动手能力及思维能力的训练。课程结束后，教师根据学生线上学习、线下学习、作业及考试等环节设置权重，进行总评。以往学生每次到课情况、上机作业完成情况、课后作业完成情况、课堂提问情况等数据都需要教师手动进行评价，按比例形成期末总评成绩，工作烦琐，透明度不高，容易凭印象来评价。借助超星学习通网络教学平台的统计分析功能，教师只需要设置一定比例，即可对学生每次到课、课堂表现、作业、任务点学习等情况进行统计。学生也可以随时查看自己的积分进度，较大地提高了学生的学习积极性。期末测试通过超星学习通网络教学平台题库自动组卷，客观题采用系统自动阅卷的形式直接登分，自动统计期末成绩，减轻了教师登分、统分的工作量。

四、结论

目前，互联网金融课程在超星泛雅平台已经上线，并入选了"国家高等教育智慧教育平台"，初步形成了基于超星泛雅平台的 SPOC 混合式教学模式。从执行效果来看，该模式激发了学生的学习兴趣，提升了学生的实践能力，改善了学生的学习体验。在下一步的实践中，课程组成员将会更加注重跟踪学生的学习数据，不断优化教学内容和流程，完善教学模式。未来也将通过超星泛雅平台建设

互联网金融在线课程，开发、整合线上与线下两种资源，从而搭建适合应用于本科院校教学特点的线上与线下混合式教学模式。

参考文献：

[1]贺斌，曹阳.SPOC：基于 MOOC 的教学流程创新[J].中国电化教育，2015(3)：22-29.

[2]敖谦，刘华，贾善德.混合学习下"案例—任务"驱动教学模式研究[J].现代教育技术，2011(4)：42-47.

[3]彭静.基于 SPOC 混合式教学模式的课堂创新实践：以《互联网金融营销技能》课程为例[J].广东轻工职业技术学院学报，2018(17)：54-58.

[4]柳春艳，李丹，张宝仁，等.SPOC 翻转课堂教学有效性的系统评价与元分析[J].开放教育研究，2019，25(1)：36，82-91.

[5]张要军，吕梦倩.一流学科建设背景下线上线下混合式金课建设的探索与思考[J].教育现代化，2020，7(53)：125-127，135.

基金项目：2018 年内蒙古财经大学校级课堂教学改革项目"基于 SPOC 混合式教学模式下的《互联网金融》课堂教学创新研究与实践"。

作者简介：王妍，教授，主要研究方向为资本市场、金融科技。

"四位一体"课程教学创新模式的构建与实施

——以旅游目的地管理课程为例

杨　娇　刘丽梅　成聪聪　丁延龙

摘要： 旅游目的地管理课程是旅游管理类专业的学科基础课，理论性与应用性并重。针对传统教学中重理论轻实践、教法单一、育人元素缺失、考核不科学，学生动力不足、积极性差、缺乏自主探究意识、应用与实践能力不足等痛点，团队以"立德树人"为培养目标，遵循"以学生为主体、教师为主导"的教学理念，开展了"四位一体"教学模式创新的探索与实践。"四位一体"即以"立德树人"为核心，从旅游目的地管理课程目标、内容体系方面优化教学内容，从模式方法、组织管理、手段运用方面改进教学过程，从过程性评价视角重建考核评价体系，形成合力，有效激发学生的参与感和积极性，提高学生对理论知识的理解和运用能力，培养学生诚实守信、合作共赢的价值观和求真务实的科学精神。

关键词： "四位一体"；教学模式；旅游目的地管理

伴随旅游业在我国国民社会经济中地位的日益提升，对旅游管理类人才在数量和质量上都提出了新要求。学校专业教育成果与行业实际需求的鸿沟一直以来都是业界和教育界的争论焦点。业界对毕业生从事实际工作的能力多有担忧，而教师对业界从实践中摸索出来的行业规则与从学术角度观察的范式不能完全认同，对行业的发展现状也缺乏充分的认知。然而，从学生的职业发展来看，应用型学科的教育还是要向行业实践靠拢，通过课堂教学模式的改革来填平课堂教育与行业需求的鸿沟，是一个现实而迫切的问题，需要教育工作者主动思考，为行业的发展提供合格的人才和理论的指导。

一、项目实施背景

（一）旅游目的地管理课程教学面临的痛点问题

1."教"的问题

（1）教学实践性弱。旅游目的地管理课程是教育部高等学校旅游管理类专业教学指导委员会所规定的四门核心专业课之一，也是内蒙古财经大学旅游管理专业的学科基础课。课程组先后选取南开大学徐虹教授、华侨大学黄安民教授、北京第二外国语学院邹统钎教授、中山大学张朝枝教授等编写的教材作为教学用书，并在梳理总结各教材体系优势的基础上，结合内蒙古自治区旅游发展实际和学情分析，进行了章节内容的整合、思政元素融入点的挖掘等，形成了现有的教学体系和大纲，并在学银在线开放3期。

在教学中，虽然充分利用了旅游管理实训中心和学校周边的扎达盖公园等实践场所进行实践探索，但受教学课时、实践经费等的制约，未能凸显出该核心课程理论性与实践性都很强的特点，存在实践教学内容相对较少、实践教学环节薄弱的问题。

（2）"育人元素"缺失。"育人元素"的突出与融入是一个系统而长期的过程，尽管课程组在教学设计中力求坚持"立德树人"导向、重视课程思政教育，带领学生收集、整理和分析国内外旅游目的地发展实例，正确认识不同尺度、不同类别旅游目的地发展的影响因素和表现形态，客观分析旅游目的地发展及其管理的动态性变化与趋势挑战，培养学生科学的思维方式、批判性思维能力，引导学生树立正确的世界观、人生观和价值观，注重培养学生家国情怀、理想信念，实现知识传授和价值引领的有机统一，把学生培养成知识、能力、素质协调，德、智、体、美、劳全面发展的人，但受现实教学中受到教学场域、教学课时、学情实际、教学水平等因素的综合影响，仍然存在注重"教书元素"而"育人元素"缺失，以及学生在情感价值方面没有得到足够的教育，缺乏学习的内生动力的现象。

（3）教学方式方法单一。传统教学中，在"以教师为中心"的理念下，教师主要采用讲授式、"灌输式"的教学方法，对于学生缺乏吸引力，导致学生参与感差，经常出现对于课堂学习缺乏兴趣，到课率低、抬头率低的情况。

近年来,课程组教师不断参加全国高校旅游管理专业师资培训、高校教师教学手段提升培训等进行学习,更新教学理念,并有效探索先进教学手段和学习平台的引入,逐步扭转并提高学生学习效能。

(4)缺乏个性化、过程性评价。教师主要以考勤等平时成绩与期末考试成绩来核算最终成绩,这种评价仅停留在知识记忆层面的考量,无法对学生的知识运用能力与教学活动参与情况进行全面评估,也因此无法有效调动学生的学习兴趣和学习动力。

如何合理制定过程性评价指标、设计符合课程实际和学情实际的过程性评价形式与内容、强化课程理论性与实践性的结合及提高学生的综合运用能力,成为课程组教学研究的重点,课程组逐步探索以赛促学、科研反哺教学实现师生双赢的新路径。

2. "学"的问题

(1)学习动力不足。基于全校公共基础课系统学习的铺垫,大二学期开设该学科基础课进行专业理论知识的引导符合专业教学规律,然而由于学生对专业领域的认识仅停留于旅游服务行业层面,对于专业学术领域基础理论知识的学习动力不足,缺乏积极的学习态度和研究动力。

(2)学习兴趣不高。传统教学方法手段等对于学生缺乏吸引力,学生参与感不佳,因此无法激发学习兴趣。课程组尝试不断改变教学方式,有效结合国内外旅游业发展趋势分析、国内外旅游目的地管理相关研究现状等进行引导式梳理展开教学,提升学生对于学科与课程发展的全面、客观认识,指引学生运用课程理论解决行业发展的现实问题,从而调动学生的学习兴趣。

(3)主动探究意识不强。学生缺乏主动学习、主动思考、主动探索的积极性,发现问题、分析问题、解决问题的能力不足。课程组针对学生各科作业繁重、第二课堂实践任务较多的实际,尽可能利用同一实践场所和案例地来开展课程实践,以减少收集、熟悉背景等精力分配,从而结合不同专业赛事进行课程相关作业设计等,目的地更强、文献检索资料剖析更深入,以达到综合效益最大化。

(4)知识应用与实践能力不足。学生在被动接受知识的过程中,缺乏对学习的思考总结,缺乏对知识的系统掌握和运用,实践能力不足。应尽量利用校、院两级的实训中心和校园环境等作为课程实践场所,以弥补实践经费不足的实际,同时结合其他课程、赛事等外出实践机会,提升学生发现问题、分析问题、解决问题的能力,尤其是将课程理论知识与实践关联、打通并综合应用理论知识的能力。

(二)旅游目的地管理课程教学创新改革的基础

旅游目的地管理作为现代管理理论的前沿内容，在经济管理类专业学生的学习中具有重要的地位，是内蒙古财经大学旅游管理专业的学科基础课，目前先后面向旅游管理专业、会展经济与管理专业学生 24 个班级开设，并作为选修课面向酒店管理专业、烹饪营养与教育专业开设，是一门理论性与实践性均较强的专业课程，力求使学生系统认识旅游目的地管理的基本内容，增强其在产业实践分析中理解理论问题的能力，为今后从事相关工作奠定基础。

传统的课程教学模式多偏重向学生讲解课程理论体系和传授教材上的专业知识，忽视了学习过程中学生内在智力元素的开发以及学生思维素质的培养，导致很多学生习惯死记硬背，缺乏独立思考和创造性解决实际问题的能力。针对课程教学中存在的教学方式单一、实践教学场所缺乏、评价方式僵化等问题，近年来的课堂教学实践中，课程组成员积极尝试从课堂教学内容、教学安排时间、教学方法和评价方式等方面进行变革，培养学生主动学习的习惯，致力于构建一种讲授、模拟、实践、评价"四位一体"的课程教学新模式，增强学生对专业课程学习的实际应用性的真切感知，提高学生对专业的认同度和学习热情，提升学生的团队合作能力及实操能力。

二、"四位一体"课程教学创新模式的构建与实施

针对现存的教学问题，课程组进行了长期的思考与探索，并面向学习过旅游目的地管理课程的毕业生以及在校生，发放课程教学改革的调查问卷。同时，通过检索招聘信息调研企业对旅游目的地管理人才的需求。基于此，为构建学生的目的地管理思维观念、培养学生对目的地管理现实问题的分析与解决能力，根据人本主义与建构主义理论，课程组以"立德树人"为培养目标，遵循"以学生为主体、教师为主导"的教学理念，开展了"四位一体"课程教学创新模式的构建与实施。

(一)教学目标

根据创新改革的设计，旅游目的地管理课程教学目标确定为以下三方面：

知识目标——使学生了解目的地管理思想的产生和发展，能够准确阐述旅游

目的地管理的基本概念和理论、旅游目的地资源开发与规划体系等内容。

能力目标——能够具备目的地管理思维,将目的地管理的相关理论方法,应用到旅游目的地企业管理战略规划、旅游产品设计与旅游目的地运行管理中;具备针对具体案例和实际问题进行准确分析、评价并提出解决策略的综合应用能力和创新思维。

情感价值目标——在新时代背景下,引导学生建立诚信合作、共享共赢的价值理念,塑造求真务实的科学精神,培养学生为国家旅游经济发展安全性、稳定性建设贡献智慧和力量的社会责任感。

(二)学情分析

课程面向大学二年级旅游管理类专业学生,对于国内国际时事关注程度更高;学生已基本修读完全部学科基础课和多数专业课,专业知识储备较为充分;普遍存在学习目标不明确、学习动力不足、学习积极性差、自主探究意识缺乏、系统性知识运用能力不足等问题。

(三)教学创新理念与思路

课程组以"立德树人"为目标,秉持"以学生为主体、教师为主导"的教学理念,提出"四位一体"的教学创新思路。

"四位一体"即以"立德树人"为核心,立德为先、树人为本,育德增智并重,从课程目标、内容体系方面优化教学内容,从模式方法、组织管理、手段运用方面改进教学过程,从过程性评价视角重建考核评价体系。

课程组对课程目标进行了优化,修订知识、能力目标,增设情感价值目标,并以旅游目的地管理课程理论体系为基础,融入思政元素、特色案例、实践项目和课程组成员科研成果等进行内容优化;基于翻转课堂,运用 PBL、情境模拟等方法,通过小组协作、角色扮演等组织方式,借助旅游实训中心和学科竞赛等手段创新教学过程;科学设计评价要素,细化考核标准,全面衡量教学目标的达成情况;培养学生热爱祖国、诚实守信、团结合作,使其掌握目的地管理理论知识与方法,成为解决旅游目的地管理面临实际问题的新时代专业人才,真正实现"立德树人"。

(四)教学创新举措

针对课程教学的痛点问题,课程组以思政教学为统领,从内容、模式方法活动、评价等各方面实施创新改革。

1. 教学内容创新

课程组在原有教学目标下，突出知识体系构建目标，强化旅游目的地管理知识运用能力目标，并嵌入情感价值目标；以教材理论体系为基础，融入案例教学内容、思政教学内容、实践教学内容及课程组科研成果的专题内容。

2. 教学模式、方法、活动创新

（1）教学过程重构。基于 PBL 教学，针对旅游目的地概念性理论知识部分，课前采用云班课、学习通和学银在线等不同平台向学生发布学习任务，并提供在线学习资料，使学生完成自主学习；课中通过课堂测验、案例讨论、实践模拟等检验学生的学习效果，同时提升学生对知识的掌握与运用能力，针对突出、集中反馈的难点问题采取学生小组讨论的方式先行突破，再进行引导式讲解；课后通过案例编撰任务、课后思考、参赛等形式强化应用能力、培养创新能力，如针对旅游目的地资源开发、旅游目的地形象设计、旅游目的地危机管理等知识点采用随堂练、旅游实训中心软件、校外实践基地现场教学等方式进行探究式实战教学。

（2）一贯式案例教学。课初要求学生分组选定企业，并根据教学内容的推进，逐步收集整理企业供应链管理的相关资料与素材，编写案例，并结合所学知识发现、分析并解决问题。制作 PPT 和文案资料，并随时与教师进行沟通、交流，分析遇到的问题。其间，教师实现全程的指导与监督。在结课前，各小组汇报展示成果。

学生们查阅大量资料，并结合所学理论知识进行分析，呈现出如张家界"平安满意"、景德镇创意线路等案例成果，并在学习和实践过程中形成了自己的感悟，潜移默化中达成了教学的情感价值目标。

（3）多样化实践教学。课程组使用课堂游戏、软件模拟、组织指导参加比赛等方式开展实践教学。综合性软件模拟能训练和检测学生运用旅游目的地管理知识解决目的地运行管理问题的能力。参加比赛则训练学生对旅游目的地业务管理与其他理论系统性知识的运用能力，同时拓宽学生视野、提升学生团队协作意识，培养学生创新性、创造性思维，塑造学生的综合能力与素质。

（4）全过程思政教学。课程组将思政教学融入课程教学全过程，课初引入热点事件，将国情党情动向传递给学生；课中基于知识点中提炼的思政要素，结合相关素材，与学生进行深入探讨；课后布置思政考察问题引发学生思考，强化学生的思政认识。

（5）科研反哺教学。依托课程组的科研成果，与学生开展专题讨论，实现科研反哺教学。

3. 教学评价创新

为了评估学生知识目标、能力目标与情感价值目标的达成情况,课程组采用个性化、过程性评价方法,综合学生的平台教学活动参与情况,课堂测验成绩、课堂讨论、案例编撰的完整性、细致性与分析的准确性以及展示效果,软件模拟的成绩,参赛成绩期末考试成绩等进行全方位评价。

三、教学创新效果与反思

(一)教学创新效果

教学创新改革的实施,不仅激发了学生学习的积极性,使学生对于理论知识的理解和运用能力明显提高,形成了诚实守信、合作共赢的价值观,而且有效调动了学生的社会责任感,获得了学生和认可和好评。根据学生的评教结果,课程组成员得分均在95分以上。同时,学生积极参与相关比赛,并多次获得奖项。

(二)教学创新成果

课程组始终专注于教学思考与创新研究,并逐步积累了丰硕的成果,包括建材建设、精品课建设、教研教学改革论文项目等。2020—2021学年第一学期,主讲教师实施的线上思政教学,入选内蒙古财经大学在线教学优秀案例分享。课程已在学银在线平台开设3期,获批研究生课程思政项目1项。

(三)教学创新反思

1. 教师需要坚持创新,不断优化

对于教师而言,进行教学创新需要精心组织与设计,其实是加大了教师的工作量。因此,需要教师能够坚持创新,并在反思中不断优化教学效果。

2. 学生专业背景不同,教学效果差异较大

专业背景的不同,使学生的知识基础不同,因此其对于知识点的学习与掌握存在差异。例如,旅游管理专业与会展专业学生相比、旅游管理普通班与旅游管理民族班相比均有差异,教学内容及方法应有所调整。

3. 实践模拟条件受限,以赛促学有待继续提升

目前,旅游目的地管理课程教学是结合校内实训中心和校外实习基地进行

的，但受经费支出等的影响，对学生实战能力的提升有限。

四、推广应用价值

该项目的实施，有效提升了该课程的课堂教学水平，切实改进了课堂教学效果，增强了学生的动手能力，大幅缩短了学校教育与专业性工作的距离，使培养出的优秀复合型人才，能够更好地满足社会需求、实现自我价值。

旅游目的地管理课程创新教学模式已在教学改革中面向多个班级实施，并向其他相关课程授课班级逐步推广，学生参与积极性较高，反响较好，教学效果显著。该课程创新模式获批校级教育教学改革项目"旅游地理信息系统'四位一体'教学模式创新"一项。

在乡村振兴、文化旅游融合发展的背景下，旅游业急需旅游规划类、策划类专业人才，地方院校旅游专业作为应用型人才的培养基地，应该紧跟业态，摒弃重理论讲解而轻时效案例、重室内教学而轻野外调研的传统教学方式，对于旅游目的地管理这类专业核心课程，要从优化教学方案、以时效案例融贯理论知识体系、构建系统化实践环节等多个方面来提升课程质量，优化专业应用型人才培养模式，这将有力推动整个专业系列课程建设，助力"旅游管理国家级一流专业"建设。

参考文献：

[1]杨娇，杨洁.供给侧改革视域下内蒙古高校旅游人才培养路径研究[J].西部旅游，2020(9)：54-57.

[2]杨娇，吕君，刘丽梅，等."四位一体"课程教学模式建设结项报告[R].呼和浩特：内蒙古财经大学，2020.

基金项目： 内蒙古财经大学校级教育教学研究项目（XJYB1827）、研究生精品课程建设项目《旅游目的地开发与管理》、中蒙俄经济走廊研究协同创新中心课题（ZMEY202106）。

作者简介： 杨娇，博士，副教授，主要研究方向为区域旅游合作与可持续发展。

管理会计信息系统设计与应用课程的教学设计与探索

高岩芳

摘要： 2017 年财政部在《管理会计应用指引》中明确指出企业要有效建设、应用管理会计信息系统。培养管理会计人才的高校除开设管理会计课程外，还应开设管理会计信息系统设计与应用课程，以有效提升学生运用理论知识进行信息系统设计与应用的能力。本文对管理会计信息系统设计与应用课程从教学内容选择、课堂教学实施、课程学时安排、课程评价方面进行教学设计，特别是针对变动成本法、混合成本分解、本量利分析、预测分析、经营决策分析、全面预算、标准成本制度、作业成本法等对实践有指导意义的理论内容展开信息系统的设计与应用方面的探索。

关键词： 管理会计；信息系统；教学设计

随着大数据技术的发展以及业务和财务的深度融合，会计行业也发生了变革，以增强价值创造力为核心目标的管理会计越来越多地受到财务人员和管理部门的重视，成为中国财经领域未来发展的一大趋势。为适应时代发展要求，财务人员需借助先进的信息技术，对数据信息进行挖掘、清洗、整理，最后进行可视化呈现，为企业的经济管理活动提供可靠、及时、相关的信息。培养管理会计人才的高校除开设必要的管理会计课程并辅以软件操作外，开设管理会计信息系统设计与应用会大有裨益。这门课程需要学生借助掌握的管理会计知识自行完成管理会计信息系统的设计，然后运用设计好的信息系统结合完整案例实现对管理会计信息系统的具体应用。

一、研究意义

2016 年，财政部在《管理会计基本指引》中指出：单位应有效利用现代信息技术，对管理会计基础信息进行加工、整理、分析和传递，以满足管理会计应用需要。2017 年，财政部在《管理会计应用指引》中明确指出，企业要有效建设、应用管理会计信息系统。高校作为向社会输送人才的基地，培养熟知专业理论又掌握专业信息技术的人才责无旁贷。在当前企事业单位以及高校财经专业教育均对管理会计格外重视的前提下，加强管理会计信息系统的设计与应用是当务之急。在加强管理会计建设的过程中，必须全面推行管理会计信息化建设，而培养高层次的管理会计信息化人才，是大数据时代社会对高校提出的人才培养新需求。构建管理会计信息化人才培养体系，培养学生从企业海量数据中提取决策有用信息的能力，并综合运用管理会计先进的理论和方法，对数据进行统计分析，求得决策最优解，为企业优化配置资源，提高企业发展的质量和效率。行业技术的变化推动着管理会计教学的变革，管理会计教学的信息技术改革势在必行，尤其是如何结合大数据技术升级教材与教学内容，是每个管理会计专业教师必须攻克的难题。

二、研究方法

该教学改革项目是从教学内容选择、课堂教学实施、课程学时安排和课程评价四个方面后进行研究探索的。

（一）教学内容选择

在教学内容选择上，以满足实践需要为切入点，选取以信息化能力与实践能力培养为目标的教学内容，既能满足企业的需要，又能适合学生在校期间的学习。结合上述考虑，把课题研究内容锁定在变动成本法、混合成本分解、本量利分析、预测分析、经营决策分析、全面预算、标准成本制度、作业成本法等理论对实践有指导意义的理论内容上展开对信息系统的设计与应用方面的探索。

(二)课堂教学实施

对于课堂教学具体实施环节，将设计课前预习、课上理论简要叙述、案例引入、建表建模、设置指令、系统运行、交互学习、概括总结等步骤。以本量利分析信息系统的课堂教学为例，课前要求学生通过管理会计慕课预习本量利分析相关理论，包括单一产品与多品种条件下盈亏临界点、安全边际量(安全边际额、安全边际率)、利润等指标的计算；课堂上先对重点理论进行概括总结，然后要求学生在计算机上建表建模，利用 Excel 工具选择相关指令进行系统设计，并使用不同数据测试系统的运行状况，测试系统时学生之间可以交互进行，最后由学生代表对设计信息系统的心得及注意事项进行概括总结。

(三)课程学时安排

管理会计信息系统设计与应用作为一门独立开设的课程，总学时控制在34 学时以内，因内容体系庞大，各模块复杂程度不同，应结合具体内容给予相应的学时安排。全部学时既要合理安排在内容体系中的基本理论篇、系统设计篇与具体应用篇，也要在 20 个信息系统模块中进行合理设计。以一次课 2 学时(100 分钟)为例，每堂课关于理论叙述与案例引入控制在 15 分钟以内，建表建模与设置指令控制在 65 分钟以内，系统运行与交互测试占用 10 分钟，概括总结占用 10 分钟。20 个模块信息系统中全面预算管理信息系统最为复杂，该系统将生成 11 个有勾稽关系的表格，并且预算管理是当前实务界关注度最高的管理会计内容，故这些内容的课堂教学需要安排较多学时，建议安排 6 学时的课堂教学；此外，标准成本管理信息系统内容也相对烦琐，建议不少于 3 学时的课堂教学。

(四)课程评价

管理会计信息系统设计与应用的课程评价包括考试方法的选择与课程评价体系的设计两个方面。在考试方法的选择上，一般的考试是以试卷的形式为主，还有机考、以赛代考等多种形式，针对本门课程的特点，考虑使用对课程设计作品的评价作为主要的考试方法。在课程评价体系的设计上，不仅要关注学生学到了什么知识，更注重学生在学习过程中掌握了什么技能。因此，这门课的总评成绩应涵盖以下方面的认定：设计态度、作品基础评分、复杂度评分、创新思考、组员评分等。

三、成果内容

该课题重点研究解决管理会计信息系统设计与应用课程的教学内容、教学方法存在的问题，管理会计信息系统设计与应用课程是管理会计课程的延伸，在教学内容设计上，该课程以管理会计基本理论为指引，运用 Excel 工具以及 VBA 的编程开发功能，对管理会计中的成本性态分析、本量利分析、变动成本法、预测分析、经营决策分析、全面预算、成本管理与控制、业绩评价与激励等进行建模，为企业进行预测、决策、控制和评价等提供有效的解决方案。通过运用 Excel 强大的内置函数、公式计算、图表绘制、规划求解、回归分析工具以及 VBA 的编程开发功能，灵活、高效地解决管理会计应用中因不熟悉理论与方法或者熟悉理论与方法但数学应用强、求解困难的尴尬处境。具体研究内容如下：

(一)20 个模块信息系统

1. 本量利分析信息系统

设计出本量利分析信息系统 2 个，分别是变动成本法信息系统和盈亏临界点分析信息系统。

2. 标准成本管理信息系统

设计出标准成本管理信息系统 1 个。

3. 定价决策信息系统

设计出定价决策信息系统 2 个，分别是成本加成定价法信息系统和最优售价信息系统。

4. 混合成本分解信息系统

设计出混合成本分解信息系统 2 个，分别是高低点法信息系统和回归分析法信息系统。

5. 线性规划法信息系统

设计出线性规划法信息系统 1 个。

6. 预测分析信息系统

设计出预测分析信息系统 7 个，分别是趋势预测信息系统、因果预测信息系统和资金需要量信息系统,其中趋势预测信息系统又包括 4 个子系统,分别为回归分析法信息系统、加权平均法信息系统、算术平均法信息系统和指数平滑法信息系统;资金需要量信息系统又包括 2 个子系统,分别为高低点法信息系统和销售百分比法信息系统。

7. 预算管理信息系统

设计出预算管理信息系统 4 个,分别是全面预算信息系统、弹性预算信息系统、零基预算信息系统和滚动预算信息系统。

8. 作业成本信息系统

设计出作业成本信息系统 1 个。

(二)20 个模块信息系统对应的设计步骤说明

20 个模块信息系统各有不同用途,相应地,设计步骤会有明显区别。以预测分析系统为例,预测对象分为销售量、利润、成本、资金需要量等,而预测方法又包括趋势预测分析与因果预测两种,对于某一预测对象再结合某种预测分析方法,信息系统的设计步骤以及最终设计出来的信息系统必然会有所不同。例如,对于销售量的预测,可以采用趋势预测分析法,也可采用因果预测法进行预测分析。即便采用趋势预测分析法,还会因具体数学方法的不同而有所区别,如分别使用算术平均、加权平均、指数平滑、回归分析预测销售量,预测信息系统的设计步骤以及相应的成果是不同的。因此,需要对 20 个模块信息系统的设计步骤进行详细解释。

(三)20 个模块信息系统设计的案例选择

20 个模块信息系统的设计均结合了具体案例,提供案例一方面是因为信息系统的设计离不开数据代入,在此基础上系统可以自动求解;另一方面是因为案例能够帮助学生对于企业的生产经营问题有更为直观的理解,每个信息系统生成之后,学生还可以自己变更输入数据,而系统能瞬间提供相应结果。

四、创新点

当前我国开设管理会计课程的高校,对于管理会计理论上的讲述非常重视,一些学校购入了管理会计软件对学生的应用能力进行培养，这对提高学生的软件操作能力无疑是有帮助的。但管理会计作为一种分析型的内部会计，每个企业会有自己的个性化管理和决策需求，使管理会计软件很难做到通用，这就给高校管理会计人才培养带来思考：如何让学生具备运用所学的管理会计理论自己设计或改造管理会计信息系统，以此来深化管理会计理论知识并训练学生运用管理会计思维提高信息收集、加工、处理与分析的能力，以适应未来岗位的要求？本课题基于此，探索了如何借助计算机技术对管理会计的内容方法进行有效运用，解决了管理会计课程中的很多难以理解的数学方法如何为企业所用的问题。

五、推广应用情况

在 2020—2021 学年与 2021—2022 学年的四个学期中，课题组选择相应模块信息系统（盈亏临界点分析信息系统与回归分析法信息系统）应用于管理会计以及成本管理会计课程教学中，具体使用情况如下：

（一）2020—2021 学年第一学期的教学尝试

课堂上带领学生学习盈亏临界点分析的基本理论知识，之后专门利用 2 课时引导学生使用 Excel 工具，并结合理论课上所应用过的案例进行盈亏临界点分析这一模块的信息系统设计。

（二）2020—2021 学年第二学期的教学尝试

要求学生课前在线上学习管理会计慕课中回归分析法的相关内容，线下课堂教学直接使用计算机进行回归分析法信息系统的设计与应用。

（三）2021—2022 学年第一学期的教学尝试

课程教学中的本量利分析、变动成本法、全面预算编制、弹性预算四部分内容均采用了理论教学后辅之以信息系统设计与应用的教学方法。

（四）2021—2022 学年第二学期的教学尝试

信息系统设计与应用的理念及方法在成本管理会计这门课程的教学过程也进行了运用，之前三个学期使用的信息系统设计与应用的内容仍可在这门课程中使用;在产品定价决策这部分内容中也加入了信息系统的设计与应用;因成本管理会计课程是为审计学专业开设,这门课程除涵盖管理会计的内容外,还涵盖了成本会计的内容,故在讲解产品成本计算方法时也融入了信息系统的设计与应用的内容。

因目前管理会计课程的课堂教学学时有限,为不耽误整体教学安排,只能选择该项目部分内容进行教学尝试,通过两个学年四个学期的教学尝试,证实管理会计信息系统设计与应用课程能够把管理会计理论知识与计算机工具进行有效融合,这种融合明显带来三个方面的便利:一是在设计管理会计信息系统时,需要学生运用计算机语言对管理会计所要实现的目标加以描述,不仅能提高学生的计算机操作能力,还能进一步训练学生对管理会计理论的熟练程度;二是最终设计好的管理会计信息系统能够极大程度简化管理会计求解的过程,这使管理会计在实践中的应用能够极大程度地提高;三是在掌握了管理会计信息系统的设计理念后,学生可以结合企业管理层要求自主设计管理会计软件或者对已有软件提出更加符合实际应用目标的意见和建议,使软件完善更加具有可行性。

参考文献:

[1]陈晨.基于应用型人才培养视域下高校管理会计教学改革研究[J].就业与保障,2021(10):95-96.

[2]石浩.职业能力框架下的《管理会计》"六化"教学模式研究[J].质量与市场,2021(9):63-65.

[3]秦芸.大数据背景下应用型高校管理会计课程教学改革研究[J].中国科技期刊数据库 科研,2022(12):117-119.

[4]邓淼磊.基于OBE教育理念的课程考核模式改革思考[J].教育教学论坛,2019(3):107-108.

[5]李晓云.基于成果导向的全程化课程考核方法改革探索与实践[J].河南工业大学学报(社会科学版),2019(15):99-106.

基金项目: 内蒙古自治区教育科学研究"十四五"规划课题大数据时代高校管理会计课程教学改革模式研究。

线性代数慕课建设与教学融合研究

王瑞莲

摘要： 线性代数课程是高等院校的一门重要的数学基础理论课程，同系统工程、优化理论及稳定性理论等有着密切联系。随着计算技术的发展和计算机的普及，线性代数作为理工科和经济管理学类专业的一门基础性课程日益受到重视。由于学生课业负担的加重，线性代数课程学时的压缩，有必要对该课程的教学内容进行优化，并想方设法调动学生的学习积极性和主动性。虽然现在同类型的慕课资源在中国大学慕课网上有很多，但大多是根据自己学校的学时和教学大纲进行录制的，因此我们有必要制作适合自己院校的慕课。

关键词： 线性代数；慕课建设；教学融合

一、慕课的研究背景及现状

2008 年，慕课在加拿大诞生（陈晔，2008）。2012 年起，慕课在全世界范围掀起了一场教育改革，引起了社会及学术界的高度关注。2013—2014 年，大规模在线开放课程（慕课）等新型在线开放课程和学习平台在世界范围迅速兴起。例如，清华大学、北京大学、上海交通大学和复旦大学利用 Coursera 及 edx 等在线网络平台联合发布网络公开课程。2013 年，网易公开课正式与美国大型公开在线课程项目 Coursera 开展全面合作。这种在线开放课程正在促进教学模式和教学方式以及教学管理体制机制发生变革，给高等教育的教育教学改革发展带来新的机遇和挑战。

教育部于 2015 年发布的《关于加强高等学校在线开放课程建设应用与管理的意见》指出："建设一批以大规模在线开放课程为代表、课程应用与教学服务相融通的优质在线开放课程。支持具有学科专业优势和现代教育技术优势的高校，以大学生文化素质教育课、受众面广量大的公共课和专业核心课程为重点，建设适合网络传播和教学活动的内容质量高、教学效果好的在线开放课程。鼓励高校间通过协同创新和集成创新的方式建设满足不同教学需要、不同学习需求的在线开放课程或课程群。"同时指出："认定一批国家精品在线开放课程。综合考察课程的教学内容与资源、教学设计与方法、教学活动与评价、教学效果与影响、团队支持与服务等要素，采取先建设应用、后评价认定的方式，2017 年前认定1000 余门国家精品在线开放课程。到 2020 年，认定 3000 余门国家精品在线开放课程。"

二、线性代数传统教学现状

线性代数是财经类高校各专业培养计划中的一门重要的基础理论课，对学生顺利完成本科学业，学生素质、能力的培养有着不可替代的作用。因此，线性代数也被内蒙古财经大学列入在线课程重点建设项目。内蒙古财经大学线性代数课程的教学现状如下：

第一，传统教学模式不利于培养学生的数学能力。多年来，该课程基本采用传统的教学模式进行教学，教师更多地注重理论知识的传授，以教师在课堂上讲授(板书、口述、多媒体课件)、学生听课为主，学生的学习是一种被动的状态，这种教学模式不利于培养学生的数学逻辑思维和抽象思维能力、独立思考能力及解决问题的能力。

第二，传统教学模式是"填鸭式"的、"灌输式"的，不利于学生自主学习能力的培养。

第三，传统的教学模式不利于满足部分学生的学习需求。近年来各个专业招生分数的不断提高，即使是同一个班级的学生，其数学能力的差异也越来越大，学生对数学知识的需求呈现出显著的差异。传统的教学模式以课堂讲授教材知识为主，无法满足部分学生的学习需求。

第四，传统的教学方法陈旧，教学方式单一。传统的教学手段是以板书结合PPT 的形式，教师以书本知识讲授为主，采用以目标为导向的教学方式。这种教学方式不利于学生数学素养和创造性思维的培养。

第五，传统教学模式不利于培养学生的文化自信。数学课程有其独特的思维方式和独特的表现形式，传统的教学方式忽视了数学文化及其美育功能。

三、线性代数慕课制作的意义

线性代数课程是学校的校本课程，基于线性代数课程的传统教学现状，该课程的教学改革势在必行。为了保证在学时少的前提下不减少课程的教学内容，不影响学生后续的考研升学等考试，同时充分发挥线性代数课程的基础性工具作用，对该课程的教学模式进行改革。结合当前已有的课程资源，通过慕课视频的形式辅助教学，探索课程的混合式教学模式，使教学方式更加多样化，在有限的学时内完成教学任务，真正提高学生的数学成绩和数学能力，使线性代数课程真正起到基础和工具的作用和意义。

四、线性代数慕课建设的实施过程

(一) 确定在线课程建设团队

从多年参与线性代数课程讲授的一线教师中选取经验丰富的教师组建课程组。课程组成员由 7 名有 10 年以上该课程教学经验的教师组成，每位教师都具有高级职称，在课程内容的系统性、完整性和知识点的把握上有着丰富的经验。

(二) 研讨与任务分配

首先，课程组对课程内容进行了梳理，按照教学大纲和教学时数的要求，对教学内容进行了细致划分，将课程内容划分为 32 个知识点。其次，课程组成员一起探讨如何设计教学方案，针对每个知识点精心制作了 PPT。再次，录制短而精的微视频，时长为 5 ~ 15 分钟，以满足学生利用碎片化时间学习的需求。最后，每章节设计了难易程度不同的自测题、单元测试题，以供学习者练习，更好地理解和巩固所学的知识，检测学习者对知识的掌握程度和掌握效果。

(三) 视频录制

前期准备工作全部完成后，课程组全体成员对课件内容及格式进行整体审查和评阅，修改和完善细节，等待录播及后期录制。在剪辑的过程中，课程组成员不断地提出建议，矫正视频中的存在的问题，协助剪辑人员完成了剪辑工作。

(四)课题结项与上线

项目于2019年12月完成视频录制；2020年7月完成结题；2020年8月在学习通平台尝试使用，上传了视频、大纲、课件等相关资料；2021年8月在"学银"上线。

五、在混合式教学中的应用与融合

在线上线下混合式教学模式中充分应用前期建设好的慕课视频及相关资料来辅助教学，使教学过程和考核方式均发生了变化。

课前，教师根据教学大纲、教学进度发布学习任务。学生通过线上视频学习，发现疑难点，将疑问困惑发到留言区，教师根据学生的问题反馈，确定线下课程中教学内容的重点和难点，做到教学有的放矢。

课上，利用慕课资料进行课堂互动，具体表现在教师与学生之间，以及学生与学生之间。针对慕课中设置的问题，展开师生间讨论、小组讨论等，以达到学生对知识点的理解和掌握，加速学生对知识的内化过程。

课后，为了保障课堂教学效果，教师根据课堂小测试反馈的情况，布置一定数量的难易程度不同的练习题作为课后作业，供学生练习，以帮助学生巩固所学内容，加深理解并学会应用所学知识。同时，教师多鼓励学生通过线上学习平台学习相关内容，拓展知识。

在混合式教学模式下，慕课的建设使线性代数课程的考核方式也不同于以往以期终试卷为单一的考核方式，而是采用更为灵活的过程考核方式，如利用慕课资源进行课堂、课后小测试，还有期中考试等，这种过程性考核方式更有助于对学生产生约束力，使学生养成持续性学习的习惯。

六、结果分析

视频录制的效果不错，这依赖学校聘请的专业录制人员和一流的录播室。目前，慕课已在学习通教学平台使用，在混合式教学中辅助教学起到了事半功倍的作用。对于教师而言，不仅在有限的课时内高效地完成了教学任务，同时与学生的互动也增多了，增进了师生情感；对于学生而言，不仅提高了对数学课程学习的主动性和积极性，也提高了数学能力。同时，线性代数慕课建设及其与教学的融合也将传统的"以目标为导向"的教学理念转化为"以学生为中心"的教学理念。

七、总结与展望

（一）在线课程录制研究方法的科学性

本次在线课程建设研究方法基本合理，课程组对每个知识点都进行了认真的讨论和研究，确定每个知识点录制的内容和时间长度。课题组成员认真讨论了每个知识点、每个课件，确保所录制的知识点是完整的，内容前后连贯，能够保证学生利用碎片化时间完成知识点的学习。

（二）本研究成果的价值

本研究成果对线性代数课程的教与学都有很大的帮助，对于教师来讲，可以利用课程视频来辅助教学，设计教学方案，提高课程的教学效率和效果；对于学生来讲，可以利用碎片化时间进行自学，针对课上没有听明白、不太理解的知识点重复观看视频，有助于知识的学习、了解和掌握，最终达到熟练应用的目的。同时，教学模式的多样化有利于激发学生学习数学的兴趣，养成良好的学习习惯，培养其自主学习的能力，从而激发学生主动探索未知、追求真理的科学精神。

（三）本研究的不足与局限性

由于课程组成员是初次进行慕课建设和视频录制，缺乏经验，因此在课件的制作、视频录制的效果方面还存在着许多需要改进的方面。这种新型的教学模式也给教师提出了更高的要求，对习惯了传统教学模式的教师无疑是一个巨大的挑战。

线性代数慕课的建设能够很好地补充和辅助教学工作，完整而合理的在线课程体系结合常规教学能够大幅提高学生的学习效率，增加学生学习的自主性和灵活性。同时，线性代数慕课的建设不仅可以推动线性代数课程后续的相关教学改革，还可以为教育教学改革提供有益的帮助。

参考文献：

[1]陈晔. 加拿大阿尔伯塔大学"慕课"现状调查研究[J]. 集美大学学报(教育科学版)，2017，18(5)：41-45.

[2]中华人民共和国教育部. 关于加强高等学校在线开放课程建设应用与管理的意见[EB/OL]. (2015-04-16). http：//www. moe. gov. cn/srcsite/A08/s7056/201504/t20150416_189454. html6.

[3]赵谦. 国内慕课的研究现状、存在问题及发展对策[J]. 东莞理工学院学报，2017，24(4)：93-98.

[4]杨青，周彦喆，韩慧蓉. 基于慕课的线性代数课程的教学改革[J]. 教育现代化，2017，4(36)：67-68，73.

[5]张冰，张广亮. 运用慕课、微课开展线性代数教学模式改革的研究与实践[J]. 教育现代化，2019，6(A5)：90-92.

[6]朱艳丽，周燕，李凤. 基于慕课与翻转课堂相结合的线性代数教学改革[J]. 教育现代化，2019，6(30)：73-74.

[7]黎加厚. 关于"Blended learning"的定义和翻译[EB/OL]. (2008-06-10). http//www. jeast. net.

[8]冯晓英，王瑞雪，吴怡君. 国内外混合式教学研究现状述评：基于混合式教学的分析框架[J]. 远程教育杂志，2018，36(3)：13-24.

[9]李克东，赵建东. 混合学习的原理与应用模式[J]. 电化教育研究，2004(7)：1-6.

[10]何克抗. 从 Blended learning 看教育技术理论的新发展混合学习的原理与应用模式[J]. 电化教育研究，2004(3)：37-38.

基金项目：内蒙古财经大学 2017 年教育教学改革重点项目(JGZXM201701)。

作者简介：王瑞莲，副教授，主要研究方向为稳定性理论研究与应用。

基于"启拓教学"理念的财务管理基础生态化教学模式实践

钱丽丽　徐利飞　张占军

摘要： 在教育部实施以一流本科教育为目的的"双万计划"的背景下，为适应智能制造时代复合型财务管理人才的培养要求，财务管理基础课程的教学团队对标高校本科专业教学质量国家标准，针对传统授课模式的教学困境，不断展开教学改革和实践，初获成效。

财务管理基础课程借鉴"启拓教学"理念，强化案例教学方法，通过线上线下多元化教学资源的应用，构建了"知识学习、能力培养、价值塑造、思维创新"一体化的生态化教学模式，增加了财务管理与财务会计、公司战略等相关课程之间知识点的融合，引导学生从知识学习向策略学习转变，从教学设计上实现了学科逻辑向行动逻辑的转变，提升了课程的吸引力和竞争力，为培养"爱专业、识概念、知原理、会分析、懂应用"的通用复合型人才提供了支撑。

关键词： 启拓教学；财务管理；人才培养

一、财务管理基础课程的特点

财务管理基础课程以企业资金运动为中心内容，阐述投资、筹资、营运资金管理和股利分配的经典财务理论与基本分析方法，是工商管理学科的专业核心课。该课程在内蒙古财经大学主要面向大二、大三的本科生开设，通常设置51课时，采用线上线下混合教学模式展开。其中，24课时为线上教学，27课时为线下教学。线上资源由教研组自主开发，在超星尔雅平台运行，目前线上点击量超过92万。

基于内蒙古财经大学培养复合型应用人才的育人目标，本课程的教学目标体现在知识、能力和价值三个方面。其中，知识目标包括能够阐释资本结构、投资组合等基本财务理论，计算资本成本、净现值等财务决策指标，了解财务管理的研究前沿与未来发展方向；能力目标包括具有初步的价值评估建模测算能力，能够对企业的经营风险、财务风险进行评价和归因，能够根据案例情境提出合理的财务方案；价值目标体现为引导学生树立有理想、有本领、有担当的家国情怀，培养学生的职业认同感和企业家精神，使学生理解有效市场与有为政府相结合的经济制度，增强学生的制度自信。

二、课堂困境与教学问题

培养创新能力是当前高等教育的核心内容，也是各专业学科建设和改革的重点。创新能力的培养要突破两个障碍：思维标准化和知识无活力化。其中，思维标准化是指思维方向、方法和技能的规范化和模型化，知识无活力化是指所学的知识很少或不能在实践中加以运用。

然而，随着信息技术的发展与产业升级，财务管理基础课程教学中这两个障碍表现得日益突出和严重，出现了诸多教学困境。一是传统课程教学中多强调模型、指标的计算，忽视模型和指标的运用，学生只会计算不会分析，导致教学内容与现实财务管理情境、问题脱节；二是虽然案例教学得到了广泛应用，但受教师学科素养、课堂把控能力及学生学习习惯的影响，案例教学多是呈现典型事件，缺乏理论分析与有效讨论，致使案例教学变相沦为讲授教学，学生参与度不高；三是课程考核方式标准化，对过程学习与能力考核不足，答案的标准性与一致性导致学生成绩越好，思维越单一，视角越狭隘；四是教学中的思政元素挖掘不足，没有明确的课程思政目标，课程育人功能存在缺陷。

三、教学改革思路与教学创新实践

（一）教学改革思路

立足内蒙古财经大学培养"爱专业、识概念、知原理、会分析、懂应用"的通用专业人才的育人目标，本课程借鉴思政教学中的"启拓教学"理念，将生态语言学及对分课堂的最新研究成果应用于具体教学实践，对课程教学进行生态化建构，实现从"任务链"到"生态圈"的教学模式转变。

首先，面对线上线下混合教学的深入开展，重构教学内容以激发学生的学习积极性成为当前教学改革的关键。"启拓教学"以"问题导向、课堂互动、思想引领和团队优化"为核心，旨在启发学生学习的自觉性、主动性和创造性，拓展学生分析重大理论问题和现实问题的能力。这为财务管理基础课程的教学内容改革提供了思路。

其次，实现以"学生为中心"的教学模式转变需要打破传统的"任务链"式教学范式(教师依据教学目标设计任务序列)，将教学活动视为一个生态系统，由教师、学生、教学环境及社会文化环境协同作用，共同建构学习体系。生态化教学模式要求教师为学生创设良好的学习环境，而学生在这一环境中完成知识的自我建构。它强调三个转变，即知识学习向策略学习转变、学科逻辑向行动逻辑转变、结果评价向行动过程评价转变。这为财务管理基础课程的教学方式创新提供了参考。

(二)教学创新实践

针对本课程的教学困境，主要从以下四个方面进行改革：

第一，教学内容从知识学习转向策略学习，引导学生建立系统性思维，逐步形成知识点—知识体系—问题策略的学习方式。本课程在教学内容上依托原有章节的知识点，将体现中国情境的财务管理问题和典型案例纳入教学内容，打破课程之间知识的壁垒，依托企业价值管理这一主线，引导学生运用多学科知识进行具体问题的分析，帮助学生建立知识之间的逻辑框架。

在"启拓教学"理念下，教学内容充分挖掘案例资源的价值，以点带面，将基础知识、前沿研究、课程思政等教学元素有机结合，使学生从案例所呈现的现实问题出发，领悟相关知识点和现实问题之间的内在逻辑关系，引导学生在分析问题的过程中逐步实现知识点—知识体系—问题策略的思维范式，运用多学科知识来解决现实问题，实现知识学习向策略学习的转变。

第二，教学方式从"任务链"转变为"生态圈"，"亮考帮问"共同建构学习过程。根据生态化教学范式，该课程线上内容主要突出知识点的讲授，线下借鉴对分课堂的教学设计开展案例教学。其中，在线课堂根据学习阶段分别设置框架性问题、反思性问题和记忆联系问题。在初步学习阶段，提出框架性问题，然后展示相关案例资料，帮助学生将新知识纳入原有认知结构，形成学习动机；在深入学习阶段，在反思性问题的引导下展示教师授课的微视频，帮助学生形成自我解释；在应用创新阶段，以选择、简答、论述、案例分析、文献分析等多元化的习题考查学生对于知识点的掌握情况。线下的教学活动主要体现为案例分析和前沿讨论，教师通过组织教学内容与教学资源，开展小组讨论、问题辩论、任务协作等教学活动。

教学过程体现为三个阶段、五个环节。具体如下：三个阶段是指精讲留白、内化外显和"亮考帮问"。第一个阶段由教师进行引导式、框架式的讲解，不同于讲授教学模式的事无巨细，本阶段的讲授重点在于告诉学生学什么和怎么学，要体现重点难点，这是精讲；对于具体知识点则由学生课后通过在线资源自主学习，这是留白。第二个阶段是学生通过阅读教材、完成作业进行知识的内化和吸收，这个阶段体现为独立完成常规作业，不能与老师和同学进行讨论。第三个阶段中，学生要通过小组讨论完成案例作业，然后在课堂讨论中亮出自己的观点，这是"亮观点"；把自己学会但觉得别人可能不懂的地方以问题的方式进行提问，这是"考考你"；把自己存在困惑的地方以问题的方式表达出来，这是"帮帮我"；最后针对争议和学习中遇到的疑惑进一步向老师提问，这是"问问你"。

在整个教学周期内，教师讲授和课堂讨论通常间隔一周，除第一周外，每周课堂的前一半时间均用于讨论上一周课堂老师讲授的内容，做到温故而知新。

第三，案例教学结合课程思政，实现教研融合、思政融通。案例教学是管理类课程中普遍采用的教学方法，但在传统教学中案例教学多是典型现象的呈现，对案例资源的育人功能挖掘不足。本课程以我国上市公司或具有代表性的财务决策问题为载体，通过案例分析使学生置身于真实财务管理情境，培养学生分析问题的大局观。通过对案例进行分析，学生能够熟悉我国的市场制度法规，增加制度自信；了解在我国经济新常态发展下，企业家呈现出的具有中国智慧的企业家精神；查阅研究前沿，了解专家学者的观点和态度，增加职业责任感。由此可见，通过案例教学的丰富性和可拓展性，能够较好地实现教研融合与思政融通。

第四，从结果评价转向行动过程评价，突出学生解决问题的能力考查。传统的标准化试题的考核方式强调追求答案的标准化与一致性，虽然突出了知识目标的考查，但忽视了学生能力和价值目标的考查。为全面考查学习效果，本课程的平时作业中增加了数据建模、案例分析、报告撰写等相关内容，学生可在每个知识点的多元任务模块中进行选择，从而形成了多元化、多维度的行为过程考核机制。

经过教学实践，本课程的主要创新体现在以下方面：一是教学内容将案例教学与研讨教学相结合，充分挖掘案例资源的价值，以点带面，将基础知识、前沿研究、课程思政等教学元素有机结合，实现多元化教学目标，建构教学生态系统。二是教学方式实现学科逻辑向行动逻辑的转变，通过个性化、合作性学习，突出问题导向与过程考核，教学内容以问题开始，以新的问题结束，强化思维培养和创新意识。

四、教学创新效果

课程创新旨在增加课程的吸引力，培养学生的综合职业素养。经过多年建设与实践，财务管理基础课程形成了丰富的教学资源规范的教学范式。生态化教学范式下的教学活动更为丰富，从而营造良好的课堂气氛，激发学生的学习兴趣。目前财务管理基础线上课程被认定为"自治区一流专业课"。在教学效果上，线下课堂的学生出勤率明显提高，学生期末考试成绩的"优良比"（卷面 80 分以上）有所提升；财务管理专业的本科毕业论文选题更加多元化，原来大多数同学选择以财务报表的指标分析为主题，现在越来越多的同学选择以社会责任、股权激励、跨国并购等为主题。

五、总结

财务管理基础课程的创新改革顺应了财务管理专业的教学发展趋势，不再拘泥于财务决策模型与指标计算的讲解，而是让学生充分理解业财融合的理念，加深学生对于企业战略与行为的理解，突出财务人员职业判断的重要性，让学生意识到财务决策、财务报表对于投资者及资本市场的影响。课程教学中融合了管理学、经济学的相关理论，打破了知识的模块化，突出了问题导向，增加了学生的参与和思考。学生的考试成绩较以前有所提高，专业吸引力有所增强。本课程在教学实践中实现了"知识学习、能力培养、价值塑造、思维创新"的一体化，体现了"立德树人，以学生为中心"的教育理念，课堂气氛活跃，学生学习主动性强，较好地实现了教学目标。

参考文献:

[1]郑宇,徐玉生.深耕"启拓教学"改革 建构立体化教学体系[J].中国高等教育,2021(3):53-55.

[2]胡芳毅,王宏军.从"任务链"到"生态圈":大学英语教学的生态建构[J].外语教学,2019,40(2):76-79.

[3]赵婉莉,张学新.对分课堂:促进深度学习的本土新型教学模式[J].教育理论与实践,2018,38(20):47-49.

[4]田青,闫清伟,张学新."对分课堂"教学模式的学理分析[J].高教论坛,2017(9):71-73.

[5]徐玉生,蔡瑶.开展"启拓教学"提升思政课质量[J].中国高等教育,2017(17):10-12.

[6]张学新.对分课堂:大学课堂教学改革的新探索[J].复旦教育论坛,2014,12(5):5-10.

[7]孙树芳.大学外语课堂生态化模式研究[J].合肥工业大学学报(社会科学版),2009,23(3):33-37.

[8]余嘉云.生态化教学的理论与实践研究[D].南京:南京师范大学,2006.

[9]余嘉云,顾建梅.生态化教学:教学研究的生态主义取向[J].南京航空航天大学学报(社会科学版),2006(2):83-86.

基于 MOOC 平台的高校思想政治理论课混合式教学改革研究

张铁梅

摘要：MOOC 的兴起推动了国内外教育改革的热潮。探讨如何将 MOOC 资源引入传统课堂，采用混合式教学法，探索高校教学模式创新，是教育技术不断革新形势下的一种发展趋势。采用在线 MOOC 教学系统与离线实体课堂教学系统相结合的教学模式，有助于提升学生的学习成效。通过翻转、讨论等二次开发模式的教学方式和问题式教学法的教学设计，带动学生"知识内化"，进一步提高混合式教学效果。高校思想政治理论课教师应积极尝试、不断探索，着力提升教学效果，更好地完成思想政治理论课教育教学目标。

关键词：MOOC 平台；高校思想政治理论课；混合式教学改革

2016 年 12 月，习近平总书记在全国高校思想政治工作会议上发表重要讲话，要求"要运用新媒体新技术使工作活起来，推动思想政治工作传统优势同信息技术高度融合，增强时代感和吸引力"。因此，运用新媒体新技术探索教学模式创新，成为近年来思想政治理论课(以下简称"思政课")教学改革课题的重要研究方向。

一、基于 MOOC 平台的高校思政课混合式教学改革理念

MOOC(Massive Open Online Course)又称慕课，是近年来涌现的一种大型开放的网络教程。MOOC 主要以小视频为教学手段来传授教学内容，以测试与反馈的方式督促学生的学习过程，并基于"互联网+"、大数据分析工具促进教师和学

生的互动，改进教与学的过程。在传统的课堂教学模式中，教师被定位为信息的传授者与灌输者，这种以"授"为主的教学方式在实践中易出现片面强调教师的主体地位而忽视学生自主学习的问题。慕课教学与课堂教学相结合的混合式教学是将慕课应用于思想政治理论课的有效形式，教学中应当合理安排慕课教学与课堂教学的内容，优化设计慕课教学与课堂教学的形式。

在基于 MOOC 平台的高校思政课混合式教学改革中，教师的课堂教学以精讲为主，综合运用案例教学、课堂提问、讨论等形式，并根据课程各章节的具体内容灵活运用启发式、研究式、互动式教学方法，充分调动学生的积极性。每个章节提供相应的阅读材料和参考书目供学生课后阅读学习、扩展知识、自主学习。考核方式与成绩评定也从传统的期末考试考核调整为全过程考核。这样从开课到结课、从课堂到课下，通过各种形式让学生参与教学的全过程，学生做了什么就能学到什么，而不在于教师做了什么，从而提高了教学的实效性，真正达到了思政课教育教学目的。

二、基于 MOOC 平台的高校思政课混合式教学改革的必然性分析

高校思政课教学怎样做才能提升思政课对学生的吸引力、说服力，并且通过学习真正提升学生的思想政治理论水平？如何守住高校意识形态工作这块主阵地，提升思政课对学生的亲和力、穿透力，使其真正成为学生思想行为的规范，使学生确立正确的人生观、价值观、世界观？这是新时代高校思政课教学改革必须面对和解决的问题。MOOC 的兴起推动了国内外教育改革的热潮。将 MOOC 资源引入传统课堂，采用混合式教学法，提升高校思政课教学创新成效，是教育技术不断革新形势下的一种发展趋势。

(一) 高校传统思政课教学面临的困境

传统的"以教为主"的教学模式过于注重教师的"教"，一味地向学生灌输思想政治理论，导致学生学习积极性不高，难以达到预期的教学效果。

首先，学生排斥思政课。因其理论性、教学性太强，学生对课堂提不起兴趣；对于很多学生尤其是文科生来说，思政课知识在高中时已经接触过，再接触

时难免产生轻视心理，殊不知它的深度和性质已经发生了很大的变化；在大学课程安排中，思政课多作为通识基础课，自然不会像专业课那样引起学生的重视。由此可见，思政课教学不应仅满足于课本上的内容，还应注重学生的现实需求，使其成为主导专业课意识形态的阵营，对其予以重视。

其次，传统的思政课课堂气氛沉闷是普遍存在的问题。高校思政课大多采用大班教学，虽然教师为了调动学生的积极性、提高学生的参与度，在课堂上设置提问、讨论等环节，但在这样一个大的集体中，大部分同学还是参与不进来；教师在前面讲，学生在下面少有回应，教学效果不佳，教师的教学积极性也受挫。

最后，思政课理论知识与实践不能知行合一。教育部 2015 年印发的《高等学校思想政治理论课建设标准》提出，要在思政课堂上增加实践教学的部分，至少应达到总课时的 1/3。然而，思政课的教学实践非常有限，因而思政课最多也只能是纸上得来终觉浅，理论与实践脱节。

(二)基于 MOOC 平台的高校思政课混合式教学改革的意义

促进思政课教育教学混合式改革，对提升高校思政课教育教学的实效性、提高高校人才培养能力、提高我国国民素质等有着积极意义。

第一，提升思政课的吸引力，巩固意识形态阵地。高校思政课是马克思主义传播的重要渠道和途径，是青年大学生意识形态工作的重心。基于 MOOC 平台的思政课混合式教学模式的推进，符合我国教育信息化发展的要求，是一种新的教学尝试，可以有效加速知识传播的速度、深度和广度，实现马克思主义在青年大学生中的有效传播。

第二，顺应新时代教育教学改革的需要，提升教学效果。"MOOC+课堂教学"混合式教学模式设计的优越性在于，课堂从教师的灌输式说教场所变为师生之间互动的场所；强调学习者的主动性、创造性和积极性，学生在线上自主学习基础知识，在课堂参与讨论、翻转，师生共同研究和解决与教学内容相关的热点问题。如此一来，学生能真正提升运用所学理论解决实际问题的能力，使"知识内化"，树立科学理念，培养健康人格，同时思政课教学产生实效。

比较分析 MOOC 在思政课教学中的利弊发现，它的优势是传统教学法不可比拟的。MOOC 与"智慧树""爱课程""学习通"等平台的结合，实现"互联网+"教学手段在教学实践过程中的灵活运用，无疑成为深化思政课教学方式改革新的突破口。

三、基于 MOOC 平台的高校思政课混合式教学模式的优势与弊端

这种教学模式是通过信息技术的传播优势，推动了信息技术与教育教学的深度融合，实现了教学模式的改革创新。但 MOOC 学习是以学生自助学习为主，缺少课堂教学的有效监督和情感的交流。只有发现它的优势与弊端，分析利弊并采取有效措施，做到取长补短，才能提高教学质量。

(一) 思政课混合式教学模式的优势

基于 MOOC 平台的思政课混合式教学中，MOOC 教学负责对理论知识的讲解，课堂教学则负责理论知识的有效运用，二者合一实现了最佳优化组合。首先，从教师的一元独白到师生双方的多元互动的转变。思政课课堂不再是教师的一言堂，而是在教师引导下的师生双方共同参与的探究式的开放课堂。学习方式实现了从以教为主到以学生自主学习探究为主的转变，促进了学生的探究式学习，强化了同学间的探讨以及师生间的互动，有利于提高教学活动的交互性。其次，实现教学内容的精细化和指向性。MOOC 教学中将教学内容细分成很多知识点来讲解，学生对哪个知识点不清楚或者对哪个知识点比较感兴趣，可以专门学习相应的知识点，这在一定程度上促进了教学资源的精细化。再次，考核方式从以前的一次期末考试成绩论英雄的评价方式，向学习过程的综合性考核方式转变。混合式教学实行的立体多元考核方式能全面、客观、科学地考评学生真实的学习状况，特别是平时表现，从而促使学生更加注重课堂的主动参与以及自身综合能力的培养。最后，实现理论学习与实践创新的统一。该模式有利于学生将"知识内化"为自己的认知并在实践中合理运用，从而达到思政课的教育效果。

(二) 思政课混合式教学模式的弊端

高校思政课是门育人的课程，更加强调价值观和情感，是意识形态教育。要深入学习思政课，深层次的有效交流是必不可少的。基于 MOOC 平台的思政课混合式教学模式存在以下弊端：①MOOC 内容的单一性。MOOC 平台上的视频内容主要是对理论性知识点的讲解，很难拓展与时政问题相关事例等内容，避免不了内容的单一性。②缺少有效监督。MOOC 主要靠学生线上自主学习完成教学目标，在没有教

师面对面监管的情况下，学生很容易出现刷课、考试切屏等学习不端行为。③对教师素质要求越来越高。教师需要在线下录制视频、选对平台建立 MOOC，线上教学全过程进行组织管理，回复学生答疑等，花费的时间多且技术要求高，增加了教学的难度。④教学评估机制烦琐。在当前基于 MOOC 平台的思政课混合式教学中，从线上学习计划、进度，测试题的落实、学生得分情况，课堂精讲，组织学生讨论、翻转，都需要教师全程监督、敦促、评定，这在某种程度上是增加了教师的工作量。

四、基于 MOOC 平台的高校思政课混合式教学的再探索

教学实践表明，混合式教学是将 MOOC 应用于思政课，更好地发挥 MOOC 教学与课堂教学各自的优势，实现二者的有效结合。要促进高校思政课混合式教学改革，就要充分发挥各方主体的积极性、主动性，分工协作，实现线上线下教学、评价与考核的有序衔接、有机结合。具体而言，需要在教学实践中处理和完善好以下几个问题。

(一)正确认识 MOOC 教学与课堂教学的优劣差异

在前期实践中，对于 MOOC 教学，学生反映的问题主要集中在以下方面：①网速不快、耗费流量等，影响学习热情；②账户服务不稳定，影响学习进度和成绩；③教学内容时效性、理论性太强，吸引力较差；④师生之间没有面对面的情感交流，无法实现及时、充分的沟通；⑤操作烦琐，课业负担相对较重。对于课堂教学，学生反映的问题主要集中以下方面：一是课堂教学的内容更有针对性，主要根据本校学生的思想和特点、围绕社会生活的实际问题开展专题性讲解；二是课堂翻转和讨论能够更加充分带动学生的积极性和主动性；三是案例教学中分析新近发生的、有重大社会影响的事件和人物，具有时效性。

(二)合理安排 MOOC 教学与课堂教学的内容

MOOC 教学是课堂教学的理论准备，课堂教学则是 MOOC 教学的实际运用。MOOC 教学的每个知识点都是每个章节最基础性的理论部分。课堂教学主要针对章节的重难点问题进行更深、更精的讲解；课堂讨论、翻转主要围绕"知识内化"再应用到实践的内容。课堂教学在内容安排上及时回应学生实际和社会实际，以提高思想政治理论课的针对性和时效性。

（三）进一步优化 MOOC 教学设计和课堂教学形式

MOOC 教学视频可供学生反复观看学习，但为了学习的进度，合理规定了每个章节的学习时间；MOOC 平台每年都会更新和完善延伸阅读材料和参考书目，以供学生课后阅读学习，拓展知识；MOOC 平台会及时更新章节测试题，以帮助学生深化对知识点的理解。课堂教学以讲授为主，灵活运用启发式、研究式、互动式教学方法，充分调动学生的积极性，启发学生的思考和表达。

（四）科学分配 MOOC 教学与课堂教学的学时

在混合式教学中，MOOC 教学与课堂教学的学时分配十分重要。以思想道德修养与法律基础课程的混合式教学为例，其共分为四个部分：学生线上学习占总课时的 1/5（51 课时的 1/5 就是 10 课时，5 次课）；课堂授课课时占总课时的 1/2，即 26 课时（包括实践教学 3 课时）；翻转课程是 8 课时；讨论、提问是 5 课时。线上学习和课堂面授轮流进行，内容同步。

2018 年 10 月，教育部思想政治工作司发布的《关于启动实施"高校网络教育名师培育支持计划"的通知》要求，加强网络阵地建设，建设具有示范引领作用的网络育人平台。这为高校思政课教学提供了更多的网络课程资源和更好的平台，会更好地引领高校思政混合式教学模式健康发展。

参考文献：

[1]汤俪瑾，黄金满. 基于慕课的思想政治理论课混合式教学实践研究：以"思想道德修养与法律基础"课为例[J]. 思想理论教育导刊，2015（10）：101-103.

[2]拉尔夫·泰勒. 课程与教学的基本原理[M]. 施良方，译. 北京：人民出版社，1994：293.

[3]中宣部，教育部. 普通高校思想政治理论课建设体系创新计划[EB/OL].（2015 - 01 - 17）. http：//www. moe. edu. cn/srcsite/A13/moe＿772/201508/t2015 0811_199379. html.

基金项目：内蒙古自治区教育科学"十三五"规划课"基于 MOOC 平台的高校思想政治理论课混合式教学改革研究"（NGJGH1018318）。

作者简介：张铁梅，内蒙古财经大学马克思主义学院副教授。研究方向为思想政治教育、马克思主义理论。

自媒体时代下高校思政课教学改革路径探析

唐根杰

摘要：本文通过分析自媒体特点，提出思政课教师要充分利用自媒体优势，创新高校思政课教育机制，希望自媒体时代能够最大限度提高高校思政课的实效性，真正做到与时俱进，更好地满足大学生的实际发展需求。

关键词：自媒体时代；高校思政课；教学改革；路径探析

孔子说："知之者不如好知者，好知者不如乐知者。"兴趣是最好的老师，学生的学习兴趣是影响教学质量的重要因素，也是学生学习的最大动力。兴趣不是天生固有的，而是通过外界事物的新颖性和独特性来满足学生的探究心理需要形成的（危玉妹，2009）。虽然自媒体发展时间不是很长，但能对大学生的思想观念与行为产生重大影响，因为其主要是利用了大学生对新事物的好奇心并满足了大学生的探究心理。在此情形下，高校思政课教学既面临着重大的机遇，同时也面临着新的挑战。自媒体尽管提高了思想政治教育的即时性，为高校思想政治教育带来了良好的教育契机，却造成知识碎片化传递，因此不可取代思政课主阵地的作用（李蕉和王博伟，2020）。思政课是一门理论性和时事性很强的课程，在全国高校思想政治工作会议上，习近平总书记指出："做好高校思想政治工作，要因事而化、因时而进、因势而新。"因此，高校思政课教学应抓紧机遇，迎接挑战，改革创新，更好地满足大学生的实际发展需求。

一、自媒体的含义及其特点分析

（一）自媒体时代的含义及特征

1. 自媒体的含义

2002年，美国著名作家丹·吉尔默最先指出"自媒体"这一概念，他指出新闻媒体是博客、微博等媒介载体 3.0 的自媒体。到了 2003 年 7 月，在美国新闻学会媒体中心，美籍学者谢因·波曼与克里斯·威理斯提议的关于"WeMedia"（自媒体）的研究报告中，首次很清晰地注释了自媒体的概念："自媒体是普通大众经由数字科技强化与全球知识体系相连之后，一种开始理解普通大众如何提供与分享他们本身的事实和他们本身的新闻的途径"，随后这一概念被广泛采用。

通俗地说，所谓自媒体，就是通过互联网自己直接参与的媒体，也就是媒体的主体是个人或机构，与以往的传统新闻媒介不同，是一种新型的网络媒介平台，其更强调媒体的个人属性。

2. 自媒体时代的到来及现存情况

伴随数字技术和智能手机的普及，自媒体也在继续被扩充和更新完善，拥有了更为开阔的发展空间。每个个体都是一个独立的媒体主体，在平常的生活中，不分性别、年龄，不受时间、空间限制，可以自由地表达个人的想法和观点，也可以自由地进行点评。自媒体显现出了大众化和个性化、操作简易、便捷、便于人们快速交流与互动等特色。这些特色深受当代大学生的认可。

2022 年 2 月 25 日，中国互联网络信息中心（CNNIC）在京发布第 49 次《中国互联网络发展状况统计报告》，其中显示，截至 2021 年 12 月，我国网民规模达 10.32 亿人，较 2020 年 12 月增长 4296 万人，互联网普及率达 73.0%。网民中，以中青年群体为主，其中 20～29 岁年龄段的网民占比 17.3%，高校大学生为我国互联网的主要用户群体。由此可见，自媒体在大学生的学习生活中已经占据了不可替代的份额和重量，产生的影响也早已不可估量。

（二）自媒体的特征

1. 传播主体的群众化和多源性

自媒体信息发布者可以来自任何地方，来自社会不同阶层，也可以来自不同的利益体。通过几步简单的注册账号等操作，普通群众就可以成为自媒体的传播主体，拥有信息发布与传播的权利，可以随时表达自己的所见所闻。因此，自媒体的迅速发展，让每位群众享有更多的话语权并广泛受到群众的喜爱和关注。

2. 传播信息多样化且真实性差

自媒体主体具有多源性，普通群众往往根据自身的兴趣爱好和社会热点等信息展开评述，各方面的图片、文字、视频、语音、信息都能分享转发，正面积极的自媒体信息能够很好地给人以启迪和指引，但由于个体利益出发点的不同以及网络的隐秘性导致传播讯息千头万绪，网络传播的讯息精准度有待商榷。

3. 传播方式的交互化和便捷性

自媒体可以不受时间和空间的限制，用户可以通过智能手机随时随地把图片、文字、视频和语音等信息传播出去，同时可以在较短时间内接收到观看者的回应。同样，自媒体的信息传播者也能作为信息接收者去接受、分享、点评自己感兴趣的信息。自媒体传播方式的交互化和便捷性特点，使用户的参与度不断提高。

4. 传播速度的及时化和延续性

在自媒体平台，通过实时热搜就可以快速浏览最新国内外热点新闻，或者打开微博直播就可以及时观看第一新闻现场，还可以通过话题讨论持续关注某一事件进程（苏安娜，2019），可以说自媒体实现了信息的"零时间"传播。

二、自媒体时代高校思政课教学面临的问题与挑战

（一）自媒体时代高校思政课教学面临的问题

1. 思政课教学环境受到冲击

思政课教学包含了较强的政治思想教育意味，说教色彩浓重，学生容易产生叛逆或对抗的情绪，因此很难从心理、情感方面进行交流。这导致一些学生在思政课上的态度不够积极主动，时常抱着应付了事的态度，从教学环境来看，怎样使这些走进课堂的一群"手机控"等"低头一族"抬起头来，从始至终认真听课，成为当前亟待解决的实际问题。

2. 思政课教学方法受到冲击

教师作为知识、信息的传递者和解析者，其工作范畴内也融入了信息化技术，教师的教学过程不再像往日那样具有全方位的涵盖性，在学生看来，互联网无所不知，成为其获取知识点的良师益友，反观课堂教学则存在一定的局限性，因此，大学生的学习能动性、主动性及教师的权威性在一定程度上降低。这给高校思政课教学带来了巨大影响。

(二)自媒体时代高校思政课教学面临的挑战

1. 大学生思想观念多元化带来的挑战

自媒体与大学生的生活息息相关,大学生可不受时间、空间的限制,多渠道、多方位轻而易举地获得"鱼龙混杂"的信息。大学生身心尚未健全、涉世不深,对信息的甄别能力也不足,更不要谈对这些信息的分析研究了,大学生常常是零散地接收和理解这些信息,导致知识结构较零散。另外,有的自媒体为了博人眼球、蹭热点,报道夸大、虚假信息,一些信息甚至具有煽动性,让高校青年看到更多的是社会的负面消息(牛宇飞,2019),甚至有部分动机不纯的不法分子利用自媒体平台传播不良信息,冲击学生的"三观",使高校思政课教学实效性的提升受到了很大阻碍。

2. 思政课教师的权威性面临新挑战

自媒体的信息来源便捷化使大学生可以获得大量的信息,"只有老师知道,学生不知道"的时代一去不复返了,学生有时甚至比教师更早关注到一些新闻热门话题,打破了传统教学中学生对从教师那里获取信息的依赖性,不仅降低了思政课教师的权威性和影响力,也容易导致教师的话语失效。除此之外,在传递主流价值观的过程中,教师固有的直接灌输式、发布即威权式的历史已经一去不复返。因此,教师应通过过硬的学识、思想觉悟、个人魅力等取得学生的尊敬和认可。

三、自媒体时代下高校思政课教学改革创新的路径

(一)利用自媒体搭建网络平台,拓宽思政教育领地

1. 教师要转变观念,提高自身综合素质

教师要积极利用自媒体搭建网络平台,提高自身综合能力,完善教学内容的设计,创新教学方式,丰富教学资源,拓宽思政课教育领地。因此,高校思政课教师要认清时代背景,改变传统格局,主动接收和参与自媒体的传播体系,拓宽自我知识领域,灵活运用和掌握自媒体。从实际出发,迎合新时代大学生的特点和思政课教学大纲的要求,探索全新的知识大纲,了解全新的教材,紧随时代脉

搏，时常更新和充实教学课程，准确地选择合理案例，不断改进和创新教学方法，善用自媒体把鲜活的知识案例应用到实际教学中，引导大学生健康成长，为社会主义培养有用之才。

2. 提高教师的媒介素养，正确运用自媒体

教师作为高校思想政治教育课程的实践者，必须兼备敏锐的鉴别能力、过硬的政治素养，从而顺利地进行相关课程的教学而带动大学生的思想政治学习。教师要参与媒体实战，合理掌握各项自媒体的运作方法，达到运用娴熟的程度，使各项教学工作顺利展开。教师必须提升运用自媒体完成教学的意识，跟随时代步伐，进而科学合理地推进教学工作，充分体现自媒体在教育实践中的优势、特色。教师可借助自媒体获取丰富、有趣的教学资源，开拓全新高度的思政教育领域。

(二) 提升大学生的媒介素养，增强大学生的信息鉴别能力

1. 提高大学生的媒介素养，培养信息鉴别能力

由于网络平台信息"鱼龙混杂"，对海量信息进行辨别和评估成为大学生思想素质面临的一大难题。思政课重点要培养大学生明辨是非的能力，提升对新生事物的主观意识和媒介素养，使自媒体时代对大学生产生正向的影响。因此，在课堂中运用自媒体技术，提高大学生对自媒体信息类型辨别的敏感度，使学生对信息进行科学判断和筛选过滤，从信息传播源头上阻止负面信息的传播，同时借助自媒体中传递的正能量积极推动学校的思想政治教育工作。

2. 引导大学生开展自我教育，提高网络道德水平

学校思想政治教育利用各种自媒体平台充分发挥引导作用，对大学生进行思想层面的自我教育，使其通过不断审视自我来提升素质能力和思想觉悟。大学生开展自我教育能够主动意识到自身存在的问题，然后修正自身的不足，从而培养理性思考的能力和解决问题的能力。在日常生活中，大学生通过 QQ、微信、微博等自媒体进行交流沟通及信息传递，拥有更自主的信息选择和独立思考的环境，有助于大学生学习辨别网络世界的各种信息。在自媒体时代，无论是在学习知识方面还是在提升个人思想道德方面，引导大学生开展自我教育都有着至关重要的作用。

(三) 促进高校思政课的实践教学，加速思政课教学理论和实践的统一

1. 运用"知行合一"的教育原则，极力达到理论和实践高度融合

利用自媒体策划和组织大学生参与具体的实践活动，开展思政课实践，应成

为思政课教学发展的大趋势。将"知行合一"的教育理念运用于思政课中，力求做到理论和实践两者相结合，有助于大学生进行个性化发展和明确自身问题。学校应根据自媒体时代特点，结合大学生的实际需求，开展各项社会实践活动，不仅有助于大学生通过参加社会实践审视自我，提升思想道德水平和履行社会责任意识，也有利于培育大学生的综合素养。

2. 打造富含活力的自媒体校园文化氛围，促进思政课教学理论和实践的融合

在自媒体平台，大学生之间线上线下互动的开展更为频繁，交流更加顺畅，能培养的组织协调能力、社会大局意识和为他人服务的品德。另外，在原有的社团活动、学术讲座、演讲辩论等校园文化中，引进校园网络及微信、微博等自媒体文化内容，丰富了校园文化的内容，拓宽了校园文化的涵盖面。通过打造健康、积极的自媒体校园文化，开展自媒体思政课实践教学，有助于思政课教学理论和实践的统一。

四、结语

劳伦斯·斯滕豪斯是英国著名的课程研究领域的专家，他认为"课程不断的革新和发展，实际上是对教师能力的综合考验，假如教师在这一进程中没有改变，就无法带领课程实现重大变革"(文星，2012)。换言之，教师在教学领域有所成就和突破都离不开在教学方法上的变革与创新。自媒体时代下，高校思想政治理论课教学面临诸多难题，必须有效地去解决和处理。因此，教师应积极迎接挑战、抓住机遇，进行改革创新，不断研究有效的解决对策，努力满足大学生的实际发展需求。

参考文献：

[1]危玉妹. 突破思想政治公共课教学的鸡肋困境：谈视频案例教学在《思想道德修养与法律基础》教学中的运用[J]. 哈尔滨学院学报，2009，30(11)：125-129.

[2]李蕉，王博伟. 短视频时代思想政治教育的危与机[J]. 思想理论教育，2020(6)：76-80.

[3]习近平. 在全国高校思想政治工作会议上强调：把思想政治工作贯穿教育教学全过程 开创我国高等教育事业发展新局面[N]. 人民日报，

2016-12-09.

［4］Bowman S，Willis C，欧阳俊杰. 参与式新闻的主要实践形式［J］. 中华文化论坛，2009（S1）：317-325.

［5］中国互联网络信息中心（CNNIC）. 中国互联网络发展状况统计报告（2022）［R］. 第二十届中国互联网大会，2022.

［6］苏安娜. 自媒体时代大学生思想政治教育实效性研究［J］. 兰州教育学院学报，2019，35（8）：120-123.

［7］牛宇飞. 自媒体时代大学生思想政治教育研究：以“00后”大学生为例［J］. 高教学刊，2019（9）：173-175.

［8］文星. 斯滕豪斯“研究模式”与艾斯纳“鉴赏评价模式”比较研究［J］. 西安欧亚学院学报，2012（1）：114-117.

基金项目：内蒙古自治区高校科研项目2023年度项目“新媒体时代内蒙古高校思政课案例教学创新探索与实践路径研究”，内蒙古自治区直属高校基本科研业务费项目2023年度项目“融媒体时代‘大思政课’案例教学建构审视与优化路径研究”。

作者简介：唐根杰，内蒙古财经大学马克思主义学院副教授，主要研究方向为马克思主义理论与思想政治教育。

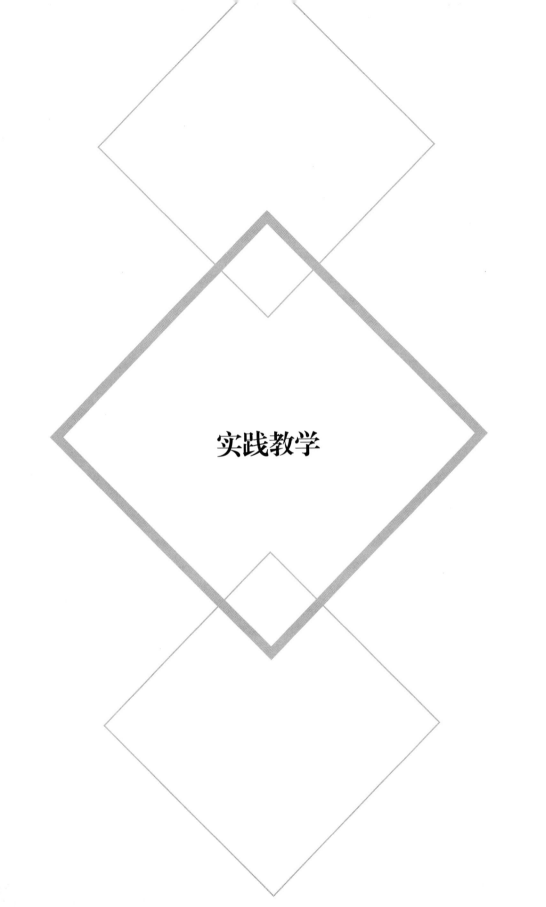

实践教学

中华民族共同体意识在
商务技能综合实训课程中的融合实践

祁莎莎

摘要： 本文以习近平总书记在全国思政大会上的重要讲话为指导，以全国高等教育新国标和新教育指南的人才培养方案为目标，从国家政策、课程与方法论等方面深入探讨中华民族共同体意识在商务技能综合实训课程的融入实践的方法、过程与重大意义，拓展了高校思想政治教育的的空间，创新了思想教育工作的方法。本文解答的关键问题为：在师生中铸牢中华民族共同体意识；如何在实践教学中融入中华民族共同体意识？课题组依托学科课程论，逐项分析各项教学要素和思政要素的契合，对教学目标、教学大纲、教案课件、教学内容和方法、评价机制重新进行设计。

关键词： 中华民族共同体意识；商务技能综合实训；融合实践

一、铸牢中华民族共同体意识解读及课程背景

中华民族共同体意识是近代以来中国人民追求民族独立与人民解放的宝贵财富，也是当代中国实现中华民族伟大复兴的不竭精神动力。高校作为人才培养的摇篮，需要行动起来。民族地区高校是践行中华民族共同体意识教育的重要阵地，应充分发挥自身优势，积极传播民族团结知识，创新教育方法和手段，全面铸牢中华民族共同体意识。因此，本项目改革的首要内容是"要用好课堂教学这个主渠道"，在大学生中铸牢中华民族共同体意识。

商务技能综合实训课程为必修课，2学分，面向商务英语专业三年级学生，以理论为基础、以实践为主线。课程始终坚持创新，砥砺前行。该课程紧扣培养具有家国情怀责任担当的财经类人才的目标，依照培养方案对本课程支持后续课

程毕业实习能力的要求，服务专业，支撑学生未来面向真实商务环境的挑战。另外，学生的商务英语语言基础扎实，学习能力强，对真实的商务环境充满期待，重考试、轻实践。因此，该课程需要融入中华民族共同体意识，引领学生前进。

二、制定课程思政教学目标，更新教学理念

制定明确的教学目标是课程思政改革的基础。课程思政是将专业人才培养与立德树人相结合的教学形式。商务技能综合实训课程作为高校思政的一个主渠道，应该如何在课堂教学中融入思政元素？要回答这个问题，首先要回顾《普通高等学校本科专业类教学质量国家标准》(以下简称《国标》)中对商务英语专业人才的培养目标定位，就是培养能够主动适应社会主义市场经济发展和现代化建设需要，具有扎实的语言学、经济学、管理学、法学等相关基础理论知识，有理想、有道德、有文化、有纪律，具备熟练的英语应用、英汉对译、商务实践、跨文化交流等业务技能的复合型、应用型、创新型人才。其中，培养"四有"人才既是商务英语教学中设计课程思政元素的依据，也是课程思政活动设计的出发点。然而，要达到商务技能综合实训课程本身与思政目标的有机结合，必须根据教学指南中的人才培养方案设计出科学合理的课程思政活动。

根据《普通高等学校本科外国语言文学类专业教学指南》，可从"中国情怀与国际视野""大文科""创业创新能力"三个方面设计教学目标。

商务技能综合实训的课程思政教学目标要以"中国情怀"与国际视野和"创新创业能力"为侧重点，将商务实训项目与课程思政结合起来，以培养具有中国情怀和国际视野的人才为教学目标，让学生在实训项目的操作和实践中学习中国文化并且传播推广中国文化。与此同时，学生通过参与商务实践项目达到创业创新的教育目标，而思政元素的设计与融入，有助于培养学生的思辨能力、就业转型能力、灵活应变能力等。

(一) 以学习目标引领教学

依据布鲁姆模型中的高阶思维目标，本课程目标以四阶梯递进。

知识与技巧：撰写商务信函，辨析商务礼仪禁忌，填写外贸单据，熟悉跨境电商流程。

方法与能力：从多维角度对国际贸易案例和商务磋商方案进行分析、评价、权衡、优化、决策，用谈判技巧解决项目中的实际问题。

思维与创新：以基本商务技能为起点，打好基础；以商务沟通思维为路径，搭建台阶；以学科前沿与创新思维为引领，攀登高峰。

未来与发展：（含思政目标）在服务学习模式中自主学习，在迭代中坚持不懈，在思辨中理解社区、社会与自我的关系，在分析与解决问题中提升学习能力，为未来从事商务活动进行较为全面的能力与素养储备，在不断地服务实践中直面问题、精益求精，研究传统国际贸易与跨境电商的挑战与机遇，沟通世界、服务社会、造福家园。

（二）将思政理念融入教学

思政是教学之愿景，育人之宗旨。课程思政融入以"服务新时代，一起向未来，铸牢中华民族共同体意识"为主线，分四步展开：

理想——通过思政案例研讨逐步形成服务社会的理想、信念与愿景。

榜样——通过身边的或自己的案例为学生树立铸牢中华民族共同体意识的榜样。

践行——通过服务学习项目践行铸牢中华民族共同体意识的过程。

检验——通过在研讨与考评中融入服务意识与中华民族共同体意识的元素来进行检测。

（三）以项目反哺支撑教学

将跨境电商项目实践引入教学，提供案例的支持、思维的支持、项目的支持、服务学习的支持、课程思政的支持以及行业前沿的支持。

（四）借技术平台助力教学

慕课平台助力基础知识的个性化学习，学习通平台教学系统助力互动交流及测评，钉钉视频会议助力企业实时进课堂。

（五）服务学习，温暖教学

对于实践项目，需要教师、学生和社区共同配合。基于教育心理学，构建师、生、社区"三位一体"的服务学习共同体，让教学有温度、让学生有情怀，在服务中践行中华民族共同体意识。

三、制定课程思政教学大纲充，实教学内容

教学大纲是学科教育的总指挥，包括教材、教法、任务、目的等。本项目将对以下几个方面的内容进行改革。首先，教材的选用。教材是课程思政的内容源泉。教师要精选教材，在深入挖掘教材的同时广泛收集相关的思政素材，寻找与教材紧密结合的思政要点。其次，寻求技术先进与内容丰富的商务实训平台。作为一门实训课程，学生的训练操作离不开平台的有力支持。教师应从课程思政的角度出发，严选实训内容积极、健康、向上的平台辅助课程思政教学。最后，教师设计形式多样的思政小组活动，在活动设计中融入课程思政目标，素材来源包括人民日报(纸质版，App)、习近平同志重要讲话、新闻联播、英语日报(App)、国际在线(CRI)等，以"润物细无声"的方式在学生心中树立社会主义核心价值观。

教学内容方面精心选择优质平台，积累线上资源。本课程依托亿学"跨境电商实训平台"，该实训平台由四大板块构成，学生通过线上学习微课和项目实训，掌握基本的跨境电商平台背景及操作流程，且线上内容在持续更新中。

科研项目融入教学，积累案例资源。本课程依托校级教学改革项目"铸牢中华民族共同体意识在商务技能综合实训课中的融入"和省部级课程思政项目"铸牢中华民族共同体意识在英语实践课程中的融合"，真正实现以研促教。

自主研发课程工具，充实技术资源。课程组自主研发了商务英语口语实训系统，并获得国家软件专利著作权，为课程的开展提供技术支持；自主编写了商务技能实训手册，助力学生查漏补缺。

课程内容突破传统，兼具深度与广度。该课程打破传统，以专题为单位，以案例为引入，以学习认知的逻辑展开教学内容。课程教学在时间上分为三阶段：第一阶段为综合商务技能基础，如求职面试、商务礼仪、商务谈判策略等；第二阶段为跨境电商平台实操，逐步面向商业思维；第三阶段以服务思维为引领，结合专业背景进行服务型项目学习。

四、创新教学方案

教学方案是课程思政的手段依托，结合实践类课程的教学特点，本课程以经

验之塔为理论指导，以BOPPPS为教学方法设计融入课程思政的教学方案。有效的学习之路应该充满具体经验，再逐步升到抽象的理论。让学生以完成思政活动项目的形式去获得最直接的经验，就是有效的课程思政。教育教学不能止于具体经验，而要向抽象和普遍发展，形成概念。在学生通过参加活动获得了直接经验之后，重要的一步是归纳总结，即思政元素的升华。另外，思政话题的导入要借助多媒体技术，以使学习更为具体。

本课程从教学目标到学习活动、教学评价与反馈进行了整体设计，如表1所示。

表1　课程整体设计

学习目标	学习内容	课程思政	学习过程	技术支持	教学评价
未来与发展	服务项目 克服困难 自主学习 挑战自我 案例分析 团队协作	命运共同体 家国情怀	服务挑战	企业后台	团队项目25%
思想与创新	创新思维 商务思维 语言思维	利益共同体 企业家精神	思维挑战	实训平台	平时研讨5%
方法与能力	单据填写能力 跨文化交际能力 商务综合能力	情感共同体 服务意识	案例挑战	学习通	个人项目10%
知识与技巧	商务礼仪 谈判技巧 跨境电商 招聘面试	文化共同体 学以致用	平台学习	钉钉	平台实训10%

线上平台学习：构筑知识地图，扫除障碍。对标知识与技巧，以个性化的商务技能实训平台为支撑，学习基本的商务礼仪、谈判策略、跨境电商知识，构筑知识地图，逐个突破知识技能中的小障碍。

案例教学：R-A 模型，突破难题。对标方法与能力，基于建构主义和认知学习理论，从案例出发，应用所学技能，以案例分析、设计解决方案、情景模拟的形式进行实践。例如，基于 R-A 模型搭建了榆树街房产谈判的案例，以 A、B 两版剧本将全班分成两组扮演不同角色进行谈判，设计谈判方案，运用谈判技巧，突破谈判难题。

翻转课堂：O-AMAS 模型，画龙点睛。对标思维与创新，将常规的研讨式课堂变为翻转课堂，采用 O-AMAS 有效教学模型，不以任务完成为唯一目标，而是在任务中自由探索，实现课堂中具有高阶性与挑战度的目标。

服务学习：项目引领，超越自我。对标未来与发展，将具有专业背景的学科前沿高难度项目引入课程，将传统的项目式教学发展为服务式教学，具有高难度、专业性、实践性。服务学习类型分为一对一商业服务、商务工作坊、志愿者服务。服务学习模式与专业背景相关，又贴近社会实际问题，让学生在服务中使用专业知识提升能力和本领，实现价值塑造。课程引入服务学生模式，并总结了一套有效的服务学习模式和管理办法，使学生在服务中践行中华民族共同体意识。

五、完善评价机制

课程评价是课程诊断方式和课程完善的依据。鉴于语言类实训课程中融入思政元素的特殊性，课程评价体系也应进行相应的完善。应由原来相对单一的语言能力评价体系逐步扩展为包含语言运用、商务技能和思想品德"三位一体"的评价体系，全面评估学生课程思政元素融入后的表现。

评价是教学持续改进闭环的关键，本课程学习评价分为两部分：基于四层次学习目标的学习评价占 50%，面向三阶段学习过程的学习评估占 50%。其中：

"线上随测"（10%）主要对标"知识与技巧"，由线上平台单元测试组成。

"实训项目"（10%）主要对标"方法与能力"，由线上平台项目实训作业组成。

"平时研讨"（5%）主要对标"思维与创新"，体现学生在项目展示中的活跃度，由小组研讨、投票、话题论坛等组成。

"服务学习"（25%）主要对标"未来与发展"，该项评分主题多元化，由教师、同伴、服务对象（企业、会务组）等给出成绩。

六、结论

通过中华民族共同体意识在商务技能综合实训课程中的融入研究，课题组取得了较满意的成果。学生成绩较往年有明显提高，特别是对中华民族共同体意识有了更深入的理解。师生共建中华民族共同体意识中英双语演示资料 66 份，制作英文版中华民族共同体意识推广微课 7 个。此研究总结出的教学方案和活动设计将对广大教师具有借鉴作用。

参考文献：

[1]本书编委会.普通高等院校本科专业类教学质量国家标准[M].北京：高等教育出版社，2018.

[2]戴尔.视听教学法[M].北京：中华书局，1946.

[3]教育部.普通高等学校本科外国语言文学类专业教学指南[M].上海：上海外语教育出版社，2020.

[4]习近平在全国高校思想政治工作会议上强调：把思想政治工作贯穿教育教学全过程，开创我国高等教育事业发展新局面[N].人民日报，2016-12-09.

[5]虎有泽，尹伟先.铸牢中华民族共同体意识研究[M].北京：中国社会科学出版社，2021.

作者简介：祁莎莎，博士，副教授，主讲课程有商务英语，商务礼仪等。

新文科背景下内蒙古高校创新创业教育存在问题及对策研究

钟　敏　韩庆龄

摘要：党的二十大报告明确提出"创新是第一动力"，并强调要"坚持创新在我国现代化建设全局中的核心地位"。因此，在大发展的新形势下，探索如何将内蒙古地区高校创新创业教育嵌入区域经济发展之中，对为政府出台相关政策与建议提供借鉴和指导具有重要价值。本文对内蒙古地区高校的创新创业教育现状展开调研，指出当前内蒙古高校创新创业教育的现状、教育教学过程中存在的问题，并针对内蒙古高校创新创业教育提出相应的对策建议，为促进内蒙古高校创新创业教育平稳有序发展提供参考。

关键词：创新创业教育；新文科；对策

一、引言

习近平总书记在党的二十大报告中强调，必须坚持科技是第一生产力、人才是第一资源、创新是第一动力，深入实施科教兴国战略、人才强国战略、创新驱动发展战略，开辟发展新领域新赛道，不断塑造发展新动能新优势。大学生是大众创业万众创新的生力军，高校是人才培养的主要阵地。因此，在大发展的新形势下，探索如何将内蒙古地区高校创新创业教育嵌入区域经济发展之中，为政府出台相关政策与建议提供借鉴和指导具有重要价值。

通过梳理相关文献发现，当前研究集中在创业教育的含义、体系构建、国外体系引入、存在的问题等方面。①关于创业教育的含义的研究。房欲飞（2004）认为，创业教育是通过课程体系、教育内容、教学方法的改革以及实践教学的开展，提升教育对象的创业意愿、创业精神和创业技能，并将其内化成教育对象的基础性素质，最终培养出能够在适合条件下学以致用的创业人才教育。②关于创业教育体系构建的研究。学者以创业教育理念、建构主义理论、学习理论和体验式教学理论等理论为基础，提出了创业教育体系的构建(李坚，2014；鲁淑华，2012)。严毛新(2015)认为，高校创业教育不是高校内部封闭的孤立活动，而是一个复杂的系统工程，高校创业教育作为社会创业教育中的一个重要组成部分，从属社会创业生态系统，高校应当积极对接社会需求，寻求主动突破。此外，张倩和邬丽群(2015)基于协同的视角，提出在校内、校外之间协同的基础上构建创业教育的综合平台。③关于国外创业教育体系引入的研究。李一(2015)介绍了麻省理工学院创业教育体系的构成要素及运行机制。郑刚和郭艳婷(2014)基于斯坦福大学2011年校友创新创业调查的成果，总结该校创业教育体系，并进一步认识到我国高校创业教育存在相对孤立和零散、缺乏整体的建设思路、相关激励制度有待改进等问题。④关于创业教育存在问题的研究。Einar A. Rasmussen(2006)运用调查研究法，对瑞典五所大学的创业教育进行了分析，发现创业教育不应该只在课堂环境中学习，而不重视创业实践。温雅(2015)认为教育实施对象不明确、课程设计不合理、教育模式单一、师资力量不匹配、竞赛项目难以落地是当前高校创业教育存在的主要问题。

总体来看，这些文献为本文的研究提供了丰富的资料和案例分析基础，但仍然存在一些问题：一是鲜有针对少数民族地区的研究。当前创业教育研究，多是针对发达地区，基于少数民族地区的资源禀赋、区位优势和宏观政策环境分析创业教育的较少。二是鲜有研究基于网络嵌入性的视角。当前研究多是孤立地分析创业教育，鲜有把地方高校创业教育嵌入区域经济发展之中，探讨区域人才培养问题。因此，本文基于扎实的实地问卷调研，直面内蒙古自治区高校创业教育实施过程中存在的问题，把高校创业教育需要嵌入区域经济发展之中，从网络嵌入性的视角来研究内蒙古自治区高校创业教育，旨在提高内蒙古自治区高校创业教育的效果、为区域经济发展带来新的动力，这对实现高校创业教育与区域经济增长的良性循环具有重要意义。

二、内蒙古高校创新创业教育现状分析

(一) 多主体对创新创业教育的认知存在偏差

目前，地方政府、各高校以及大学生对创新创业的认知都存在偏差。地方政府认为，创新创业的长期政策支持缺乏内生动力，导致高校创新创业教育缺乏长期有效的政策投入。部分高校认为，创业教育偏离主流教育路线，没有将创新创业教育与主流课程相融合，并且目前内蒙古高校在创新创业教育中过分量化考核指标，重赛事轻实践，致使创业教育绩效功利化。随着经济社会快速发展，大学生感知到的社会压力越来越大，在关于"社会就业压力对大学生的影响"的调查中，约52%的大学生表示社会就业压力会让自己注重学习专业技能，从而增进职业人力资本；约23%的大学生认为社会就业压力会让自己注重培养优秀的人格特质，从而增进企业家人力资本(见图1)。

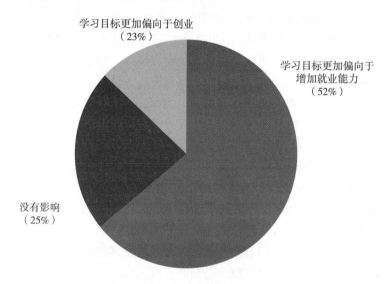

图1 社会就业压力对大学生的影响

资料来源：笔者整理所得，下同。

(二)尚未形成浓厚的创新创业教育文化氛围

调查问卷中30.3%的受访大学生表示，管理者注重理论学习而忽视了实践与创新(见图2)，内蒙古高校在进行创业教育的同时，欠缺将创新创业教育与思政课程有机融合，差异化教学使课程缺乏层次性和理论性。此外，调查发现，约38%的大学生认为在大学接受到的教学反而减弱了自己对这门课程的兴趣(见图3)。这更凸显了现阶段内蒙古高校的创业教育缺乏与专业教育、思想政治教育的有机融合，忽视了创业教育的基础性、长期性、发展性的特征，各高校尚未形成热情、浓厚的创业文化氛围。

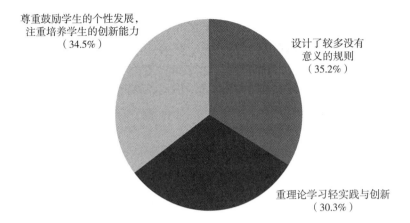

图 2　大学管理者的管理方法

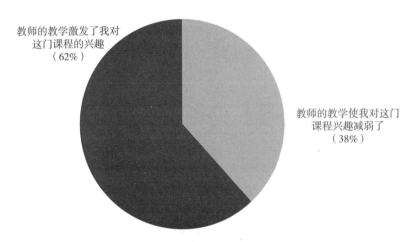

图 3　大学生对接受到的教学的感受

(三) 高校创新创业教育培养体系不完善

迈克尔·波特曾说:"一个管理者的能力表现并不在于指挥别人,而在于指挥自己跳出最美的舞蹈。"即新一代的创新创业管理者,必须自身具备优秀的领导和管理能力,才能成为成功的创新创业企业家。而领导和管理能力是大学生普遍缺乏的能力。

调查研究发现,大多数大学生认为,通过大学的学习,能够培养自己领导型人格魅力、自我管理能力、激励团队成员的能力、决策能力和组织能力(见

图4），但是仍有不少大学生并不认为或不确定大学教育可以使自己拥有这些领导和管理的能力，这说明现有的高校创新创业教育体系还不完善。此外，大学生平时接触到的大学管理层（如辅导员、团委、学生处等）给同学的导向中有超过70%的建议是在国家体制内就业。这也可以看出，目前高校创新创业培养体系存在教师自身创新创业意识不足的问题，以至于教师在教学过程中没有积极提倡自主创业，基于社会网络的影响，这进一步削弱了内蒙古大学生的创业意愿和能力。

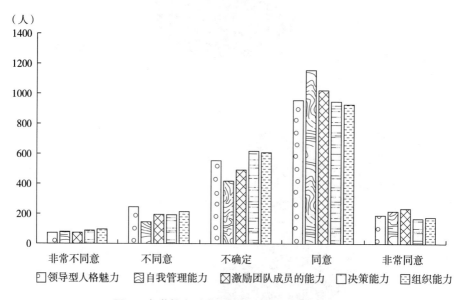

图4　大学教育对学生领导和管理能力的培养

三、内蒙古高校创新创业教育存在问题的分析

（一）高校大学生自主创新创业意识不强

党的十九大以来，国家积极开展创新驱动发展战略，国家对创新型人才的需求日益扩大。但是受传统应试教育的影响，大多数高校学生认为创业课程是针对有创业需求的学生的，若自身没有计划创业则不需要深入学习或者不选修该课程，因此通常忽视对自身创业能力的培养。

此外，创业需要较高的成本，且风险性较高，在对大学生"承担风险能力方面的自我培养"的调查中，仅约21%的大学生表示自身非常重视承担风险能力方面的自我培养，但是绝大部分大学生并没有关注对承担风险能力的培养或是没有将其落实到实践上(见图5)。由此可见，当代高校大学生主观创业意识不强，没有切实了解到创业课程的重要性；部分学生在校期间参加的各种创业竞赛、科技竞赛等活动也只是流于表面形式，毕业之后利用其在活动中学到的知识和经验进行创业的少之又少。

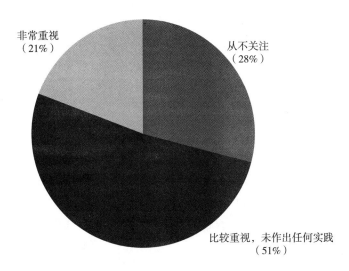

图5　承担风险能力方面的自我培养

(二) 高校教师创新创业专业性有待提高

由于高校中部分创业教育教师专业能力有限，照本宣科的教学方式无法给予学生高质量、全方位的指导，难以激发大学生对创新创业的兴趣，不利于大学生创新能力的养成。

此外，创业教育与专业教育相比有其独有的特征，需要高校拥有一批专业知识过硬、创业经验丰富的教学团队。目前，内蒙古各高校普遍存在专业从事创业教学的教师数量少、多由主教其他科目的教师兼职的现状。大多数教师并没有创业经历或接受过创业相关的教育与培训，只是依靠自身的知识储备和对创业教育的理解进行授课。由于教师创业教学专业能力有限，创业教育课程质量无法得到保障，学生的创业能力、创新思维难以切实提高。

(三)创业孵化基地实际作用有限

创业孵化基地是以促进大学生创业带动就业、促进产业振兴、促进创新人才成长为指导思想,坚持大学生创业与招商引资相结合、与促进现代服务业发展相结合、与科技成果转化相结合、与人才引进相结合,努力建成功能齐全、环境优越的大学生创业孵化、创业就业综合服务平台,是当代高校大学生创新创业教育的重要载体和空间场所。

目前,虽然内蒙古各高校均有不同规模的创业孵化基地,但其所发挥出来的作用是有限的。一是部分孵化基地中的大多创业项目层次低、科技含量低、模仿性较强,仅少数项目能凸显出较强的创新思维和较高的科技含量;二是一些高校的孵化基地形同虚设,管理混乱,教师对创业教育兴趣也不高,很难针对学生的需求提出可行性建议。

(四)高校创新创业帮扶体系不完善

关于国家政策对大学生创新创业选择的影响的调查发现,约55%的大学生认为国家关于创新创业的社会保障力度太小,担心会面对不可抗的经济风险,仅约17%的学生认为社会保障有力(见图6),这从侧面说明创业是一个复杂的过程,除了学生自身的意愿还有很多步骤需要完成,需要国家、社会、学校各层级的帮助与扶持。

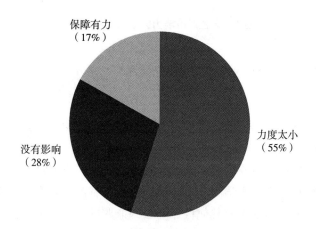

图6 大学生对我国社会保障制度的看法

目前高校大学生创新创业帮扶体系仍存在一些问题:一是在国家层面上,近些年国家虽然鼓励"大众创业、万众创新",支持学生的科技成果转化,且各级政府针对资金、税收、人力资源、落户等程序出台了很多扶持政策，但缺乏系统性的规划，政策落实存在不足；二是在社会层面上，传统观念中对大学生创业的信心不足，导致大多数人对此产生消极看法，大学生在社会实践中无法参与到公司经营的核心活动，对创业的帮助很小；三是在学校层面上，由于大多学校创业教育尚未形成完整的体系，多种扶持政策流于形式，缺乏配套设施促进创业落入实地。虽然整个社会在支持大学生的创业活动，但是各层面存在孤岛效应，信息和政策缺乏相互渗透和影响，不能满足大学生个体多样化的创业需求，也很难达到创业教育体系的预期效果。

四、提升内蒙古高校创新创业教育水平的对策建议

(一)培养高校大学生自主创新创业意识

第一，培养创新创业素养。在互联网创新创业的潮流下，学生自身应重视互联网思维的创新创业意识，培养自身的互联网思维以及创新创业素养。第二，增强创新创业团队协作意识。创新创业一般需要团队协作，大学生应找到自己的特长，并发挥自己的特长，配合团队成员完成科研项目。第三，积极参加创新创业大赛。积极参与学校组织的互联网创新创业大赛，如电子商务技能大赛、营销大赛、财务管理大赛等，自由组队选取合适的创业项目，锻炼自身的创新创业能力，激发创新创业热情。参加创新创业大赛有利于学生独立获取有深度的知识和培养良好的临场应对能力，有利于锻炼自身的实践能力，为以后更好地参与创业就业积累经验。

(二)提升高校教师创新创业的专业水平

问卷调查显示，内蒙古高校大学生的双创思维不足，因此，高校更应该注意提升教师创新创业的专业水平。第一，聘请专业人士积极交流。为了进一步增加教师队伍的知识储备，高校应定期或不定期聘请具有丰富创业经验的与教师来交流心得，使教师能够深刻地认识到新的时代需要依靠信息技术，在创新创业教学活动中应加强对互联网的应用，进而更加明确地培养学生的创新创业能力，使其更好地为社会做贡献。第二，鼓励教师参加创新创业实践活动。为进一步优化教学实践，高校应该鼓励教师参加社会性质的创业活动，有助于在教学中真正起到

言传身教的作用。

(三)基于网络嵌入建立区域特色创新创业孵化基地

内蒙古创新文化根源在于溯源、传承和创新,要想挖掘民族文化精神的本源,内蒙古地方性企业应该确立创新发展的地方特色,将蒙古马精神内涵中的奋斗不止、自强不息的精神与创新创业文化内涵有机融合,其创业孵化基地不仅要注重培育内蒙古高校大学生敢想、敢干、敢闯的创新精神,也要注重将互联网嵌入其区域特色创新创业文化。

内蒙古高校必须结合区域内的支柱产业、特色资源来建设创新创业孵化基地,以更好地服务于创新人才的培养,为区域经济发展提供动力。内蒙古地域辽阔,资源丰富,畜牧业优势较为明显,其支柱产业包括能源、冶金、化工、机械制造、农畜产品加工、旅游等。因此,内蒙古高校要以所处区域经济发展需求为导向,建立体现区域特色的创新创业孵化基地,增强创新人才的适应性。按照"深度融合、联合培养"的思路开展创新创业人才培养,例如,内蒙古农业大学通过与内蒙古正大食品有限公司开展校企合作,共建动物科学专业,共构人才培养方案,共享优质资源,实现了产学研深度融合,探索创新了产教融合校企合作双主体协同育人模式的创新创业孵化基地,这个模式同样适用于其他内蒙古高校,有利于促进区域经济创新发展,整体水平上升。

(四)完善多主体大学生创新创业帮扶体系

大学生创新创业除需要其自身创新意识外,还需要政府、高校等多主体的支持。

第一,政府需要加大政策、资金、技术等支持力度。完善并不断落实《关于进一步支持大学生创新创业的指导意见》,建立内蒙古自治区专项的创新创业项目扶持基金,增设创新创业项目的国家级奖学金,为有潜力的创业项目提供专项资金,加大财政税收优惠力度,以切实的保障机制提高创业项目的转化效率。

第二,高校需要把握并完善政府、企业相关政策。高校根据各地政府出台的相关政策,在行动实施过程中,落实政策的相关细节,合理使用政府划拨的创新创业教育专项基金,强化政府支持,加大企业对高校创新创业教育的资金投入力度和技术支持力度,为大学生创新创业教育提供法律保障和具体政策支持。此外,高校还应尽快设置符合学校管理特色、职能权限清晰的管理部门,如成立学校创新创业教育工作领导小组,指导和统筹管理创新创业教育工作,使大学生创新创业教育的课程管理、实践训练、项目管理、科研竞赛、项目孵化、后续扶持等形成完整的管理链条。

参考文献：

［1］房欲飞. 我国大学生创业教育的兴起、现状与挑战［J］. 交通高教研究，2004（6）：8-9，54.

［2］李坚. 高等学校创业教育体系构建研究［D］. 大连：大连理工大学，2014.

［3］鲁淑华. 地方本科院校创业教育课程体系设置研究［D］. 重庆：重庆大学，2012.

［4］严毛新. 走向差异：高校创业教育的应有格局［J］. 高等工程教育研究，2015（2）：48-52.

［5］张倩，邬丽群. 基于协同培养的高校创新创业教育生态系统的构建［J］. 民族高等教育研究，2015，3（4）：30-35.

［6］李一. 美国高校创业生态系统对我国创业教育的启示：以麻省理工学院为例［J］. 继续教育，2015，29（8）：19-21.

［7］郑刚，郭艳婷. 世界一流大学如何打造创业教育生态系统：斯坦福大学的经验与启示［J］. 比较教育研究，2014，36（9）：25-31.

［8］温雅. 我国高校创业教育的现状、问题及完善：基于25所高校《2014年毕业生就业质量报告》的分析［J］. 江西社会科学，2015，35（3）：251-255.

［9］Einar A Rasmussen，Roger S. Action-based entrepreneurship education［J］. Technovation，2006（26）.

［10］王俊玲，杨闯，徐亚维."互联网+"背景下应用型本科在校学生自主创业现状与建议［J］. 现代商贸工业，2021，42（30）.

［11］郭宇. 内蒙古高校创新创业教育共同体现状分析及其高质量发展路径［J］. 淮北职业技术学院学报，2021，20（5）：28-31.

基金项目：2022年度内蒙古自治区高校科研项目：内蒙古普通高校工商管理类课程思政系统建设的主要问题及改革路径探索；内蒙古自治区教育科学研究"十四五"规划项目（NGJGH2022541）。

作者简介：钟敏（1979—），女（蒙古族），副教授，博士，研究方向为跨国公司管理；E-mail：zhongmin199700@163.com。韩庆龄（1979—），女（蒙古族），教授，研究方向为市场营销。

新时期工程造价专业课程设置与就业接轨研究

王飞龙

摘要：本文以内蒙古财经大学的自治区品牌专业——工程造价为研究对象，对专业当前就业现状及市场对专业人才的需求进行系统性研究，从调整专业课程体系方面提出一些观点，并论述其在提高就业竞争力方面的可行性，为新时期推进人才培养及教学改革提供一些思路。

关键词：工程造价；课程体系；就业；BIM；专升本

一、研究背景及意义

目前我国建筑业向着高质量方向发展，建筑领域对工程造价人才的需求倾向于具有专业深度的综合性人才。国务院在《关于加快发展现代职业教育的决定》（国发〔2021〕19号，以下简称《决定》）中为职业教育的发展指明了方向。《决定》指出，"效劳经济社会进展和人的全面进展，推动专业设置与产业需求对接，课程内容与职业标准对接，教学过程与消费过程对接，毕业证书与职业资格证书对接，职业训练与终身学习对接。重点提高青年就业力量"。

跟随市场需求，各大高校以培养拥有系统化管理理念，掌握经济学基础理论、建筑工程、管理学等相关知识，具有理论分析和实操能力，具备广阔的视野，满足现代预算、管理等岗位需要的高素质人才为目标，开展人才培养模式的改革与研究。

工程造价专业课程改革的研究，从人才培养层面出发，是对国家发展号召的积极响应，不仅为工程造价职业教育提供思路，也为相似专业的人才培养提供参考，是职业教育的发展的需要，并对工程造价行业的发展具有实际意义。

二、研究过程及成果

（一）调研概述

笔者依据收集到的素材，选定从"就业需求——用人方角度""就业需求——毕业生角度""专业课程设置——教师角度"三个方面进行调研。调研选用的方法有访谈调研法、问卷调研法、会议调研法。

针对"就业需求——用人单位"的调研，筛选具有代表性的工程造价专业就业单位，包含建筑工程公司、房地产公司、咨询公司和设计院4家业务不同、规模不同、企业性质不同且地域不同的企业作为调研对象。4家企业的信息如表1所示。针对这部分调研对象，采用访谈调研法对其用人要求进行调查。

表1　被调研企业信息

对象	企业性质	主要业务	公司规模	业务所在地
A公司	建筑工程公司	道桥、房屋建设	1000人以上	遍布全国
B公司	房地产公司	民用、商业楼盘开发	100人以上	呼和浩特市
C公司	咨询公司	工程管理、招投标代理、工程造价咨询等	200人以上	国内多省市
D公司	设计院	工程测量、设计与施工、招投标策划、可行性研究等	小于50人	内蒙古自治区

针对"就业需求——毕业生角度"的调研，选定工程造价专业的毕业生作为调研对象。针对即将毕业的学生，采用问卷调查法，其内容包含学生就业意向、理想就业单位、学生认为的具有竞争力的技能、现有课程能否满足就业基本要求、希望开展的课程等。

针对已毕业的学生，采取线上访谈和会议调研相结合的方式进行就业相关需求的收集，包含毕业年限、目前就职行业、所在单位相关岗位的要求、工作中面临的问题等内容。

针对"专业课程设置——教师角度"的调研，采取会议调研的方式，组织内蒙古农业大学、内蒙古建筑职业技术学院和内蒙古财经大学工程造价专业的教师开展会议，讨论工程造价专业的课程体系及课程设置的目的，并收集工程造价专业排名靠前的高等院校的课程内容。

(二)调研结果分析

1. 就业方向

工程造价专业学生的毕业去向主要包括升学(专升本、考研等)和企事业单位就职。

(1)升学。内蒙古财经大学工程造价专业毕业生的升学途径为专升本，升学在提高学历、拓展知识面等方面均为良好途径，也是当前毕业生的一个主要去向。2022年内蒙古自治区教育厅出台了新的专升本政策解读文件，该文件全面、系统地将各高校的专升本方案统一起来，极具科学性和可操作性。对于工程造价专业，各高校将专业课的考查主要集中在对本专业基础知识的理解和应用方面。2021年，内蒙古财经大学工程造价专业毕业生的专升本升学率已达15%，且呈持续上升态势。

(2)企事业单位就职。工程造价专业属于多学科交叉的专业，就业面较为广泛。

工程造价专业毕业生的就业方向包括咨询公司、装潢公司、施工单位、工程监理、房地产开发、工程审计、建筑设计院、政府基建部门等企事业单位；从事的工作包括工程造价招标代理、项目的融投资控制、工程预决算、成本分析、工程造价咨询、工程监理等，随着社会的发展，工种不限于以上内容，拓展就业方向如工程造价管理相关软件的开发及相关技术支持等。

本文对近年来工程造价专业毕业生就业情况及其行业分布如图1所示，可见建筑/工程及房地产行业仍为工程造价专业毕业生的主要就业方向，但其他行业的占比接近30%，说明工程造价专业毕业生的就业范围逐步多样化，覆盖范围广阔。

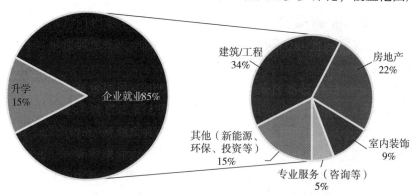

图1 工程造价专业毕业生就业情况及其行业分布

2. 就业需求——用人方角度

现如今社会对工程造价人员综合素质的要求日渐提高，本文对4家公司用人要求的调研主要从以下四方面展开：①对工作经验是否有要求；②对造价专业技能的要求；③除专业技能外的其他能力；④工程造价专业人才的未来发展规划。

经过收集统计4家企业对工程造价相关岗位如预算员、成本经理、投标专员、工程审计等的招聘要求，发现企业用人对工作经验的要求如图2所示，企业用人对工作经验的要求并非硬性，超过40%的岗位招聘并不要求有工作经验，这对应届毕业生有利。

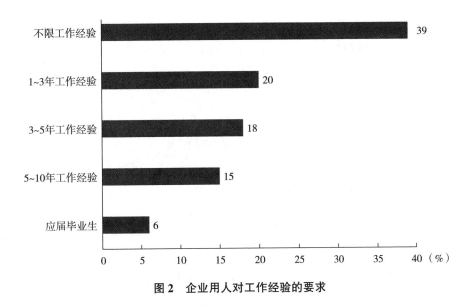

图2　企业用人对工作经验的要求

针对企业对岗位所需专业技能的调查发现，用人单位多注重实操技能，即在工作中可以熟练运用行业常用工具，完成全部或部分工作，如预算员可完成相应部分算量工作。如A公司人力资源负责人曾举例：两个学生，成绩一个较好，另一个稍差，如果稍差的学生有在校参与相关竞赛、模拟项目或实习等经验的，则他们倾向于聘用后者，可见在就业时，公司对实操很看重。

除上述专业技能外，用人单位还注重员工个人职业规划与公司的发展规划相协调，打造具有竞争力的团队，故造价人才的管理能力、对新事物的敏锐度等也是公司甄选人才的重要参考。在对C公司访谈时，对方提到他们在招收新人时比较注重学生的反应能力，对事物的敏感程度。他们曾经在一场面试中让几位主要考核人员扮作旁听人员和应聘人员，来测试求职者的应变能力。

3. 就业需求——毕业生角度

笔者采访了内蒙古自治区几所高校的工程造价专业的应届毕业生和往届毕业生，探寻毕业生在就业过程中遇到的主要问题，结果发现：

（1）刚毕业进入工作岗位的学生面临的最大问题是如何将学校学习的知识运用到具体工作中。有的学生认为该专业课程体系中缺少一些实操技能的课程。还有一个较突出的问题是学生在工程识图方面有些困难。

（2）往届毕业生在意的并非对使用工具和相关法律法规条文的熟悉程度等问题，而是如何拓宽视野、提升与时俱进和创新的能力。

由上述调研结果可以看出，企业更注重工程造价人员的综合能力，不仅是专业技能，还包括职业深度发展必不可少的分析能力、对新兴事物的感知能力、对新技术的接收能力等。这对工程造价专业的人才培养模式提供了方向性的启发。

三、课程改革建议

在明确企业需求的基础上，笔者基于对内蒙古自治区几所高校工程造价专业课程设置的调研分析，发现内蒙古财经大学工程造价专业的课程体系在工程基础和实训层面有待优化。

首先，课程内容比较偏向经济学，在工程学的专业基础方面较为欠缺；其次，专业主干课程中的实训课程均较为传统。这样的课程设置虽然能够使学生对基础知识应用有深刻的认知，但在训练学生的信息综合能力、逻辑思维能力、管理能力及创新能力等方面存在不足。

为解决上述问题，本文在借鉴知名高校课程体系和匹配企业需求的基础上提出以下建议。

（一）增加工程力学与结构、建筑工程概论和建筑 CAD 课程的课时数

工程力学与结构课程主要讲述工程力学及工程结构的基本原理与设计方法；建筑工程概论课程包含专业基础知识和识图等内容，是工程造价专业升学考试科

目，有助于进一步夯实基础，提高学生的专业技能和实际动手能力；建筑CAD课程旨在训练学生的制图能力。

这三门课程均已十分成熟，其教学资料、授课经验等均经过时间和行业实际的检验，课程引入这三门课程不存在教学资源短缺的风险。

在具体实施阶段，可以改变单一讲授的传统教学模式，代以理论加实际操作的学习模式，如引入实际案例教学，边学习边实践，既可以提高学生的学习效率，在较短时间内达到教学目标要求，又可以充分调动学生兴趣。

（二）将BIM技术引入教学过程

建筑信息模型（Building Information Modeling，BIM）被公认为是继CAD技术后建筑行业的革命性技术，可以在训练学生的信息综合能力、逻辑思维能力、管理能力及创新能力等方面提供帮助。BIM作为一种四维建筑信息模型，可以实现对建筑物从概念到拆除全生命周期的模拟。对于工程造价人员来说，这种模型的建立过程，简化了传统造价工作模式下识图、算量、套项、调整材料价格等环节中相互重复工作，且时间维度的加入使造价人员兼顾到建筑全生命周期，建立起宏观的概念，有助于提高学生的分析能力、思维能力和管控能力。

具体而言，在使用BIM技术建模的过程中，学生能够更加清晰地认识建筑物各组成部分的受力状态、荷载传递机理，以及杆件的形状尺寸、截面类型、配筋数量、名称功能等，使理论性的课程具体化，有助于提高学生对课程甚至专业的兴趣。

（三）增加专业外语课程

立足于国际，"一带一路"倡议带来了蓬勃的海外市场，这要求工程造价人员不仅要具有扎实的基础知识和常规的专业技能，还要具备工程清单计量与计价、工程招投标、合同及国际化的索赔等方面的法律知识，作为基本知识体系的专业外语课程无疑是不可缺少的。

立足于国内，建筑业向着高质量方向发展，工程造价专业英语课程涉及工程管理基础知识、招标投标、工程量清单、合同管理、项目管理、索赔、付款等内容，部分教材还附有投标书、协议书、投标保函、履约保函等中英文常用格式文件，以及工程造价专业词汇和参考译文，是提高学生专业水平、拓宽就业渠道的必备知识。

四、结论

本文对工程造价专业毕业生的就业方向和就业需求、用人方的需求及学生就业过程中遇到的问题进行了调查分析和总结，得出如下结论：

内蒙古财经大学工程造价专业需增加部分工程类基础课程的课时，加强学生工程识图等技能，进一步夯实基础。

新时期工程造价行业在信息综合能力、逻辑思维能力、管理能力及创新能力等方面有较高要求，内蒙古财经大学现有课程设置在这些方面还需要加强。目前来看，掌握 BIM 技术的工程造价人才，未来将具有核心竞争力。

综合上述分析结果，本文认为可在内蒙古财经大学工程造价既有课程的基础上增加工程力学与结构、建筑 CAD 和建筑工程概论的课时数，另外将 BIM 技术及建筑外语引入工程造价培养课程，构建新时期更具竞争力的人才培养体系。

参考文献：

[1]中华人民共和国国务院. 关于加快发展现代职业教育的决定(国发〔2021〕19 号)[Z]. 2021.

[2]中华人民共和国国务院. 关于印发国家职业教育改革实施方案的通知(国发〔2019〕4 号)[Z]. 2019.

[3]内蒙古自治区教育厅. 2022 年自治区专升本招生政策解读(一)[EB/OL]. [2022-01-24]. https：//jyt. nmg. gov. cn/zfxxglz/fdzdgknr/？gk＝3&cid：17374.

[4]李阳. 基于 BIM 技术的"工程造价管理"课程建设研究[J]. 教育现代化, 2019, 6(79)：154-155.

[5]郭彦丽, 张娅, 陈晨. 高职工程造价专业就业能力培养模式研究[J]. 四川水泥, 2017(12)：234.

[6]钱源. 基于"互联网+BIM 技术"的工程造价专业人才培养模式研究[J]. 黑龙江科学, 2019, 10(23)：50-51.

[7]任玲玲, 李琳. 应用型本科工程造价专业力学课程改革与实践[J]. 价值工程, 2016, 35(4)：208-209.

[8]刘亮, 丁磊, 李行, 等. 以就业为导向的工程造价专业人才培养模式探

索与实践[J]. 科技创新导报，2020，17(10)：210-213.

[9]郭艳. 应用型大学工程造价专业人才培养方案改革的研究[J]. 四川建材，2020，46(7)：237-238.

[11]教育部. 关于全面提高高等职业教育教学质量的若干意见(教高〔2006〕16 号)[Z]. 2006.

旅游酒店高等教育创新创业人才培养与评价体系研究

刘　祝

摘要： 本文通过阐述旅游酒店高等教育创新创业教育的目的与意义，提出旅游新常态对高校旅游人才培养的新要求。通过分析目前高校旅游管理专业人才培养存在的问题，针对创新创业教育提出以下对策：营造"双创"氛围，邀请企业人员参与人才培养方案制定，校企合作共育创新创业型人才；打破壁垒，校企共建"双创"平台，构建并完善校企协同育人的激励机制，构建旅游酒店创新创业教育评价体系。

关键词： 高等教育；创新创业；对策

一、旅游酒店高等教育创新创业教育的目的与意义

旅游业已成为新常态下的经济增长点，可称其为旅游新常态。关于旅游新常态的内涵界定，主要体现在以下几个方面。一是传统旅游企业面临着转型升级。随着游客的需求越来越个性化和多元化，散客化、个性化、多样化的旅游时代已经到来，传统旅游业的三大支柱企业均面临着巨大挑战，人们出行不再选择传统的包价旅游，90%左右的游客选择自由行，这给传统的旅行社经营带来巨大冲击；星级酒店、标准化服务不再是游客追求的唯一目标，各种个性化的主题酒店逐渐成为游客追逐的对象；景区不再是旅游目的地唯一的吸引力，旅游目的地居民的日常生活方式也越来越成为游客想体验的一种吸引物。所有这些改变，使传统的旅游企业必须转型升级，这是旅游新常态下旅游业的一个重要特征。二是与互联网、信息化手段越来越深入融合。依赖互联网、大数据、各种信息化手段的智慧旅游、线上旅游迅速发展，逐渐形成一大批新兴的旅游企业，对传统旅游企业造

成了巨大冲击。三是旅游产品结构加快转型，休闲度假需求持续上升。经济的发展、社会的进步、文化的繁荣使休闲度假在人们的生活中扮演越来越重要的角色。由之前的以观光旅游产品为主，向观光、休闲、度假复合型发展转变，推动三大旅游产品市场全面发展。所以，开发高质量的休闲、度假产品成为未来旅游产品开发的重点。四是旅游市场细分化更加明显，旅游产品日趋个性化和多样化。

二、旅游新常态对高校旅游人才培养的新要求

(一) 更加强化学生创新创业能力的培养

旅游业作为新常态下的经济增长点，行业的多层次、多样化发展蕴含着更多的创业机遇和可能性。从 2012 年开始，国家就下发了鼓励高校毕业生自主创业的政策公告，2013 年、2014 年、2015 年又逐步进行完善，使国家扶持大学生自主创业的条件越来越成熟。所以，目前形势下，旅游行业迫切需要创新创业人才。作为高校，应该在注重学生基本知识、基本技能教育的前提下，强化学生创新创业能力的培养，使学生毕业后能真正能融入行业，为社会发展做出贡献。

(二) 进一步强化学生对网络信息平台的运用能力

随着云计算、大数据时代的到来，尤其是网络信息平台利用越来越深地融入旅游行业的各个领域，依托网络优势形成的各种新兴旅游企业将成为未来旅游业的主体。因此，对于高校旅游管理专业的学生来说，仅仅开设计算机文化基础、旅游信息系统课程是远远不够的，需要进一步加强学生旅游电子商务等网络方面相关课程的学习，强化学生对网络信息平台的运用能力，使其成为新兴旅游企业管理和创新的新生力量。

(三) 更加深入企业和社会，了解行业变化和信息

旅游业发展可以说是日新月异，新业态层出不穷，高校学生要走出校园、深入企业和社会。各高校，尤其是应用型本科高校在推进实践教学、校企合作等方面进行了一些探索，但如何在高校培养体系中、在日常教学过程中全方位与企业、社会融合，还需要进一步深入探索，以期让学生及时地了解行业变化和信息，明确自己的学习方向和重点，避免所学知识与行业需求脱节。

(四)培养学生对旅游业的认同和热爱

旅游学专业的学生毕业后不从事旅游行业的工作，导致行业就业率低，这是目前专业培养存在的大问题。国家相关数据统计，本科毕业生行业就业率控制在10%~20%以内，仅2014~2018年，旅游行业人才流失率高达90%以上，有效提高旅游管理专业学生的就业率、降低流失率，是目前高校旅游专业需要解决的重要问题之一。让学生对旅游学专业产生认同感、热爱专业，是高校在旅游人才培养中必须强化的一个理念。

三、高校旅游管理专业人才培养存在的问题

(一)高校旅游人才培养模式存在的问题

高校旅游人才培养存在着人才培养模式、培养质量滞后于市场需求，专业人才利用率低的问题。在人才培养上，高校虽然越来越注重应用型人才的培养，但受制于传统的教学模式、教师实践能力的有限、实习环节的不完善，尤其是现有的专业设置限制了对旅游管理专业的进一步细分，造成高校培养的旅游人才与市场需求的人才脱节，形成"市场需要大量专业人才，而该专业的毕业生不愿意从事相关工作"的局面，人才流失严重。

(二)高校人才培养课程体系存在的问题

在现有人才培养课程体系中对学生创新创业能力的培养不够突出，没有形成培养主线和具有针对性的课程体系。虽然大多数高校在培养方案中会提及对学生创新创业能力的培养，但没有把培养学生的创新创业能力作为培养主线贯穿到课程体系建设中。

(三)应用型高校人才培养中校企合作不充分

在现有的人才培养体系中，虽然注重通过加强校企合作来推动学生实践运用能力的提高，如建立订单培养、到实习基地顶岗实习等，但这些都只是阶段性的合作，校企合作还没有形成全方位的合作培养模式，以培养学生对行业动态的了解和关注，同时培养学生对行业的认同感。

四、开展创新创业教育的对策

(一) 营造"双创"氛围，邀请企业人员参与人才培养方案制订

高校应主动更新观念，尤其是对于实践性较强的旅游管理专业而言，更要重视创新创业教育。高校应在人才培养目标、课程体系设置、实践教学开展等诸多方面进行改革，将创新创业教育与专业教育有机结合起来。同时，开展形式多样的创新创业教育活动，包容学生的失败，为学生的创新创业营造良好的氛围。

认真听取旅游企业对旅游人才的需求，结合行业发展趋势，将创新创业意识嵌入人才培养目标和人才培养方案中，重构理论课程体系和实践教学体系，增设创新创业平台课程。在充分征求旅游企业意见的基础上，一方面，增设旅游企业创业学、旅游企业运营学、商业计划写作、创新与应用、科学研究方法的应用等理论课程，让学生切实掌握企业投融资、风险控制、企业营运等相关理论与方法，为学生创新创业提供智力支持。另一方面，增加创新创业实践教学环节。在时间安排上，课程实习时间较短，安排在企业相对空闲时间为宜，以保证企业有足够的时间与精力指导学生；专业综合实习时间较长，可与企业人才需求高峰期保持一致，既可解决企业人才短缺的问题，也可让学生从中获得较多的实践机会。

(二) 校企合作共建"双创"平台，共育创新创业型人才

1. 聘请旅游企业高级管理人员给学生授课

企业管理人员对旅游行业的发展现状十分了解，邀请他们作为兼职教师给学生上课，或举办创新创业讲座进行案例分析，共同探讨创业的成功与失败个案，既可弥补专职教师行业实践经验不足的劣势，又可为学生补充最新的资讯，使学生获得创新创业的实战经验。同时，可以邀请旅游企业参与创新创业教材的编写，填补相关教材的空缺。

2. 校企之间在实践教学的多个层面深化合作

第一，在课程实习和专业综合实习方面，酒店、旅行社、旅游景区等旅游企业为学生提供课程实习、见习、顶岗实习等机会，让学生了解旅游企业的运作流程和标准，从而更好地理解与掌握理论知识，为未来进行创新创业奠定基础。第

二,旅游管理专业应与企业合作建立实习基地,为学生创新创业服务。第三,聘请企业相关人员作为学生毕业论文、创新创业项目的指导教师,指导学生选择研究课题、开展科技创新和创业实践。第四,旅游企业为专职教师提供到企业兼职、挂职锻炼的机会,提高教师创新创业的意识与能力。相应地,高校旅游管理专业教师运用专业知识为企业提供咨询服务,帮助企业培训员工,给企业员工提供到高校进修的机会,为企业的发展供应人才和提供智力支持。

3. 打破壁垒

旅游管理专业创新创业型人才的培养,需要突破以往学科限制、学分制约、师生考评标准约束等诸多壁垒,高校与旅游企业在满足双方需求的前提下,共同合作搭建跨学科、跨部门的创新创业平台。重视大学生创业园区、创业孵化园等建设,实施"走出去,引进来"战略,鼓励旅游管理专业教师走出学校,学习企业经营管理,并积极引入具有一定规模的旅游企业合作建设创客空间,聘请旅游企业相关人员担任创业导师。旅游企业可为开展创新创业的学生提供具体的项目咨询、信贷融资、工商注册、管理运作、市场营销等多方面的指导。由企业出资举办旅游管理专业学生创新创业大赛,对于发展前景好、市场效益较好的创业项目,旅游企业可为其提供风险资金,并支持项目孵化。高校应不定期联合企业举办丰富多彩的活动,如创新创业经验分享会、旅游投资经验交流会、创新创业大赛、创新创业成果展等,在学校内形成较为浓厚的创新创业氛围,建设校园创新创业文化,充分调动学生的创业积极性,激发他们的创新精神。

(三)构建并完善校企协同育人的激励机制

旅游管理创新创业型人才的培养需要政府、社会、高校以及旅游企事业单位多方的密切合作与支持。校企协同育人的激励机制与保障机制的构建与完善显得尤为重要。第一,政府通过出台相关扶持政策,给予参与校企协同育人的旅游企业一定的补贴或减免税费。第二,社会对大学生创业应给予一定的鼓励、宽容与包容。对于成功的创业经验,可积极推广;对于失败的创业,应持宽容的态度,允许和接纳大学生暂时的不成功,在社会上营造良好的创新创业氛围。第三,高校改革现有的师生考评制度,为培养创新创业型人才做出合理的制度安排。就教师考评制度而言,首先,改变以往主要以科研经费、论文数量为教师考核指标的做法,构建综合评价指标,将授课质量、指导学生创新项目、参与创业实践等指标纳入考核体系。将教师指导学生开展科研创新、创业活动、社会实践等折算成,可用于抵扣一定数量的论文、授课课时等工作量,激励教师积极参与创新创业教育。其次,允许教师创业,或到旅游企业兼职,以提高教师创新创业教育的能力。就学生考评制度而言，改革机械的考核方式，允许教师根据课程性质，实行试卷考试、口试、实操测试、小组作业、课程论文、调研报告等多种形式的考核。实行更为灵活的学分制，对于开展创新创业活动取得一定成效的学生，其成果鉴定后可折算成一定比例的学分。此外，对于积极参与创新创业活动并取得一定成绩的学生，在综合测评、评优、硕士推免等方面给予优先考虑，以此鼓励他们主动参与创新创业活动。第四，多举措激励旅游企业参与旅游管理专业创新创业教育。高校应与合作的旅游企业签订相关合同，在为学生争取更多权益的同时也要保障企业的利益。双方可就旅游人才输送、实习基地建设、旅游企业战略制定与技术支持等方面开展深入的合作，从制度上保障合作企业的利益。

（四）构建旅游酒店创新创业教育评价体系

旅游酒店高等教育创新创业教育人才培养需要构建旅游酒店创新创业教育评价体系。旅游酒店创新创业教育评价体系包括创业素质测评模型、创业能力测评模型、科技应用测评模型、创新创业知识转化能力评价模型。各测评模型的指标内容如图1至图4所示。

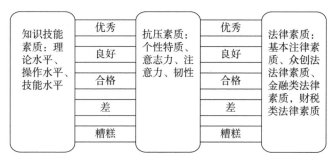

图 1　创业素质测评模型

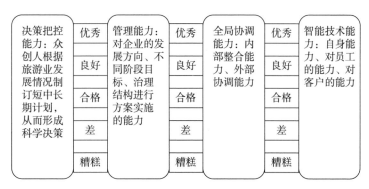

图 2　创业能力测评模型

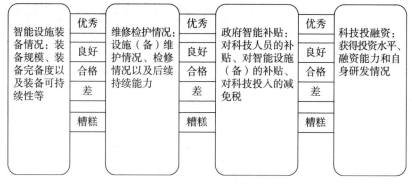

图3　科技应用测评模型

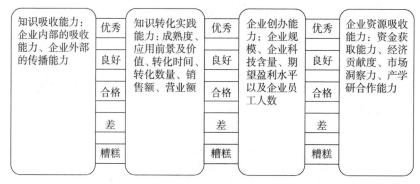

图4　创新创业知识转化能力测评模型

综上所述，旅游管理专业人才培养的关键在于在学生掌握基本专业技能基础上对其创新创业能力的培养，即能敏锐地发现市场机遇，准确把握市场动态，快速开展相关工作。旅游管理涉及多个领域、对人才的综合素质要求较高，高校要想达到专业人才培养的目标，对旅游业创新创业人才培养与评价体系的研究尤为重要。

参考文献：

[1]王静远.多元文化背景下高校中外合作办学创新教育探索与实践[J].教育文化，2020(6)：22-23.

[2]耿贵情.中外合作办学模式下加强学生思想政治教育的思考：以贵州财经大学国际学院为例[J].太原城市职业技术学院学报，2019(1)：12-15.

[3]金志远."中蒙俄经济走廊"建设中内蒙古高校民族教育智库创建的思考[J].民族教育研究，2018，29(4)：98-105.

[4]张江燕.高职院校旅游管理专业就业问题及对策浅析[J].现代职业教育，2019(9)：218-219.

"互联网+"与高校教育改革的理论与实践探索研究

王瑞永　焦梦然

摘要：互联网教育是未来教育的重要形态，是教育变革的重要推动力量，互联网技术对高校教育模式的影响越来越显著。本文选取内蒙古自治区10所高校作为研究对象，借鉴建构主义理论及"学会生存"、因势利导和教学相长等相关理念，对"互联网+"与高校教育改革的理论与实践进行探索性研究，以期为高校教育改革提供一定的借鉴作用。

关键词："互联网+"；教育改革；高等教育

一、"互联网+"背景下高校教育的发展现状

(一)取得的成效

1. 教育资源从"封闭"向"共享"发展

各大高校所掌握的教育资源是不平衡的，"互联网+"为实现教育公平提供了有效的技术手段和渠道。各所高校响应国家号召在自己的官方网站上开放各类精品课程，校内外的学生可以自由学习，打破了学校与学校之间的壁垒。慕课的开展，为学生提供了获取各校教学资源的平台，极大地促进了资源的共享。同时，教师也可以通过互联网进行异地授课和实时教学，避免把大量的时间浪费在路途上。知识的载体由人脑向服务器转变，有利于实现人机交互的互联互通，基于互联网的共享性、跨时空、交互性和公平性等特点，为实现教育资源传播和共享成本的降低提供了有利的技术支持。

2. 教育结构从"纵深型"向"横向交叉应用型"转变

"互联网+"背景下，知识构建向分布式知识网络体系转变，与其相匹配的教育结构已经不适应时代发展的需要，高校教育结构向横向交叉应用型转变。互联网的加入，为高校各部门实现跨专业甚至是跨区域的协作提供了基础，使学校教育结构围绕教学、科研和服务社会等功能不断改进。互联网不仅是一种信息技术，更是一股看不见的隐形力量在影响着教育结构，促使教育结构由纵深型转变为横向交叉应用型，整个教育系统中的各部门不再拘泥于自己的小圈子，而是在交叉融合中实现新发展。

3. 教学方式从"灌输型"向"吸纳型"转变

"互联网+"给高校传统的教学方式带来了巨大的冲击，由于其资源的共享性以及跨时空等特点，学生可以灵活地运用时间通过互联网这一平台自主获取所需的知识，且不受学科专业的限制，学生还可以发现潜藏在交叉学科间的有趣问题，其主动性与积极性也得到相应的锻炼。随着互联网应用的不断扩展，线上与线下教育的结合大大拓展了学生的眼界与知识层面，有利于学生树立终生学习观。

4. 教学内容从"静态"向"动态"转变

互联网作为教学媒介让教师的"教"与学生的"学"更加直接、便捷地联系起来。目前，采用传统教科书进行教学的老师占总调查人数的48.57%；采用PPT教学是当前的一大趋势，占比为96.16%，在PPT中可以展现最新的教学内容，对传统陈旧的内容加以筛选和淘汰，提高教学内容的时效性。调查还显示，有43.81%的教师应用了翻转课堂，即将课堂交给学生，让学生除学习外还参与分享知识的过程，教学内容更加灵活生动。互联网的发展产生了网络课程平台，有42.86%的教师在教学中应用到这一平台，通过直播或录播的方式向学生传授知识，打破了时空的局限。

(二) 存在的问题

1. 对传统高等教育模式具有依赖性

由于高校大学生长期以来接受的都是传统教育模式，无论是教学模式还是教学手段都是以传统教育模式为主，这使学生对互联网教育持有怀疑或否定的态度，虽然互联网信息技术和互联网思维对传统教育模式的地位产生了一定的冲击，但是传统教育模式始终占据着主导地位。调查结果显示，有60%的人认为当前教育模式僵化，教师的"教"和学生的"学"都形成了一种固定的模式，不利于培养学生的创新意识和自主能力。

2. 软件技术及配套设备建设不完善

高校在互联网技术及配套设备的建设方面投入的人力、物力和财力十分有限，缺少相关技术和设备来支撑互联网教学。同时，互联网技术的引进及配套设备的建设需要高昂的费用，再加上互联网的更新速度非常快，学校需要不断更新相关技术及设备以适应时代的发展，在经费有限的情况下，学校难以开展以互联网为媒介的教育改革。另外，高校规模的不断扩张带来人均教育资金下降的问题，使高校教育经费不足以支撑"互联网+"教育的发展。

3. 教育者的综合素质难以适应时代需要

"互联网+"对教育者的素质提出了更高的要求。但在调查中发现，有58%的被调查者认为，多数高校教师的综合素质难以适应互联网时代的需要，难以将互联网技术应用于平常的课堂教学中。许多教师，尤其是偏向传统教育模式的教师，习惯了传统的授课模式，对"互联网+"与教育的创新授课模式持抗拒态度，使"互联网+"在高校教育改革中难以发挥预期作用。另外，学校所能为教师提供互联网信息技术知识和技能的培训大多是不定期的（占比57%），且有27.5%的教师目前还没有接受过相关培训。

4. 师生间的认可度下降

在以互联网为媒介的学习中，学生一味追求自己的兴趣爱好，进行选择性的学习，导致出现学生上课不认真、过分依赖网络，甚至怀疑教师的教学能力等情况。同时，由于教师所掌握的互联网技术有限，再加上学生的不配合，难以达到的预期的教学效果，导致教师不得不采取低标准来要求学生，对学生的期望大大下降。这种师生间认可度的下降会对教师权威造成影响，也不利于学生专业能力的提升。调查显示，有52.38%的学生认为教师的课堂教学与现代信息技术的融合流于表面，仅仅利用图片或视频进行资料展示，未能实现教学过程的拓展，难以真正体现互联网技术在推进高校教育改革方面的价值。

二、"互联网+"背景下高等教育改革的措施

（一）国家层面

1. 大力扶持教育平台

"互联网+"背景下，平台是一切发展的基础，平台对于经济欠发达的地区来

说更为重要。本身的经济条件落后，会导致教育资源不足的问题，学生不能受到良好的教育，但如果有良好的互联网平台，学生则可以通过远程学习的方式接触到更多优秀教师的讲授，部分填补因经济不发达而带来的教育不公平的问题，提高学习质量。因此，国家应鼓励高校、企业等在平台搭建方面有所作为，对于能够搭建出优秀教育平台的高校或企业予以相应的福利政策，如加大教育资金支持、适当降低税收等。此外，国家还应为有相关能力的人才提供展示自己的渠道，高校或企业缺少人才与人才缺少用武之地是信息不对称带来的巨大损失，国家可以通过加大宣传力度等措施将二者正确连接在一起，实现双赢，共同为教育平台的搭建贡献力量。

2. 提供经济和政策支持

高校依靠互联网实现线上教育需要建立校园网络、机房，投入大量的软硬件设施，如计算机、投影仪等设备，以保证教师、学生在授课及听课过程中能够实现高效率的知识输出与输入。中央政府应针对高校的"互联网+教育"改革设立专项资金，统筹好各地方的教育经费投入，以及相应的落实情况。此外，各省份也应将高校的信息化建设放在首位，考虑优先配置资源。但同时，也要做好经费监督，做到专款专用，避免出现专项经费滥用，没有实现真正价值的现象。在经济支持的同时，高校还需要国家的政策支持。国家应在"互联网+"高等教育改革中起到引导作用，通过制定相关政策为高校指出改革方向与改革目标，以制度辅助教育改革的进行，保证教育经费的投入产出比，保证改革的实施力度与完成程度。

3. 建立"标准化+个性化"教育体系

标准化是我国高校"互联网+"教育的基础，个性化是高校"互联网+"教育的特色体现。标准化教育体系是指在我国高校内实施的教育体系，这一标准的建立应以那些处在偏远地区的高校所能实现的"互联网+"教育改革的程度为主要参考。比如，建立统一的教育平台，各个高校的学生统一通过该平台进行学习，实现授课、上课标准化、透明化。建立标准化、统一化的教育体系有助于评价和比较各个高校"互联网+"教育的改革进程与改革效果。此外，各个高校的教育资源并不相同，在专业方面也各有针对性，因此，还需要各个高校根据自己的实际情况构建出属于该高校的个性化教育体系。这样，在"互联网+"背景下，高校构建"标准化+个性化"的教育体系，不仅能够进行标准化管理，还能提高各个高校的适应性，符合社会对高等教育的要求。

（二）高校方面

1. 强化互联网教学理念

高校应冲破原有教学理念的束缚，打破传统教育理念存在的壁垒，深刻认识"互联网+"背景下高校教育改革的迫切性与必要性，树立开放的教学理念，并将这一教学理念灌输到学校的每个角落，以及每位教师、每位教学管理者、每位学生、每项工作中。高校要适应互联网教学的特征，利用互联网平台，与其他高校沟通。同时，高校还应尽可能将各大教学平台上的各类优质的教学资源进行整合，打造出本校独有的优质的网络教学库，在提高教学质量的同时，与企业、政府和研究机构等进行合作，将学生培养成为企业单位所需的优质人才，进一步满足企业对应届毕业生的需求，提高人才质量。

2. 提供技能培训

高校应为教师提供互联网技能培训，并根据实际需要展开互联网人才引进工作。高校管理者应根据教师对各类技能的掌握程度制定相应的培训课程，如教学课件制作、教学视频录制、网上教学平台使用等内容，通过开展专题讲座、录制视频课程等方式进行培训，充分满足教师的学习需要。除了纵向培训学习，教师之间还应多开展技能交流活动，针对如何快速且高效地提升互联网教学技能展开讨论，进行头脑风暴，在讨论交流中进步，加深技能的熟练程度。

3. 建立科学的考核评价体系

在"互联网+"教育改革背景下，对教师的考核应摒弃原有考核方式的不足之处，提高教学质量对教师考核结果的占比情况，保证高校能够培养出更加符合社会需求的优质人才。对教学质量的评估除了要考虑教师对互联网技术应用的熟练程度，还要考虑在教学过程中教师与学生的互动程度、学生的满意程度、能否为学生及时提供答疑指导、能否将最新的教学资源应用于课堂中激发学生的思考等方面，即将过程性评价与结果性评价并重考虑。此外，还要对教师在培训课程中所获知识的应用程度进行考核，通过定期安排笔试、实际操作等考试检测教师的培训效果。还可以举办技能比赛，充分调动教师的积极性，对在比赛中成绩优异的教师授予相应的荣誉称号，并在赛后举办分享交流会。

（三）教师方面

1. 转变教师角色

教师应转变自己的角色。在传统教育模式中，教师的角色被定义为"传道、授业、解惑",教师也一直扮演着这样的角色,但是在"互联网+"背景下,学生可以通过互联网查找资源,通过慕课等方式获取知识,这些资源扮演了"传道授业"的角色,而"解惑"的角色就需要教师通过与学生进行面对面的交流讨论来完成。教师需要从知识的"传道授业者"的角色转变为引导、激发学生思考的"导师"的角色和为学生答疑解惑的"解惑者"的角色。教师不应只是一味地进行传统的"填鸭式""满堂灌式"教学,而应引导学生自主学习,最大限度地发挥学生的创新作用,主动与学生互动,解决学生的问题。

2. 提升互联网技能

高校教师需要对互联网工具有更多的了解与学习,掌握更多获取信息的渠道,如一些专业的教学资源库、公众号等,在第一时间获取最新信息,了解该领域的前沿发展和趋势,以及最新的教育技术和教育发展趋势。教师不仅要提高自己的专业知识,还要不断吸收海量的新知识,同时需要在海量的信息中寻找出有价值、可利用的信息,并将获取的最新的、有价值的信息运用到教学中,在提高自己知识存储的同时帮助学生获取更多的知识,拓宽学生的视野。

3. 强化以学生为中心的意识

教师应意识到学生的注意力和理解能力是有限的,授课应以学生能够当堂消化吸收为前提,而不应只一味地讲求速度,让学生课后根据 PPT 自己复习理解,这可能会使学生感觉任务过重而放弃学习。此外,教师在设计课程时应以学生为中心,将课程的逻辑告知学生,让学生把握整体的脉络,自主进行知识梳理,从而形成自己的知识存储。同时,教师还应针对不同特点、不同诉求的学生提供个性化的帮助与指导。

(四)学生方面

1. 提高辨别网络是非的能力

互联网可以提供获取答案的途径,但也可能提供错误的信息,这就需要学生提高辨别能力,辨别是非真假,正确使用网络途径获取所需的信息,并对所获得的信息进行过滤,筛选出对自己有用的知识,最终得到自己所需要的信息。同时,在自己不能辨别信息真伪时,可以选择向教师、家长、同学寻求帮助,不要自己盲目做决定,避免被错误的信息所误导,从而对自己后面的知识学习造成不利的影响。

2. 提高自我控制能力

大学生要以学业为主,避免将时间浪费在其他不相关的互联网应用上。"互联网+"的教育方式需要学生具备强大的自制力，大学生应明确上网的目的，制订学习计划，合理安排学习时间，提高自己的时间管理能力，控制自己在非学习目的的互联网使用上的时间。面对网络的诱惑，大学生要学会克制自己，不理会无关的信息。同学之间可以制订相互监督的计划，互相督促、互相学习、互相进步。

3. 提高自主学习能力

互联网上有万千资源，这就需要学生具有自主学习能力，有求知欲，自主探索获取更多的知识。此外，互联网信息大多是碎片化的，知识内容也是碎片化地呈现，很多学生只是浮光掠影、浏览而过，似懂非懂，缺少深度的思考，没有将碎片化的知识内容拼凑起来，形成属于自己的知识图谱，这就要求学生要有构筑系统知识网络的能力，将学习到的零碎知识整合起来，形成系统化的学习网络及知识体系。

参考文献：

[1]宋紫月."互联网+"时代的高校课堂教学变革研究[D].延安：延安大学，2018.

[2]张岩."互联网+教育"理念及模式探析[J].中国高教研究，2016(2)：70-73.

[3]王建华.大学的范式危机与转变：创新创业的视角[J].中国高教研究，2020(1)：70-77.

[4]俞明雅，叶波."互联网+"能促进教育公平吗：兼论"互联网+"教育公平的挑战与应对[J].教育科学研究，2017(4)：15-18,23.

[5]刘刚，李佳，梁晗."互联网+"时代高校教学创新的思考与对策[J].中国高教研究，2017(2)：93-98.

[6]平和光，杜亚丽.互联网+教育：机遇、挑战与对策[J].现代教育管理，2016(1)：13-18.

[7]李妍.关于我国高等教育改革的理论思考[J].课程教育研究，2016(4)：2.

基金项目： 内蒙古自治区教育科学规划课题（NGJGH2018320）。

作者简介： 王瑞永，内蒙古财经大学工商管理学院教授，主要研究方向为人力资源管理。

课程建设

我国高校社会工作专业课程体系建设研究

李淑芳

摘要：目前，我国社会工作人才缺乏多层次、宽领域的培养机制，使大学生进入实际工作领域后出现人岗分离、无法良好开展社会服务等情况。本文主要从我国高校社会工作专业课程设置存在的问题、社会工作专业课程设置的方法论指导等方面入手，阐释在我国应开展以职业化为发展目标的社会工作专业课程体系建设。

关键词：高校；社会工作专业；课程体系建设

一、目前我国社会工作专业课程体系设置存在的问题

我国社会工作教育真正大规模发展是从 21 世纪初开始的，在短短 20 几年的时间内，我国高校的社会工作专业已经形成了比较完整的本科和硕士培养体系，目前正在探索博士阶段的培养体系。当前我国高校社会工作专业课程体系的设置缺乏统一的科学论证，存在较多问题。

(一) 课程间联系松散，忽视学生的现实需求

国内社会工作专业在课程体系设置上缺乏科学严谨的论证，课程间联系松散。当前我国高校社会工作专业课程设置主要以科目为本，注重课程技术理性的规范化、体系化与学科化，但是欠缺弹性的课程设计空间。这种课程设置模式，虽然能够使学生较深入系统地了解每门课程知识，但是课程之间的内容易相互重叠，浪费学时。同时，学生掌握的知识较死板，难以融会贯通、综合运用，而社会工作中在解决实际问题时几乎都需要综合运用各学科知识。

（二）专业培养粗放，缺乏个性

考虑到学生之间的差异和社会工作具体实务领域不同，在学生培养过程中就需要不同的知识和能力作铺垫，但是鉴于师资、硬件设施、学校政策制度、社会环境等方面因素的限制，目前国内普通本科院校社会工作专业人才培养并未出现这种教育模式，甚至一些新设社会工作专业的高校，其课程体系设置取决于可利用教师队伍的人员构成情况，且课程选用的教材也很少经过团队内部讨论，比较粗放的课程设置带来粗放的人才培养，学生难以在具体社会工作实务中体现其专业价值。

（三）课程结构不合理，实务课严重不足

对于社会工作专业普通本科生而言，应将其实务能力培养列为核心，但事实是学习内容、学时安排不尽合理，尤其是大一、大二学生，公共必修课及选修课占用了过多的时间，使他们没有多余时间外出实践。同时，在全国绝大多数地区，受社会服务机构数量及实习基地等客观条件的限制，社会工作实务课程大多无法顺利开展，只能在课堂上完成，导致学生缺乏实战经验，走入工作岗位后对一些实际问题总是显得手足无措。

（四）课程体系改革受限于学校政策

社会工作作为新兴专业，其课程体系的设置与改革普遍处于摸索阶段，在看不到明显的改革成果时，课程体系改革会更加谨慎，而那些与原有培养体系不相符甚至形成挑战与颠覆的改革思路与模式必然需要更全面、更成熟的反复论证。同时，为更好地追求教学效率，高校内部原本有限的资源在配置上普遍采取扶强不扶弱原则，这也造成了高校内部学科、专业发展的"马太效应"，即强的更强、弱的更弱。这些因素客观上减缓了社会工作专业课程体系改革的进度与步伐。

二、社会工作专业课程体系建设的方法论指导

（一）社会工作专业课程体系建设应该在其价值观的指导下进行

社会工作的价值观是利他主义，尊重受助者的权利和选择；认为社会工作是

一种真正的服务过程，而不是社会工作者在行使手中的权力。社会工作的价值观是社会工作的灵魂，这使它与其他助人活动区分开来。社会工作专业的课程体系建设应该紧紧围绕社会工作的价值观，各门课相互衔接、密切配合，从不同角度培养学生的利他精神、服务意识，使学生掌握系统的社会工作理论和专业的服务方法，在走上工作岗位后能更好地为服务对象和地区发展服务。

在课程设计中，要考虑的问题包括：本课程的定位是什么？它与其他专业课程怎样衔接和配合？在本课程中怎样帮助学生加强对专业的认同？对专业价值与伦理如何认知与内化？怎样培养学生解决问题的能力？怎样和社会现实相结合，从中寻找社会工作的新空间？同时，课程设计的理念还应体现以"学生为本"的思想。所有的教学与实践都应考虑学生的需要、学生的特点和能力。课堂不应是教师的"一言堂"，只有让学生主动参与教学过程，才能激发他们的学习积极性和创造性。例如，在第一节课上，教师就课程的目标、教学要求、每周课程内容的安排及参考书目、作业的具体要求及截止日期、考核的内容和评分标准等问题与学生交流探讨，学生可以提出自己的意见和建议，集体通过后确定执行。这一过程体现了教师对学生的尊重，从一开始就让学生参与进来，让他们了解到底学什么、怎么学，并明确目的、职责和义务，共同合作完成对专业知识的探求。

(二)社会工作专业课程体系建设的原则

社会工作作为一种特殊的职业，其课程设计受到价值观、工作方法技巧、理论范式、社会问题和工作领域等诸多因素的影响，所以我国社会工作专业的课程体系建设应在"需求定位、夯实基础、注重价值、加强实践、校地合作"设计理念的指导下，综合考虑政策法律、理论研究、工作实务和社会服务的需求来确定课程建设的原则。

首先，确立正确的专业培养目标的原则。社会工作教育培养目标的确立是课程设计的前提。根据我国社会工作发展的实际与地方需求，社会工作教育的培养目标，一方面应该是培养掌握扎实的社会工作基础理论和技巧，善于分析各种社会现象和问题，并能综合运用所学知识在各类社会工作机构开展社会行政、政策分析等宏观社会工作研究的社会工作者；另一方面应该是培养具备基本能力和过硬专业价值观，能熟练运用个案、小组、社区等工作方法，提供专业服务的一线实务社会工作者。

其次，把专业价值观教育放在课程设计首位的原则。在社会工作专业课程体系的建设中必须增加价值观和专业伦理教育课程的学时，改进价值观教育的形式，强调价值观教育的作用。实践证明，高尚的价值观信仰可以有效地提高社会工作者对专业技能的学习热情和工作士气，进而实现社会工作的高尚性。

再次，突出实务教育的原则。社会工作的对象是"人"，不同的人生活环境、特征、性格、文化素养和行为表现方式不同。解决人与社会的问题，仅凭书本知识是远远不够的，必须到社会实践中学习、观察和体验，只有这样才能真正了解社会工作本质并实现助人目标。

最后，课程设计的本土化和地域特色原则。社会工作作为一门应用性学科，其一切理论和方法只有在实际服务中才能得到体现和发展，重视本土和地域特色研究已是社会工作专业发展的必然。在人才培养目标上，应明确培养层次，不同培养层次的培养目标也会有所差异，至少应该包括实务型和研究型两种目标设置；在课程设置的侧重点上，应该从我国的实际出发，推行农村社区和后发性社会问题解决的课程；在推动专业地域特色上，一定要注重地方的特点。

（三）社会工作专业课程体系建设的方法

社会工作专业的课程体系建设，必须根据课程的内容和特点进行，具体方法可归纳为以下几种：

第一，明确课程目标。每门专业课程有它应独自承担的任务。只有清楚认识本课程的目标，才能引领所有的教学因子配合而行。课程目标不只是笼统地、千篇一律地设定为掌握社会工作的价值理念、理论知识和方法，还需要根据其特点制定相应的具体目标，以便在课程评估中可以此为依据进行衡量，判断课程的教学效果。

第二，构思课程内容与形式。课程内容的安排主要考虑能自成体系，突出重点，避免虎头蛇尾，或内容杂乱无章。社会工作专业更具有实务性的特点，教学内容必须与社会现实相结合，要善于运用社会生活中的案例进行讨论或角色扮演，以加深学生对真实情景的认识和切身的体验。

第三，设计多层次的作业以训练学生的能力。课堂教学的时间十分有限，对每门课程知识和技能的掌握还要依靠配套的作业加以练习和巩固。社会工作专业的训练应尤其重视对实务能力的培养。

第四，运用多样化考核方式。对于学生成绩的客观评价，也是激励学生的手段之一。每个学生其实都十分在乎自己的学习成绩，但以一次考试来决定学生成绩的方式，显然不能客观地代表学生在整个课程中的表现。因此，教师不仅要改变传统的考试方式，而且要改变成绩的评估方式。学生的成绩应该是其全面表现的评定。

三、我国基于职业能力提升的社会工作专业课程体系建设探索

2015 年 3 月，《政府工作报告》提出"加强和创新社会治理……发展专业社会工作"。这是社会工作首次被写入《政府工作报告》，也预示着为顺应当前我国加强和创新社会治理要求，应对现实社会中人们复杂的各种需求，满足政府购买服务的需要，亟须发挥社会工作者在社会治理中的重要作用。因此，社会工作专业课程的改革，便是以提升学生职业能力为目标的课程体系建设。

(一) 以岗位职业能力要求为导向的课程设置

从我国目前的职业教育和课程改革来看，以岗位能力为本位的职业能力培养是一种趋势，它不同于知识本位、素质本位等，是依照岗位的基本能力要求，且涉及职业态度、心理和行为习惯等，从能力内容上来看，包括专业能力、方法能力和社会能力等，是综合性的职业能力。社会工作者可能在街道、社区、社会服务机构、社会福利机构、民间组织等部门工作，按照这些工作部门设置的工作岗位来确定基本的职业能力，是社会工作者能够顺利完成工作任务的基本要求。

(二) 以职业能力提升为目标的课程学习模式

岗位职业能力提升是社会工作专业课程设置的目标，而课程学习方式则需要结合该目标制定。社会工作专业在课程体系设置上可供选择的模式有学徒式、技术理性式、交互反思式等，而交互反思式是当前比较流行的学习模式，它强调师生互为主体的协同式学习交流过程，教师不仅教导学生学习专业知识，同时也引导其进行反思，使学生在学习过程中具有学习知识和批判反思的能力，使学生成为学习主动的一方。

(三) 突出职业能力的课程内容设计

社会工作专业的课程按照性质可以分为基础课程、方法课程、实务课程三类。基于职业能力要求，在教学内容、教学方式与教学环节上对这三类课程进行设置与调整。基础课程主要是训练学生知识系统储备能力、理论运用能力、写作能力、系统分析能力、反思能力等，并将其贯彻在培养学生正确的职业态度和习

惯中。方法课程注重掌握在街道、社区、社会机构等环境中方法的具体使用技巧，提升学生方法使用、与人沟通、问题发现等职业能力。实务课程主要是增加学生在专业分支领域内分析和解决问题的能力、交往能力、评估能力、资源链接能力、项目实施能力等职业能力。

总之，社会工作专业课程体系设置是一个系统性的工程，需要考虑学生的学习知识和反思批判能力的综合情况，课程设置的实务性，以及地区和学校的差异性，只有以此出发来设计和开发社会工作专业课程体系，才能适应未来社会对社会工作专业人才的需求。

参考文献：

[1]王立红，周光亮. 中国社会工作专业人才培养模式初探[J]. 长春理工大学学报(社会科学版)，2010(5)：160-162.

[2]廖敏. 两岸职业院校社会工作专业课程设置的比较研究[J]. 教育与职业，2016(5)：94-97.

[3]郑永强. 英国社会工作[M]. 北京：中国社会出版社，2010.

[4]闭伟宁，李红. 高校社会工作专业人才培养模式合理化思考：以广西大学为例[J]. 社会工作，2013(6)：101-107.

[5]匡瑛. 究竟什么是职业能力：基于比较分析的角度[J]. 江苏高教，2010(1)：131-133.

[6]魏爽. 美国社会工作执照考试分层制度对我国社会工作专业人才培养的启示[J]. 北京联合大学学报(人文社会科学版)，2016(2)：112-118.

[7]陈英，刘淑娟，关盛梅. 社会工作专业应用型人才培养模式的探索与实践[J]. 黑龙江高教研究，2016(2)：152-154.

作者简介：李淑芳，内蒙古财经大学法学院副教授，主要研究方向为社会工作专业建设、老年问题、基层治理。

内蒙古财经大学本科教育环节
问题诊断与对策研究

李海霞　　王春枝

摘要： 基于《内蒙古财经大学学生学习与发展调查问卷》，通过分析教育过程中课程的教育认知目标、课程要求的严格程度、课程学习行为、课程外拓展性学习行为、向学/厌学、自我报告的教育收获和在校满意度七大教育环节，诊断本科教育过程可能存在的薄弱环节，并提出相应的对策建议，为提高内蒙古财经大学的本科教育质量提供参考意见。

关键词： 本科教育质量；教育环节；问题诊断

一、引言

教育质量是高校生存和发展的生命线，教育质量不仅取决于教学水平和管理服务水平，还取决于学生的整体素质水平和合作参与程度。如何运用科学的质量监控手段，构建一套合理有序的教学质量保证体系，是高校教育质量管理理论创新的一项重要命题。目前，以"学生为中心"的教学评估成为广大高校密切关注的热点，其重要的测量工具就是"全美大学生学习性投入调查"（National Survey of Student Engagement，NSSE）。在我国，通过本土文化适应后形成了汉化版的NSSE，简称NSSE-China，它是评估大学生学习过程、学习成效的最具影响力的工具。从2009年开始，"全国大学生学习与发展追踪研究"（Chinese College Student Survey，CCSS）课题组已利用NSSE-China调查工具对全国多所高校进行了抽样调查。该调查工具除了用五大可比性指标来衡量大学生的学习成效，还通过七大教育环节指标来诊断教育过程，这七大指标分别是课程的教育认知目标、课程要求的严格程度、课程学习行为、课程外拓展性学习行为、向学/厌学、自我报告的教育收获以及在校满意度。王春枝等（2014、2015、2017）基于教育质量评价的内部增值观，编制"大学学生学习与发展调查问卷"，借鉴 NSSE-China 调查工具，对本科教育质量展开调查研究并形成系列成果。李海霞和冯利英（2019）尝试采用结构方程模型（SEM）对内蒙古财经大学本科教育质量结构性问题进行探讨分析。基于上述研究成果，本文以调查问卷获得的数据为基础，借鉴 NSSE-China 工具，运用 SPSS 统计软件，对本科教育环节可能存在的问题进行诊断和分析。

二、本科教育环节问题诊断与分析

本科教育环节问题诊断指标体系如表 1 所示。

表 1　本科教育环节问题诊断指标体系

七大教育环节	题项
课程的教育认知目标	课程强调：记忆
	课程强调：分析
	课程强调：综合
	课程强调：判断
	课程强调：运用
课程要求的严格程度	写作量：长篇课程论文
	写作量：中篇课程论文
	写作量：短篇课程论文
	因为教师对学生的期望而努力学习
课程学习行为	课堂上主动提问或参与讨论
	课堂上积极回答和思考教师没有既定答案的提问
	课堂上做口头报告
	课堂上和同学合作完成教师布置的任务或课堂练习
	上课前没完成规定的作业
	课后和同学讨论作业或实验
	课外和任课教师讨论课堂或阅读中的问题
	课余和家人、朋友讨论学习中的观点和问题

七大教育环节	题项
课程外拓展性学习行为	听各类讲座或报告
	实习、社会实践、田野调查
	社区服务或志愿者
	参与或组织某个学习团体
	课程要求外的外语学习
	海外学习
	参加竞赛
	报考专业资格证书、技能等级证书
	尝试为学术期刊或学术会议等投稿
向学/厌学	对专业的兴趣
	很多时候不知道所学的东西对于自己而言到底有什么意义
	喜欢学习因为它使我不断成长
	遇到困难想办法克服
自我报告的教育收获	知识
	能力
	价值观
在校满意度	大学给予你的学业指导
	在这所大学的就读经历
	是否还会选择这所大学

资料来源:《内蒙古财经大学学生学习与发展调查问卷》。

(一) 课程的教育认知目标

课程目标是选择课程内容的必要前提,也是课程实施与评估的基本出发点。美国著名教育家、心理学家本杰明·布鲁姆于 20 世纪 50~60 年代提出教育目标分类学,他将教育目标分为六个层次:知识(记忆)、理解(领会)、运用、分析、综合和评价。清华大学 NSSE-China 将布鲁姆的教育认知目标分类整合为记忆、分析、综合、判断和运用。表 2 所示为教育认知目标的基本情况。

表 2　教育认知目标的基本情况　　　　　　　　　　单位：%

题项	从不强调	很少强调	一般	经常强调	总是强调
记忆	4.61	18.30	50.37	22.78	3.94
分析	2.99	14.70	49.77	26.75	5.79
综合	3.07	15.90	47.09	27.86	6.08
判断	2.80	14.68	49.03	26.68	6.80
运用	3.60	13.48	47.77	26.08	9.07

由表 2 可知，在记忆方面，有 26.7% 的学生认为教师经常或总是强调思维活动，而有 22.9% 的学生认为教师很少或不强调思维活动；在分析、综合、判断和运用方面，约有 33% 的学生认为教师经常或总是强调思维活动，而有 17% 左右的学生认为教师很少或不强调思维活动。这表明教育认知目标设定与学生感知方面还是有差异的。通过调查发现，在"分析"和"判断"这两项上强调度较高，大学生认为课程在"记忆"上的强调度稍低。此外，对不同年级与是否强调思维活动作列联分析的结果显示差异显著，表明教师在设定教育认知目标时，对不同的年级要求不同。

(二)课程要求的严格程度

课程对学生学习的严格要求程度主要体现为任课教师对学生在学术阅读、学术写作以及考试环节方面的要求。表 3 所示为教师布置课程论文或调查报告的篇数。

表 3　教师布置课程论文或调查报告的篇数　　　　　单位：%

题项	0 篇	1 篇	2 篇	3 篇	4 篇	5 篇以上
短篇课程论文	18.4	31.1	22.5	13.4	4.8	9.7
中篇课程论文	25.5	37.8	20.9	9.8	3.0	3.1
长篇课程论文	42.2	33.1	12.3	7.0	3.0	2.4

由表 3 可知，教师布置的论文数量以 1~2 篇为主。调查显示，31.1% 的学生表示教师布置 1 篇 3000 字以下论文或调查报告，37.8% 的学生认为教师布置 1 篇 3000~5000 字的课程论文或调查报告，42.2% 的学生认为不布置 5000 字以上的课程论文或调查报告。此外，对不同年级与写作量作列联分析的结果显示差异显著，即随着年级升高，课程要求的严格程度逐渐降低。

(三)课程学习行为

课程学习行为主要反映学生的自主学习能力、学习的积极性及独立思考问题的能力。

由表4可知,在最近一年的学习中,只有11%的学生认为经常在课堂上主动提问或参与讨论,48.8%的学生认为很少在课堂上主动提问或参与讨论;只有不到20%的学生认为经常在课堂上积极回答和思考教师没有既定答案的提问;不经常在课外和教师讨论课堂或阅读中的问题的学生约占32%,表明学生学习主动性较差;43.8%的学生在上课前都能完成规定的作业,不能完成仅占18.2%,表明在课前完成作业这一方面,学生的表现较好。由上述分析可知,大学生在课堂上的整体表现一般,应该调动学生的积极性,不断提高教学质量。

表4　大学生学习行为发生频率　　　　　　　　单位：%

题项	从不	很少	一般	经常	总是
课堂上主动提问或参与讨论	10.8	38.0	40.1	8.3	2.7
课堂上积极回答和思考教师没有既定答案的提问	6.4	31.1	44.3	15.3	2.9
课堂上就某一个研究主题做口头报告	12.0	31.0	40.4	13.4	3.3
课堂上和同学合作完成教师布置的任务或课堂练习	3.9	19.2	44.6	27.2	5.2
上课前没完成规定的作业	11.1	32.7	36.9	15.4	3.8
课后和同学讨论作业或实验	4.9	22.5	45.5	23.1	4.0
课外和教师讨论课堂或阅读中的问题	10.5	31.6	38.4	15.9	3.5
课余和家人、朋友讨论学习的观点和问题	6.1	24.6	43.2	21.9	4.3

(四)课程外拓展性学习行为

课程外拓展性学习行为主要表现为听讲座、社会实践、参加竞赛和学术活动。由表5可知,只有不到20%的学生对课程外拓展性活动满意,超过40%的学生不满意。这表明学校过于重视课堂教学,课程外拓展性学习活动不够丰富,今后需重视"第二课堂"建设,积极倡导和鼓励学生参加课程外拓展性学习活动,并在经费方面予以大力支持。

表5 课程外拓展性学习行为发生频率　　　　　　　单位：%

题项	非常不满意	比较不满意	一般	比较满意	非常满意
听各类讲座或报告	8.1	34.6	4.5	14.5	2.3
实习、社会实践或田野调查	8.0	32.9	43.9	12.6	2.6
社区服务或志愿者	12.1	32.6	37.0	15.4	2.9
组织或参与某个社团活动学习团体	9.0	26.8	41.8	18.9	3.5
课程要求以外的语言学习	13.9	28.1	38.9	14.3	4.8
海外学习	40.4	19.2	26.8	10.7	3.0
参加各类学术、专业设计竞赛	18.0	31.6	32.3	14.9	3.2
报考专业资格证书、技能等级证书	3.4	14.5	44.5	30.9	6.8
尝试为学术期刊或学术会议等投稿	28.2	26.3	30.5	11.4	3.5

此外，不同的年级对课程外拓展性学习活动的参与程度存在差异。尤其是大四的学生，由于面临就业问题，参加实习、社会实践或田野调查的机会相对较多。

(五)向学/厌学

向学/厌学反映学生学习动力和态度。如表6所示，有39.6%的学生是因为兴趣而选择自己的专业，还有5.9%的学生对所学专业不感兴趣；有53.4%的学生喜欢学习是因为它使自己不断成长。值得注意的是，有48.9%的学生很多时候不知道自己所学的东西对自己而言到底有什么意义，表明这些学生可能有厌学倾向。总的来说，教师应该引导学生，激发学生的学习动力。

表6 向学/厌学行为　　　　　　　单位：%

题项	非常不同意	不同意	一般	同意	非常同意
对专业的兴趣	5.90	18.50	36.10	29.10	10.50
所学东西的意义	4.00	16.80	30.30	35.40	13.50
喜欢学习因为它使我不断成长	3.40	6.60	36.50	38.30	15.10

（六）自我报告的教育收获

教育收获包括知识、能力和价值观三个方面。一般认为，在校期间大学生掌握知识技能越多，越有利于今后的就业和职业发展。

由表7可知，学生认为在校期间知识收获一般的占40%左右。在专业课知识收获方面，有36%的学生认为比较多和非常多，认为较少的学生占到了22.6%；在选修课知识收获方面，有25.3%的学生认为较多，认为较少的学生占到了27.1%；在实践课知识收获方面，有27.2%的学生认为较多，有28.8%的学生认为较少；而在公共课知识收获方面，有30.8%的学生认为较多，而有21.1%的学生认为较少。

表7　知识收获　　　　　　　单位：%

题项	非常少	比较少	一般	比较多	非常多
专业课知识收获	7.60	15.00	41.30	30.70	5.30
选修课知识收获	7.20	19.90	47.50	21.10	4.20
实践课知识收获	10.00	18.80	43.90	22.50	4.70
公共课知识收获	7.00	14.10	48.20	24.60	6.20

在能力收获方面，40%左右的学生认为比较多，也有40%左右的学生认为一般（见表8）。

表8　能力收获　　　　　　　单位：%

题项	非常少	比较少	一般	比较多	非常多
逻辑思维能力	5.00	13.50	49.00	27.00	5.60
书面沟通能力	3.50	13.60	49.00	28.20	5.70
口头表达能力	3.50	12.00	46.00	31.30	7.20
分析判断能力	2.50	8.30	43.30	39.00	6.90
解决问题能力	2.30	7.80	40.30	41.30	8.30
独立工作能力	2.00	8.30	37.10	41.50	11.00
动手能力	2.90	11.00	42.00	35.00	9.10
自学能力	1.90	9.40	36.00	38.90	13.70
自控能力	3.10	8.40	38.00	38.60	11.90

续表

题项	非常少	比较少	一般	比较多	非常多
人际交往能力	2.10	9.00	39.30	37.80	11.90
信息搜集能力	2.70	7.90	42.00	36.90	10.60
计算机操作能力	2.20	8.00	41.40	39.10	9.20
外语能力	6.20	15.60	46.60	24.60	7.00
团队合作能力	2.90	10.20	40.0	35.70	10.50
组织协调能力	3.30	11.20	43.40	32.10	10.00
灵活应变能力	2.70	10.30	41.60	35.00	10.40
创新能力	4.40	14.30	45.10	27.50	8.60
批判性思维能力	3.90	9.60	43.00	32.40	11.00

因此，今后在学生培养方面，教师应该更注重学生综合能力的提高，注重安排实习和社会实践活动，帮助大学生提早适应社会。

(七)在校满意度

如表9所示，近一半的学生对在校期间的受教育经历感受一般，有28.3%的学生认为比较满意，认为非常满意的学生仅有5.8%，认为比较不满意和非常不满意的学生分别占比12.4%和5.7%。这表明学生对大学期间的学习期望与真实感受存在一定的差距。

表9　学生在校满意度　　　　　　　　　　　　　单位：%

题项	不满意	比较不满意	一般	满意	非常满意
对所在学校整体受教育经历的评价	5.70	12.40	47.80	28.30	5.80
对所学专业的课程体系及结构的满意度	4.60	14.80	50.80	23.40	6.40

三、结论和对策建议

通过对教育过程的诊断和分析，本文得出以下结论和启示：在课程的教育认知目标方面，教师所设定的教育认知目标与学生的感知有差异，在强调思维活动中，对于记忆、分析、综合、判断和运用五个方面，不同学科和不同年级所强调的重点不同，教师在具体教学过程中应有所侧重；在课程要求的严格程度方面，年级越高，教师对学生要求的严格程度越低，今后要注意改善这一现状；在课程学习方面，学生课堂表现不佳，传统"填鸭式"和"灌输式"的教学方式使学生学习比较被动，教师应该注重改善教学模式，增加师生互动，调动学生积极性；在课程外拓展性学习方面，学生普遍反映学习过于单调，缺乏丰富多彩的课外拓展性活动，学校应该充分重视并予以改善；在向学/厌学方面，学生向学动力不足，学校对此应予以高度重视，应该从提高教师教学水平和改革现有教学模式着手；在教育收获方面，传统教学方式以理论教学为主，今后在学生培养过程中，不仅要传授知识，还应该注重学生能力的提高以及价值观的塑造，真正达到教书育人的目的；在在校满意度方面，学校应该改善现有的服务和管理水平，为学生创造更优质的学习环境，提高学生的满意度。为此，提出以下几个方面的对策建议。

（一）完善制度建设，加强规范管理

教育质量是学校的生命线，高质量源于严格规范的管理制度，学校要注重过程管理，加强制度建设。让学生参与教师教学过程评价，完善学生评教制度和教师教学质量考核制度，加强教师队伍建设，提高教师教学水平，制定和落实领导和督导听课制度，实现操作行为规范化、执行过程程序化和工作流程标准化。

（二）构建和优化教学质量监控体系

严格进行教学质量监控，实现教学工作正常运转，让质量监控贯穿整个教学过程，在教学内容、课程体系、教学方法和模式、考试制度以及学生能力培养方面进行积极探索、改革和创新，充分发挥学生和教师在监控过程中的主观能动性。教学质量监控既要注重监督、检查和评价，更要注重引导、激励和改进；既要注重结果，更要注重过程管理，确保形成良好的教学秩序，促使教学监控有效运行。

（三）注重实践教学，培养应用型人才

随着高校教学改革的深入发展，传统的理论教学模式已不适应现代社会的发展，高校在培养人才的过程中应该转变教学观念，将线上教学与线下教学相结合，倡导"慕课微课+翻转课堂"的教学模式，注重应用型人才的培养，注重实践教学，提高实践教学水平，提高学生的动手操作能力，建立产学研新型教育模

式,为学生参与实习和社会实践提供平台。

综上所述,通过本科教育环节诊断和分析发现,高校要加强整个教学环节的质量监控,积极探索适合自身发展的科学的教育质量评估与管理体系,改革现有的教学模式,以"学生为中心",发挥高校基本职能,立德树人,提升本科教育质量,坚持走"以质量提升为核心"的内涵式发展道路。

参考文献:

[1]罗燕,史静寰,涂东波. 清华大学本科教育学情调查报告2009:与美国顶尖研究型大学的比较[J]. 清华大学教育研究,2009,30(5):1.

[2]陈玉琨. 高等教育质量保障体系概论[M]. 北京:北京师范大学出版社,2004:59.

[3]石芳华. 本科教育质量评价改革新视觉:学习性投入度[J]. 现代教育管理,2010(5):51-54.

[4]王娟娟. 基于大学生学习性投入调查下的本科教育质量研究[D]. 重庆:重庆大学,2011.

[5]翟洪江. 东北农业大学学情调查报告2010[R]. 高等农业教育发展研究所,2011.

[6]罗晓燕,陈洁瑜. 以学生学习为中心的高等教育质量评估:美国NSSE"全国学生学习投入调查"解析[J]. 比较教育研究,2007(10):50-54.

[7]史静寰,涂冬波,王纾,等. 基于学习过程的本科教育学情调查报告2009[J]. 清华大学教育研究,2011,32(4):9-23.

[8]史静寰,文雯. 清华大学本科教育学情调查报告2010[J]. 清华大学教育研究,2012,33(1):4-16.

[9]陶克涛,王春枝,杜金柱. 基于内部增值观的本科教育质量调查研究:本科生学习收获影响因素及机制[J]. 民族教育研究,2017,28(4):22-27.

[10]杜金柱,陶克涛,王春枝. 基于内部增值观的本科教育质量调查研究(三):学生学习与发展相关问题专项调查[J]. 内蒙古财经大学学报,2015,13(2):111-116.

[11]王春枝,杜金柱,陶克涛. 基于内部增值观的本科教育质量调查研究(二):本科教育环节问题诊断与分析[J]. 内蒙古财经大学学报,2015,13(1):77-83.

[12]杜金柱,陶克涛,王春枝. 基于内部增值观的本科教育质量调查研究(一):本科教育质量结构性问题[J]. 内蒙古财经大学学报,2014,12(6):55-60.

[13]李海霞，冯利英. 教育质量结构性问题的指标体系建模研究：基于内蒙古财经大学学生学习与发展调查[J]. 民族高等教育研究，2019，7(5)：65-71.

基金项目：内蒙古财经大学科研课题"内蒙古财经大学本科教育质量调查研究"；内蒙古自治区教育厅人文社会科学重点项目"内蒙古民族高等教育质量调查研究"（NJSZ120）。

作者简介：李海霞(1987—)，内蒙古财经大学统计与数学学院讲师，天津财经大学统计学院在读博士，主要研究方向为经济社会统计研究。王春枝(1976—)，内蒙古财经大学统计学院教授，博士，从事应用统计方法研究。

会计学英汉双语课程建设创新研究

武春梅

摘要：随着会计教育改革的不断深化，会计教育国际化越来越受到重视。会计人才的培养也将会计国际化服务的专有能力纳入了课程内容。为顺应会计国际化的需求，培养更多的"复合型、高素质、国际化"会计人才，内蒙古财经大学会计学院在会计课程体系进行战略性重构的基础上，于 2008 年开设了会计学英汉双语课程。本文根据会计学双语课程开设的实际情况，分析了会计学双语课程建设过程中存在的问题，并给出了相应的建议。

关键词：会计学；双语；课程建设

当今全球性的、突破了时空界限的大市场已经形成，中国作为世界经济大家庭中的一分子，不可避免地进入国际市场，参与国际竞争。企业实施跨国经营，其股东和债权人为维护自身利益，要求跨国企业按国际惯例提供会计信息和核算利润分配等会计事务。随着中国企业在国际资本市场融资规模的扩大，中国企业有责任向国际出资人和债权人提供真实公允的会计信息。中国经济的国际化推动了会计的国际化，会计教育国际化的势头不可逆转。因此，会计专业教育的培养目标，应更强调对学生国际意识、国际交往能力和国际竞争能力的培养，使其素质、知识、能力有新的内涵、新的提升。美国是会计教育水平较高的国家之一，其对会计人才素质培养的要求可供我们思考和借鉴。美国会计学会下属的会计教育改革委员会的公报指出：会计教学的目的不在于训练学生毕业时即成为专业人士，而在于培养他们未来具备专业人员应有的素质。该委员会也提出了要求：会计教育要进一步强化学生的交流性技巧，重视会计教育的国际化。美国注册会计师协会针对进入会计业界的新人提出了三项核心素质能力要求，除专业职能素质（Functional Competencies）、人格素质（Personal Competencies）外，还强调其宽广的商业视角素质（Broad Business Perspective Competencies），包括全球视角、战略思维、行业观念、市场/顾客导向、资源管理、法律观念等方面的能力。可见，会计人员不再仅仅担负着核算、监督等技术服务职能，更应发展其管理顾问服务、绩效管理服务、财务规划服务及国际化服务等职能。会计职业对会计人员综合素质的要求促使会计教育的改革，要求会计教育工作者对会计课程体系进行战略性重构，顺应会计国际化的需求，培养更多的"复合型、高素质、国际化"会计人才。

会计学英汉双语课程建设的任务在此背景下显得尤为迫切。本文根据内蒙古财经大学会计学院开设会计学英汉双语课程的实际情况，对该课程建设的现状进行了梳理，同时分析了会计学英汉双语课程建设过程中存在的问题并给出了相应的建议。

一、会计学英汉双语课程建设创新研究的意义

(一)教学层面的意义——打造课程建设的亮点

会计学英汉双语课程是内蒙古财经大学会计学院开设最早（2008 年开设）的一门英汉双语课程。学生选课热情持续高涨，授课效果受到广大学生好评。该课程自开设以来已收集到丰富的学生反馈资料，包括调查问卷及学习心得等多种形式的书面资料；学习并吸收了国内知名高校双语课程建设的先进思想和经验，并与区内开设双语课程的其他高校教师保持联系和交流。因此，在这门课程的建设方面已经有拥有了较坚实的研究基础，这无疑将成为打造学院课程建设亮点的一个重大方面。

(二)科研层面的意义——进一步丰富现有研究内容

本项目将以实证研究为基础，以会计学院该课程的实际现状为出发点，探讨会计专业学生对双语教学模式的需求，为会计学院双语教学模式的选择提供科学的依据，同时充实我国现有理论研究在专业细化和实证分析方面的薄弱环节。

(三)课程体系建设的重要环节——ACCA 课程的良好补充

选修会计学英汉双语课程又同时学习 ACCA 课程的学生做出的反馈如下：

在做英文会计分录方面，会计学英汉双语课的讲解更具体和详细，且有实际公司案例为证。ACCA 因为课时限制无法针对这些分录做过多的练习。如果熟练掌握会计分录和 Taccount 的话，对很多题型会有更好的理解且做题速度会加快。

在授课过程方面，会计学英汉双语课程是用学生已经熟悉的会计思路介绍美国会计准则下的账务处理，学起来更清晰。ACCA 是分模块教学且连贯性较小，虽学习效率高但知识不容易串联。

总体来说，中文会计和英文会计有许多不同，但由于 ACCA 课时的限制，它们之间的不同无法细化，因此学习过程中有时会感到混淆，而会计学双语课对加强 ACCA 课程的学习是一个很好的补充。

通过以上学生的学习反馈可以看出，会计学双语课程在推动学生学习 ACCA 课程中起到了很好的辅助作用。

二、会计学英汉双语课程建设创新研究的方法

本项目的研究方法主要采用了调查法和比较法。

(一) 调查法

以问卷调查、座谈等形式了解学生对会计学英汉双语课程建设的认知、兴趣和目标等方面的情况。该课程建设注重选课学生的信息反馈。每学期课程开始前要对学生的选课需求和目标进行调查，课程结束后要求学生总结选课心得和建议，及时对学生反馈信息进行汇总，并列入后续课程建设内容。

(二) 比较法

比较不同班级采用的同样授课方法、同一班级采用不同的授课方法取得的教学效果：一种授课方法是传统以教师为中心、以课本基础知识为主，授课时间占2/3，其余时间是习题练习和知识点讲解；另一种授课方法是以学生为主、教师进行指导，期中及临近期末要求学生分小组做 PPT，展示学习效果。

三、会计学英汉双语课程建设的历史情况

2005 年，内蒙古财经大学首次提出要在本科生专业选修课中开设双语课程，以适应培养国际化复合型人才的需求。学校指出，开设双语课必须符合以下几项

要求：一是必须在已经开设汉语课程的基础上开设对应的双语课程，目的是让学生能更好地接受双语课程的形式并最大限度地消化和吸收双语教学的精髓。二是教材最好是英文原版教材。三是课件与上课语言可采用双语（中英），但英文所占比重不得低于50%；2008年会计学院正式开设了第一门英汉双语选修课——会计学双语课程。

(一)会计学双语课程的教学内容及教学目标

自开设会计学英汉双语课程以来，学生对这门课程的选修热情高涨。2008年9月第一次开课，学生的选课率达到了100%。从那以后这门课程的选修一直处于爆满状态。

为了保证教学效果，总结最初几个学期的教学经验，学校对学生选修该课程设置了一定的门槛：一是汉语会计学课程考试必须及格，二是英语水平最好是四级水平或相当于四级水平。

同时，该课程在两周的试听时间内明确告知学生以下内容。

1. 教学内容

以全球知名上市公司案例为依据，在遵循美国GAAP规定的前提下进行会计核算的基本原理及业务核算与财务报告的阅读和编制。具体包括以下内容：

- 业务分析(Transaction analysis)
- 以权责发生制计量收入(Using accrual accounting to measure income)
- 短期投资和应收账款(Short-term investments and receivables)
- 存货和销售成本(Merchandise inventory and cost of goods sold)
- 固定资产和自然资源(Plant assets, natural resources, and intangibles)
- 流动负债和长期负债(Current and long-term liabilities)
- 股东权益(Stockholders' equity)
- 长期投资和股东权益变动表(Long-term investments & the statement of stock-holders' equity)

2. 教学目标

学习本门课程主要达到以下几点教学目标：

(1)使学生学会会计专业词汇和专业术语的表达(Learning English words and expressions in accounting)。

(2)使学生学会用英文做会计分录(Doing transactions in English)。

(3)使学生学会阅读英文会计报表(Reading accounting reports in English)。

(二)课程的教学形式及考试要求

1. 教学形式

课堂教学形式主要采取已学内容回顾(resentation of review)、课堂提问(questions)、小组讨论(group discussion)、答案陈述与展示(answer & presentation)的方式进行,以最大限度地提升学生主动参与学习的热情。

2. 考试要求

该课程作为选修课,考试计分办法如下:

出勤(Attending),占比 10%;

课堂表现(Participation),占比 10%;

两次大型作业(Signments),占比 30%;

期末考试(Final-term Test),占比 50%。

其中,两次大型作业为:一是小组作业,利用纳斯达克网站选取一家上市公司的财务会计报表,进行阅读和分析,并做成 PPT 进行课堂展示;二是个人作业,任选课堂上涉及的一家上市公司,对其 5 年内的会计报表数据进行比较分析,并得出相关结论,包括解释发生各种变化的原因(政治、经济、文化等因素)。课程期末考试为大作业形式,将上市公司英文报告的搜索、阅读与分析融入其中。

(三)教材使用情况

该课程使用美国原版教材 *Financial Accounting*(7th Edition,by Walter T. Harrison Jr.),具有完整的教学大纲、全英文课件、多种练习题资料和参考教材,以及历年积累的考试资料。目前,适合本学院学生使用的自编教材也已经出版。

四、会计学英汉双语课程建设的成果内容及创新点

(一)编写出了适合本校选修课程使用的双语教材

会计学英汉双语课程作为内蒙古财经大学会计学院的一门专业选修课,自开设 10 年来一直使用美国的原版教材。原版教材语言通俗易懂,案例资料丰富翔

实，插图精美，是美国会计专业学生的专业基础用书。书中包含了大量的美国上市公司的真实会计案例，同时也插入了一些美国生活中的真实场景。对于选修本课程的同学来说，既学到了专业知识，也开拓了视野，学生学习起来有强烈的兴趣。

但是在教学期间，我们也发现了在使用教材方面存在的一些问题：

一是原版教材价格昂贵，纸质书售价在 1000 元左右，电子书 400 元左右。二是该书是美国会计专业本科生必修课基础用书，所以内容涉猎广泛，共有 700 多页，约 35 万字(英文)。对于选修本课的学生来讲，一共只有 34 学时，无法消化全部内容，所以课上只选取了其中的精华与基础知识进行讲解。我们不要求学生必须购买此教材，学习资料主要是课堂上的课件内容和上传到学习平台的资料以及推荐给学生使用的图书馆馆藏用书。但对于学有余力的学生而言，如毕业后想要出国，或是正在参加 ACCA 课程的学生，表达过希望有一本属于自己的教材可以使用。

基于以上原因，我们于 2019 年 6 月出版了自编教材《会计学》(双语)，以满足本院选修本课的学生的使用需求。

(二)通过深化教学研究与改革，形成了具有自身特色的教学方法，不断提高教学质量

选修会计学英汉双语课程的学生，主要基于以下目的：

①单纯的好奇心驱使；②有明确的学习目标，为将来出国或更好地完成ACCA 课程奠定基础；③希望多储备一些专业知识。为以高水平的教学质量满足学生的需求，我们不断探索教学模式的改革。

1. 充分运用现代教育技术方法与手段，线上线下教学紧密结合

从 2016 年开始，我们一直运用蓝墨云教学平台，多次开展投票问卷、头脑风暴、作品分享、计时答题等互动教学活动，即刻反馈、即刻点评。同时，发布一些特定的视频资源(CNN. "never turn left")、学习要求(https：//www. nasdaq. com/)、课件等，扩充学生的知识范围。每学期都实现了对每位学生学习进度的跟踪和学习成效的评价，并完成了每位学生的数字教材学习评估报告。

2. 穿插使用结构式浸没教学模式

会计学英汉双语课程的内容以美国会计准则 GAAP 为基础，介绍了会计的基础理论与方法，不仅使学生将英语与财务会计专业知识融会贯通，提高了阅读英文财务会计文献和运用英语处理会计业务的能力，而且使学生学会了基本的会计

信息处理方式，可以编制基本的会计报表并进行报表分析。同时，利用各种教学手段，如图片、视频等，尽量把学科中的抽象概念具体化，并且注意扩大学生第二语言的词汇量。

五、会计学英汉双语课程建设的难点及建议

（一）师资队伍培养有待加强

双语教学对教师的要求很高，它既要求教师熟悉专业知识，又要求教师有较高的英语水平。目前，会计学英汉双语课程的授课教师均有海外留学经历，在英语和会计专业水平上均可满足课程的需求。但随着教学内容的不断更新和教学任务的加重，双语授课教师的专业培训也需要加强。

（二）教材需要持续更新

随着国际会计准则的内容的不断更新与变化，教材也需要持续更新调整。应将国际会计准则、美国会计准则与中国的会计准则进行详细对比，帮助学生在更高的维度了解会计背后蕴含的意义。

（三）教学方式进一步多样化

随着课程教学手段的增多，学校智慧教室的启用，课程可以在教学方式上进一步多样化，并探索教学方式模式的改革。

参考文献：

[1]教育部高教司. 关于加强高等学校本科教学工作提高教学质量的若干意见[Z]. 2001.

[2]教育部高教司. 教育部　财政部关于"十二五"期间实施"高等学校本科教学质量与教学改革"工程的意见[Z]. 2011.

[3]唐铁军，申沛，王平祥，等. 关于加强双语教学课程建设的实践与思考[J]. 高等理科教育，2008(6)：59-62.

[4]吴淑娟，范佳凤. 我国高校双语教学示范课程的立项和建设研究[J]. 中国大学教育，2013(13)：18-22.

[5]王琦. 高校双语教学示范课程的示范作用分析[D]. 重庆：西南大学，2010.

[6]张楚廷. 高等教育学导论[M]. 北京：人民教育出版社，2010：288.

[7]刘桂芝，李婧. 完善本科生课程评价体系，激发师生联动发展[J]. 中国高等教育，2012(增刊3)：52-54.

[8]斯塔弗尔比姆. 方案评价的CIPP模式[M]//瞿葆奎. 教育学文集(第16卷)·教育评价. 北京：人民教育出版社，1989：325-342.

作者简介：*武春梅，女，副教授。主要研究方向为教育教学管理。*

人才培养模式

"一带一路"倡议下税收专业人才培养模式的创新研究

——以内蒙古财经大学为例

摘要：税收是"一带一路"倡议绕不开的重要制度因素，沿线国家和地区的税收协作是"一带一路"倡议顺利推进的有效保障，税收优惠政策是"一带一路"倡议的助推器。但地区间税制、政策、税收征管方面的差异，以及税收协定适用不统一、转让定价立场差异使企业"走出去"面临风险，因此，需要改革人才培养模式，培养适合国际化的复合型税收专业人才，为"一带一路"倡议提供人才基础，促进国际交流合作。

关键词："一带一路"倡议；税收专业；人才培养模式

高校人才培养对"一带一路"倡议有重大意义。张海龙和杨世汝（2016）认为，高校人才培养于"一带一路"倡议而言，可以弥补国际化人才的不足，助力"一带一路"倡议培育国内、区域乃至全球范围的新经济增长点，消除并避免各种软实力矛盾。对于"一带一路"倡议背景下高校人才培养模式存在的问题，靳友雯和李彬（2019）分析了广西高校税收人才培养存在的问题，提出了新形势下广西高校提高税收人才培养质量的对策。徐盈（2017）、周谷平和阚阅（2015）、段胜峰和彭丽芳（2016）提出了"一带一路"倡议背景下高校人才培养的路径选择。

在"一带一路"倡议与高校人才培养相关研究中，学者主要关注外语、国际贸易、旅游等专业，关注税收专业人才培养模式的较少。本文分析了"一带一路"倡议下税收专业人才培养模式存在的问题，并从人才培养目标、课程体系设置及师资队伍建设等方面推动国际化应用技能型税务人才的培养，为国家及本地区经济发展培养国际化的税收专业人才。

一、"一带一路"倡议对税收专业人才培养模式的影响

在经济全球化浪潮的推动下，国际税收领域正经历着新的变革。例如，"一带一路"国际合作高峰论坛进一步发挥税收政策的作用，将增长和生产性投资作为优先方向；2019 年 4 月，"一带一路"税收征管合作机制建立，作为"一带一路"国际合作的重要内容，将有助于"一带一路"沿线国家和地区提升税收治理能力和改善营商环境，有助于促进贸易自由化、投资便利化；时任美国总统特朗普进行大规模的税制改革，对全球产业布局产生重大影响；《BEPS 多边公约》①的生效和《BEPS 行动计划》在各国及地区逐渐落地；联合国和经济发展与合作组织不断更新国际税收的新条约、发布新范本；法国等国家开征数字服务税；等等。

随着各国税制改革的深化，数字经济领域税收征管改革的推动，税收专业教育迎来新的挑战，这就要求税收专业教育要保持与国际新变革接轨，培养税收国际化人才，及时掌握税收变动趋势及发展方向。

(一) 对培养目标的影响

随着我国经济全球化的不断发展，对熟练运用外语、通晓国际税制、精通国际谈判的国际税收人才的需求越来越大，从地区发展的角度来看，内蒙古自治区在"中蒙俄经济走廊"中发挥着重要作用，因此，在人才培养目标上，要面向国际化，培养具有国际视野、精通蒙汉外多语种、能够运用税收理论知识开展国际税收业务的专门人才。

(二) 对课程设置的影响

完善的课程体系，是指学生既能够接受传统的税收学专业课程和通识课程，又能够接受相应的国际课程，了解"一带一路"沿线国家或地区的基本情况以及国内外税收法律制度的差异等，让学生能够主动从国际化角度出发思考未来从业中可能面临的实际问题，培养学生具备较强的职业能力。课程体系紧紧围绕提升国际化人才的核心知识、东道国经济文化知识等方面进行设计，在课程设置中增

---

① BEPS：Base Erosion and Profit Shitfting，税基侵蚀和利润转移。

加"一带一路"沿线国家或地区税收制度的介绍及双语授课课程，以培养学生的国际视野及国际合作意识，这也是培养复合型人才的主要途径。

(三)对教学内容的影响

税收在"一带一路"倡议中扮演着重要角色。国际贸易往来涉及国与国之间的关税、退税等事项，跨国投资建厂又必然受到母国和东道国双方税收制度及税收协定的约束。对于"走出去"企业而言，是否了解沿线东道国的税收制度至关重要，东道国税收负担、纳税遵从成本、税收征管水平、税收优惠政策等诸多涉税问题都与企业利益密切相关，盲目投资很可能会导致投资受损。因此，了解沿线国家税收制度是企业进行贸易与投资的重要事前准备事项。

二、税收专业人才培养模式的调查分析

(一)税收专业人才培养模式的现状

1. 学生方面

为了解学生对人才培养方式的认知，本研究以税务专业全日制本科在校学生为对象进行问卷调查，主要针对大三年级学生，占比为98.2%，共发放问卷180份，收回167份。本次的问卷调查具有代表性，能够如实反映税收专业学生的学习情况。

(1)对培养目标的认知。在调查对象中，税收专业学生的专业认同度较低(见图1)，非常喜欢本专业的学生仅占20.96%，还有7.78%的学生不喜欢本专业。针对税收专业人才培养目标的调查结果显示(见图2)，只有14.97%的学生对税收专业人才培养目标非常清楚，78.44%的学生略知一二，6.59%的学生不清楚本专业的培养目标。关于学生对未来职业生涯规划的调查显示(见图3)，只有14.97%的学生非常清楚未来的职业规划，80.24%的学生对未来的职业规划有一般了解，还有4.79%的学生对未来的职业毫无规划。这表明税收专业学生总体上对本专业人才培养目标的了解程度不够。

(2)课程设置方面。此部分主要调查学生对课程设置的满意程度，有45.51%的学生认为课程设置合理，46.11%的学生认为一般合理，8.38%的学生认为不合理(见图4)，其中82.63%的学生认为应加强税收实验课(见图5)；

76.05%的学生认为国际税收较适合开设英汉双语授课(见图6)。目前,税收专业第二课堂内容单一,主要以社会调查为主,大约占比80%,而且不算学分。综合分析,约一半的人对各课程设置的满意度表示一般,由此可知,学校需要进一步完善税收专业的双语课程及实践课程设置,在课程中合理融入国际化内容,以提高学生对税收专业课程的整体满意度。

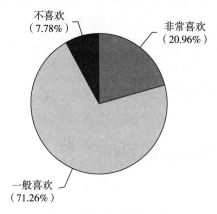

图1　是否喜欢所学专业

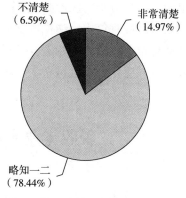

图2　是否清楚本专业的培养目标

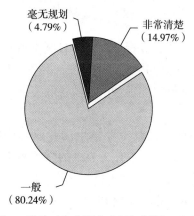

图3　目前对未来职业生涯规划是否清晰

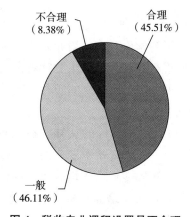

图4　税收专业课程设置是否合理

(3)教学方法。目前税收专业的授课方式主要以传统讲授教学方式为主,辅之以混合式教学及案例分析的方式,而实践型教学和科研型教学所占比例较低。通过调查发现(见图7),78.44%的学生认为案例分析是税收专业教学的主要方式,72.46%的学生认为应以实验模拟为主。

(4)学习评价。目前的评价方式以考试为主,参考平时的学习、提交作业、

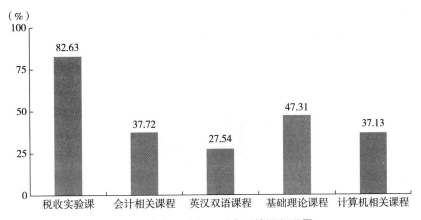

图 5 税收专业应加强哪方面的课程设置

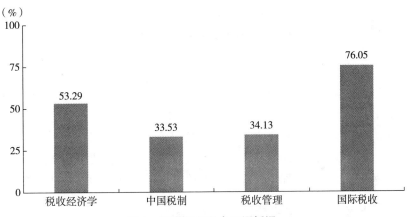

图 6 哪门课程适合双语授课

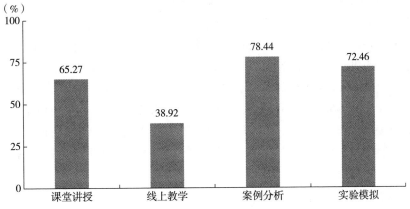

图 7 税收专业的人才培养应该以哪种教学方式为主

参加讨论等情况进行综合评价。仅有 22.75%的学生认为目前以考试为主的评价能够反映真实的学习水平，60.48%的学生认为考试评价对学生的学习水平反映情况一般，16.77%的学生认为考试不能反映真实的学习水平(见图8)。

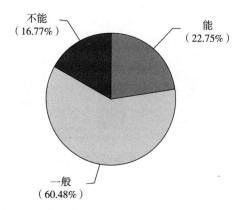

图8　目前考试评价是否能反映真实的学习水平

2. 教师及教学管理方面

目前税收专业教师队伍职称结构不合理，生师比过高，国家规定的标准为18:1，税收专业约为50:1，蒙汉双语授课的生师比更高；缺乏实践型教学团队，双师型教师不足；国际化水平偏低；教师教学积极性不高。

当前，教学质量监控往往只注重对课堂教学的考察，缺少对实践教学的条件建设、方案准备、实施过程与实施效果的检查，使实践教学效果难以得到保证。

(二)税收专业人才培养模式存在的问题

1. 人才培养目标定位不能适应区域经济发展的需要

税收专业人才培养目标应该立足本地区，内蒙古自治区与俄罗斯、蒙古国有着长期的贸易合作关系，这为"一带一路"建设奠定了坚实的基础。因此，人才培养应从区域性向区域国际化延伸，形成具有区域性影响力的国际税收和区域税收研究体系。

目前税收人才培养仍以校内培养为主，与企业、社会中介机构、研究机构、政府财税部门等的联系及协作育人不够。在人才培养实践中，主要侧重对学生专业知识和实践技能的培养，而对学生创新思维、科研能力、组织协调及交往沟通综合能力的培养和重视不够，相关能力培养课程的开发与建设尚处于探索之中，人才培养目标定位不能适应区域经济发展的需要。

2. 课程体系设置存在不足

人才培养模式的重要环节之一便是课程体系设置，税收专业人才培养目标存在问题，必然会造成课程体系设置的不足，表现为实训类课程偏少、税收实训软件更新不足，进而导致学生实践能力不足。

"一带一路"倡议需要有语言基础的税务、国际贸易、法律等方面的复合型人才，现有课程体系中缺乏蒙汉双语授课及英汉双语授课课程，缺乏与"一带一路"倡议相关的选修课程。

3. 教学内容变化快，教学手段单一

大规模"减税降费"优惠措施的出台，数字经济的快速发展，个人所得税综合分类制度的改革，税收法定原则的落实，大多数税种实现立法，国际税收合作的加深，这些重大变革对税收教学提出了极大挑战。

由于现代信息技术的发展，传统的教学手段受到很大冲击，已不能满足课堂教学的需要，在教学过程中使用教学 App 及在线资源，有利于教师及时了解学生的学习情况并做出反馈。

三、创新税收专业人才培养模式的对策

（一）重新定位人才培养目标

我国正处在"一带一路"倡议 2.0 阶段，高等教育需要为国家输送所需的国际化、复合型人才，这也符合国家对新文科的要求。只有清晰的培养目标和明确的办学定位，才能在专业设置、课程教学、师资配备等方面做到与"一带一路"职业岗位要求相对接。

针对税收专业人才培养存在的问题，应修订人才培养方案。要实现人才培养目标由应用型、复合型人才向应用型、复合型、国际化人才的转变，以社会需求为导向，以培养服务地方经济和"中蒙俄经济走廊"的应用型、国际化税务人才为目标，打造一个以"应用性、融通性、区域国际化"为特色的人才培养模式，进一步改革和创新人才培养模式和培养体系，培养"适应能力强、综合素质高、发展后劲足"的高素质人才。

（二）完善课程体系

1. 增加相关课程

"一带一路"倡议所需要的国际化人才、复合型人才、非通用语言人才的培养，最终都会落实到课程上，在选修课方面，学校应该开设跨文化交际的相关课程，利用双语教学的国际化趋势适应人才培养的需求，税收专业可以根据学生特点，开始蒙汉双语和英汉双语授课课程。适合开设双语授课的课程主要有中国税制、税务管理、国际税收等，以提升对学生的国际化视野及创新能力的培养。

2. 丰富第二课堂内容

鼓励学生积极参与创新创业大赛、税务技能大赛等，通过"以赛促教，以赛促学"的教学模式，激发师生教与学的积极性。

3. 加强实践教学

(1)校企合作开发软件。税收专业对教学软件的需求越来越大，对软件质量的要求也越来越高。鉴于税收政策变化快、现有软件更新速度慢且不适合教学使用等问题，学校可以与软件公司合作，自主开发适合教学的税收模拟实验软件。

(2)夯实校外实践基地建设，真正做到产教融合。学校应加强与财税咨询公司和事务所的合作，充分利用校企双方的资源，这不仅能实现校企协同、岗位对接、精准育人，还能服务于地方经济，推动地方创新创业的发展。

(三)完善教学手段

1. 加强案例教学

与传统的教学方法相比，案例教学法在提升学生综合能力方面具有良好的效果。但好多税收案例和案件不能直接用于教学，需要进行筛选和加工，因此，如何进行案例库开发是案例教学的重要环节。

2. 积极推动混合式教学模式

在税收专业课授课过程中，可以将课堂讲授与线上资源相结合，如加入视频资源，利用云班课、雨课堂、超星学习通、钉钉等 App 加强教与学的互动，充分调动学生的主动性、积极性。

(四)完善管理评价体系

高校的人才培养规格和目标定位是通过教师的教学和学生的学习共同来完成的，因此，需要从学生和教师两方面加强评价体系建设。

1. 学习评价

加强考试管理，严格过程考核，加大过程考核在课程总成绩中的比重。综合应用笔试、口试、非标准答案考试等多种形式，全面考核学生对知识的掌握和运用，以考辅教、以考促学，激励学生主动学习、刻苦学习。鼓励学生跨学科、跨专业学习，以实现复合型国际化人才的培养目标。

2. 教师评价

应以人才培养规格和目标定位为基础，以教师专业发展为生命线，建立以教学制度为保障，以衡量和评价为依据，以反馈信息为方法的全面性、全过程评教体系。

（五）加强教师队伍建设

师资队伍的建设需要"引进来"和"走出去"。一方面，聘用具有实践经验的"双师型"专业教师，充实师资队伍。另一方面，教师需要在"一带一路"背景下不断更新专业知识，鼓励青年教师参与企业调研实践，提升实践经验，加深对专业人才需求的认识，争取打造一支稳定的高水平产学研融合教师队伍。

参考文献：

[1]张海龙，杨世汝."一带一路"战略背景下高校人才培养问题研究[J]. 关东学刊，2016(4)：156-160.

[2]靳友雯，李彬. 新形势下广西高校税收专业人才培养研究[J]. 西部素质教育，2019，5(2)：177-178.

[3]段胜峰，彭丽芳."一带一路"背景下国际化人才培养路径[J]. 长沙理工大学学报（社会科学版），2016，31(1)：103-107.

[4]周谷平，阚阅."一带一路"战略的人才支撑与教育路径[J]. 教育研究，2015，36(10)：4-9，22.

[5]徐盈."一带一路"背景下高职院校人才培养路径探析[J]. 职教论坛，2017(29)：60-63.

[6]包天花."一带一路"背景下蒙汉双语复合型人才培养与储备问题研究的意义与价值[J]. 赤峰学院学报（汉文哲学社会科学版），2019，40(3)：128-131.

基金项目：内蒙古自治区教育厅"MOOC环境下高校混合式教学模式的构建与实践——以《中国税制》课程为例"（JGYB2022049）。

作者简介：白晓荣，女，博士，副教授。主要研究领域为财税理论与政策。

西部地方高校本科生跨学科的学术英语
能力和素养培养路径研究

郭　芳

摘要："一带一路"倡议下，地处西部重要战略位置的内蒙古自治区，与周边国家持续开展包括贸易、交通运输、基建、金融、能源、旅游、医疗卫生等多领域合作。因此，其对外语人才要求呈现出复合型跨学科的特征。跨学科的学术英语技能和素养培养已成为经济社会人才培养需求的当务之急。大学英语教学重心从通用英语(English for General Purposes，EGP)向专门用途英语(English for Specific Purposes，ESP)课程转型成为必然。

本文基于 Dudley-Evans T 和 St. John(1998)的生态路径需求分析框架，从用人单位、学校和教师、个人需求多维角度展开调研，基于 ESP 需求与教学现状，针对当前西部地区高校人才培养已不能很好地应对内蒙古地区经济社会发展对复合型外语人才急需的凸显问题，从跨学科动态发展的 ESP 需求分析、分层多元化 ESP 课程体系设置、复合型 ESP 外语教师队伍建设、科学合理的 ESP 学习效果评价体系构建四个方面，对如何实现西部地区高校本科生跨学科的学术英语能力和素养培养路径提出可行性建议，希望为大学英语课程改革提供有益的启示。

关键词：ESP 需求分析；学术英语能力和素养；培养路径

ESP(English for Specific Purposes，专门用途英语)是在经济全球化、科技一体化、文化多元化背景下产生的一门新兴学科，是基于学习者需求，将学术目标和专业知识进行有效融合的一种语言学习方式(Dudley-Evans T & St. John，1998)。其目的是培养和提高学生所学专业领域的英语运用能力。

"一带一路"倡议下，内蒙古自治区与周边国家经济交融日渐频繁，持续开展多领域合作，提升本科生跨学科的学术英语技能和素养，培养"外语+专业"一体化的复合型、应用型人才，服务于"一带一路"建设，这是西部高校外语教育顺应时代发展的必然趋势。

一、我国 ESP 需求分析研究

需求分析是学术英语课程得以开展的先行依据，是用于确定教学目标及选定合适教学活动和教学材料的参照因素，是学术英语能力和素养培养的路径模式建立的基础。近十年来，Dudley-Evans T 和 St. John 的 ESP"需求分析生态路径"作为需求分析的最新模式，成为我国外语界的一个新的研究热点。以复旦大学外国语言文学学院的学术英语教学团队走在大学英语教学改革的前沿并引领改革方向。大批学者基于需求分析对学术课程定位、语言要求、教材选择、教学方法等展开激烈探讨并提出根本性变革。但西部地区 ESP 研究刚刚起步，无论理论还是实证研究都不成体系。本文力求弥补这一空白。

本文基于 ESP 需求分析三角模型（Johns & Dudley-Evans，1980）——用人单位、学校和教师、个人三个主要参与者的需求——和生态路径需求分析框架（Dudley-Evans & St. John，1998），即通过考察八个区域的情境：学习者的专业信息、学习者的个人信息、学习者的英语语言信息、学习者能力所缺、课程需要、语言学习信息、在目标情境中如何进行交际和学术环境状况，全面展开需求分析。

二、西部地区社会用人单位对外语人才的需求变化

课题组就企业对员工外语能力的需求展开调查，重点考察学校外语教育与社会和企业需求的衔接问题。内容涉及用人单位的主要商务合作对象、对外业务中使用的主要语种、对外语人才的要求、最需要的外语技能、外语人才普遍存在的问题、最看重的外语人才的素质以及对高校外语教学的意见和建议等方面。

通过"用人单位对外语人才需求"问卷调查，发现：①用人单位对学历的要求不断提高。本科学历是基本要求，要求研究生学历的占到了四分之一。②用人单位紧缺的外语类人才中，懂外语的专业技术人员所占比例最大，其次依次为翻译人员，外贸业务员，驻外市场人员，商务助理、文员、涉外秘书，外语教师、外语培训人员等。③招聘外语人才过程中优先考虑的因素：综合素质为

首，其次是实践经验或其他。④尽管不同的公司因性质、业务不同，最需要的外语技能可能会有所不同，但引起关注的是，用人单位最需要的外语技能——学术口语和翻译能力的短缺，恰恰是用人单位认为外语人才普遍存在的问题中最严重的。

三、西部地区高校本科生 ESP 教学现状、问题及原因

目前西部地区对非英语专业本科生的英语教学主要是基础教学，以应对四六级考试；即使针对英语专业的本科生，也多以单纯的语言文学能力和基础技能型人才为培养目标。

对内蒙古自治区各本科院校外语专业、第二外语以及公共外语开设情况的调查结果显示：学术英语（English for Academic Purposes，EAP）教学在西部地区刚刚起步，有诸多不完善的地方。首先，在外语专业课程设置上，部分高校已经或正在改革传统的语言文学专业。不同学校新添课程涉及商务、科技、医学、贸易、旅游等方向，但依然比较单一，不能形成系统的课程体系。其次，关于高校外语公共课程，ESP 课程设置随意性大，不同学校差异也大。多数学校能够开设通用学术英语（English for General Academic Purposes，EGAP）课程，但课程性质不一，开设学期不一。有的 EGAP 课程为大二年级开设的专业课，有的为大三年级才开设的选修课。而真正的 ESP 课程开设的很少。即使根据学生英语基础开展分级分类教学，但通用课程和学术课程之间缺乏衔接与过渡。由于西部地区生源杂、英语水平差异大等特点，学校对民族生（多数为蒙生）多开设通用英语课程。

然而，"一带一路"建设需要大量的工程技术人员、市场营销人员、交通运输人员、会计、律师等，他们或跨国工作，或在本国从事国际业务，需要过硬的专业知识和业务能力，同时需要掌握相关国家和地区的语言、文化、宗教信仰及风土人情。因此，外语课程设置应该有更多的方向，且有必要有针对性地开设与学生所学专业相关的专业外语课程。

通过"内蒙古自治区本科院校学术英语分级教学效果问卷调查"，我们发现：第一，学生对 ESP 课程持肯定态度且有很大需求。大部分学生对 EAP 课程的目的有清晰认识，认为学术英语教学提高了其学习积极性以及语言综合技能和实际工作能力，如学术讨论和合作探究能力、搜索和阅读文献能力、批判性阅读和思

维能力、规范表达信息和陈述演示能力、撰写文献综述和论文的能力等。第二，学生认为目前的英语教学主要存在以下问题：专业词汇难、课时少、课堂教学内容过于紧凑。学生希望多增加听力和口语训练、学术技能训练以及模拟仿真实操训练，增加英语演讲方面的辅导，增强实用性，适当增加专业英语课程。

通过对任课教师与管理者的个人访谈，我们发现：目前多数院校开设的是不受专业背景限制的，不限于使用某一特定专业材料的广义的 ESP 课程。ESP 课程设置还未实现多样化，不能满足个性化需求。教学组织、教材使用随意性大，没有系统安排。ESP 教师教学理念与学术素养亟待提高。ESP 师资严重缺乏，尤其缺乏复合型学术背景的教师。ESP 课程教学评估缺乏科学性、灵活性、公正性和合理性，不具备"应用性"特色。

四、西部高校本科生跨学科的学术英语能力与素养培养路径

课题组结合以上 ESP 需求分析与现状，就本科生跨学科的学术英语能力与素养培养问题提出以下对策：

（一）充分开展需求分析，精准定位，建立健全跨学科的 ESP 课程生态体系

完善的 ESP 课程生态体系建设离不开充分、全面、科学的需求分析。需求分析是学术英语课程用于确定人才培养目标、教学目标及选定合适教学活动和教学材料的基本条件，是建立学术英语能力和素养培养模式的基础。

实施 ESP 课程教学，可以基于 Dudley-Evans T 和 St. John（1998）的生态路径需求分析框架，从多维角度确定研究对象，例如：关于学习者的专业信息、学习者的个人信息、学习者的语言信息、学习者能力缺乏现状、学习者对课程的需求、语言学习信息、学术环境状况。系统全面地考察相关研究对象的特征，从而准确把握 ESP 课程"生态系统"。从需求分析三角模型，即用人单位、学校以及教师和学生三方面的实际需求出发，认真做好 ESP 课程需求分析。

同时要明确，ESP 课程需求分析是基于一个动态变化的环境进行的，它的可变性和动态性决定了分析的结果不是一成不变的。不同的教学目标、不同的

教学者、不同的学习动机和期望等诸多因素都会影响 ESP 课程需求分析的最终结果。

(二)基于"语言+专业"的 ESP 教学理念，实施分层多元化课程体系设置

2013 年 2 月上海教委批发文件《上海市大学英语教学参考框架(试行)》，作为国内第一份以专门用途英语和学术英语为导向的大学英语教学大纲，其将大学英语教学分为弥补期(EGP)、过渡期(EGAP)、专业期(ESAP)，三者互为衔接(蔡基刚，2013)。

实施分层设置，即融"基础、技能、通识与专业"为一体的多元课程体系设置，可以满足不同层次的学生对大学英语学习的个性化要求。所谓"分层"，是基于 ESP 课程体系的递进结构特征，设置不同课程模块。可将 ESP 课程分为四个阶段，第一阶段是语言提高类的中高级 EGP 课程。第二阶段是关注语言共核和技能的 EGAP 课程，如学术听力、学术阅读等。第三阶段是广义的 ESP 课程，课程设置更细化、更具体，如写报告、商务会谈纪要等。由于学生专业背景和所使用的教材都具有广泛性，所以该阶段称为广义的 ESP 课程。第四阶段是真正意义上的具有特定目的的 ESAP(专门用途学术英语)及 EOP(行业英语)课程。在这个阶段，课程是根据学生个体需求和未来学习及工作特定需求而设计的。

当然，在实际教学中，各高校可根据实际情况，将四个课程模块按需组合。这样的课程框架体系具有开放性。目前，EGAP 在西部高校是最适宜的过渡课程。

(三)制定 ESP 教师能力标准，加强复合型 ESP 教师队伍建设

教师发展是教学成功的关键所在。学校应大力加强复合型 ESP 教师队伍建设，制定 ESP 教师能力标准，对 EAP 教师整体能力提出要求。

ESP 教师是英语语言专业出身的，缺乏各学科的专业基础知识，学校应创设条件让大学英语教师走出校门或国门，接受专门培训，提高自身学术英语能力；教师自身也要树立"语言服务于专业"的教学理念；依据"能力标准"推动自身发展，例如：英国 EAP 教师发展能力框架围绕教师的学术知识能力、学生需求、课程发展、教学实践四个方面制定了要求指标(林竹梅，2017)；教师要强化对 ESP 语言本体的认知和对 ESP 语言教学的认知；除具有较强的语言技能外，还要不断学习 ESP 教学方法、模式、策略、评估等教学论；夯实、拓展跨学科专业知识技能；加强与学科专业教师交流与合作，实现语言与专业的高度融合。

(四)形成科学合理的 ESP 学习效果评价体系

ESP 教师要认真学习语言测试理论，了解 ESP 测试原则，把握效度与信度的均衡，尤其注重 ESP 测试的真实性特征(受试者与实际工作担任的角色的关联性或一致性，测试材料与现实生活中处理材料在专业内容与体裁风格方面的一致性，测试任务与测试情景的真实性，等等)。

明确 ESP 评价内容、评估目标以及评估方式(形成性评估与终结性评估相结合)。尤其在形成性评估中要注意开发诊断性测试和个人学习进度报告，以便发现和记录学生学习过程中的问题，给学生提出建设性的建议。测试不仅要关注学习者可量化的语言能力，如听、说、读、写、译，还要考虑学生在完成诸如项目合作、任务合作过程中体现出来的团队沟通与合作能力、批判性思维能力、学术文化意识等难以量化的能力。ESP 测试应注重真实语境中专业英语技能与应用能力的评估，体现"应用性"能力测评。

参考文献：

[1]Dudley-Evans T, St. John. Developments in English for Specific Purposes：A Multi-disciplinary Approach [M]. Cambridge：Cambridge University Press，1998.

[2]Dudley-Evans T. English for Specific Purposes [C]// R Carter，D Nunan (eds.). The Cambridge Guide to Teaching English to Speakers of Other Languages. Cambridge：Cambridge University Press，2001：131-136.

[3]Flowerdew J, Peacock M. Issues in EAP：A Preliminary Perspective [C]// J Flowerdew, M Pea-cock (eds.). Research Perspectives on English for Academic Purposes. Cambridge：Cambridge University Press，2001：8-24.

[4]Swales J. Genre Analysis：English in Academic and Research Settings [M]. Cambridge：Cambridge University Press，1990.

[5]蔡基刚.《上海市大学英语教学参考框架(试行)》四大创新点[J]. 中国 ESP 研究，2013(1)：3.

[6]刘京，邓鹂鸣. 体裁视域下学术期刊论文摘要研究的国际热点解析[J]. 出版广角，2020：76.

[7]林竹梅. ESP 语言认知研究 [M]. 北京：对外经济贸易大学出版社，2017.

[8]邹斌，曹博敬. 学术英语教育对大学生就业的影响研究 [J]. 外语电化教学，2016：31-36.

项目基金：本文为 2017 年内蒙古社科规划外语专项课题(2017ZWY005)的研究成果。

作者简介：郭芳，副教授，研究方向为英语教育、跨文化研究。

专业建设

《国标》导向下财政学一流专业建设研究

安　锦　刘晓佳　杨璧宁

摘要： 质量为王，标准先行。专业是高等学校人才培养的基本单元，有了标准才能加强引导、加强监管、加强问责。财政学专业建设国家质量标准在财政学学科属性、专业建设、课程建设、质量保证、人才培养等方面做出了很多具体规定，对推动内蒙古财经大学国家一流专业财政学高质量发展，内蒙古财经大学迎接 2023 年新一轮本科教育教学审核评估具有重要的指导意义。

关键词：《国标》；财政学；一流专业

一、引言

2018 年 1 月 31 日，教育部发布了我国首个高等教育领域教学质量标准——《普通高等学校本科专业类教学质量国家标准》（以下简称《国标》），其中包含了九十多个本科专业类、五百多个专业，涉及全国高校五万多个专业点，解决了长期以来我国没有统一专业建设评价标准的"卡脖子"问题，在中国高等教育史上具有里程碑式的意义。今后，各高校想要提高教学质量，明确各专业类的内涵、学科基础、人才培养方向、国家改革导向的前提是必须领悟《国标》精神。财政学类标准是全国财政学类本科专业设置、专业建设指导和教学质量评估的基本遵循标准。领悟《国标》精神，对推动国家一流专业财政学高质量发展，迎接 2023 年新一轮本科教育教学审核评估具有重要的指导意义。

二、了解财政学学科属性界定，加强学科规划

一直以来，财政学的学科属性界定问题是财政学建设中的重大问题。财政学到底属于经济学还是社会学、政治学、公共管理学、法学，一直是财政学教学科研热烈讨论的问题。例如，财税法研究和法学研究的权利和义务、财政宪法等有差别；财政学和公共管理学对国家预算(政府预算)到底属于哪个学科存在争论；人们对财政是经济基础还是"上层建筑"(20世纪60年代)、财政政策是不是财政学的研究对象(20世纪80年代)等问题也有不同看法。从学科角度来看，财政学是独立于法学和政治学以外的一个学科，后来发展成为一个专业甚至一个院系。但是因为"经济学"的含义和提法都出现了巨大的改变，使得政治经济学、西方经济学以及现代经济学也随之发生了变化，所以很长一段时间内将公共经济学视为现代财政学。

《国标》明确指出：财政学类专业隶属经济学范畴，它以经济学、管理学、政治学、法学等学科为基础，具有很强的综合性和适用性。这一界定，既回答了财政学的学科定位与基础，又指出了其学科的共性与个性、普遍性。党的十八届三中全会通过的《中共中央关于全面深化改革若干重大问题的决定》(以下简称《决定》)提出，财政是国家治理的基础和重要支柱，这将财政的定位提高到前所未有的高度。党的十九大报告指出，加快建立现代财政制度。财政学作为经济学领域中的一门专业课，对建立和完善我国社会主义市场经济体制至关重要，是学生获得学士学位的必修课。财政学作为承前启后的纽带，将经济学理论和经济实践联系起来，在经济学课程体系中占有重要地位。

由于经济社会的发展依赖政府的推动，财政学是一门至关重要的必修课。一方面，财政学课程既包括财政基本理论知识，还涵盖了税收原理、税制结构、政府采购支出、财政转移支付等基本原理。另一方面，财政学可以使学生从宏观的角度看待经济问题。事实上，财政不仅关乎每个公民和每家企业，如增值税、消费税等，而且会对政府产生直接影响，如政府采购、投资、财政转移支付等。财政学还可以从发行外债、开放经济等方面出发，帮助学生树立观察国际经济活动的视角。所以，从财政的本质可以看出，财政学学科应该是一门关于国家治理的综合性学科，其最基本的组成应该是经济学和政治学，并以这两个学科为

基础，与更多的学科进行交叉融合，比如法学、社会学、管理学、行为学、军事学等。

三、以"双一流"为目标，打造优势学科群

"双一流"是以学科为基础的重大战略，在中国高等教育未来30年的发展中，"双一流"政策将会贯穿始终。

在2017年正式公布的"双一流"高校建设名单中，54所财经类高校中只有五所入选一流学科建设名单，没有一所高校入选一流大学建设名单。其中两所入选的一流学科还不是经济管理学科；其他三所分别是西南财经大学经济与管理学科群、对外经贸大学开放型经济学科群、中南财经政法大学法学与经济学科群，均以优势学科群方案入选。"双一流"遴选结果表明，财经类高校进入"双一流"的经验是打造优势学科群。

要成为"双一流"高校是不容易的，冲击"双一流"学科也有很大的难度，但是要朝着这个目标努力。内蒙古财经大学有精品课、特色专业、品牌专业、重点学科等，在校方文件中也可以看到"促使学科建设资源向战略重点项目所涉学科集中"（2015）、"推进各级重点学科的升级"（2016）的表述，但还没有形成明确的"学科群""优势学科群"建设理念。

《国标》明确财政学类本科专业培养目标：本专业毕业生可以从事财政、税务、社会保障等公共部门、各类企事业单位、非营利性组织的相关工作，以及私人企业的财务工作。内蒙古财经大学大财政学学科群（四个专业，三个专业类别、两大学科门类）完全符合要求。财税学院下设财政、税收、资产评估、社会保障四个专业，隶属两大学科门类（经济+管理）三个专业类别（应用经济学+公共管理+工商管理专业），天然具有大财政学的特征，具有明显的学科交叉混合改革的优势和复合型人才培养的优势。

财税学院明确定位"经济+管理"的大财政优势学科群建设模式：财政学理论框架+税收学专业核心+社会保障公共政策+资产评估技术方案。以财政学专业为核心，以税收学专业为主要支撑，彰显资产评估专业在税基评估、资源性资产评估、财政资金绩效评价方面的特色，夯实劳动与社会保障专业对财政学专业的支撑，推动学院四个专业融合发展、内涵式发展，打造大财政学专业优势学科群。

四、根据培养新目标，完善2019人才培养方案

《国标》对人才培养目标的新定位如下："财政学类本科专业培养践行社会主义核心价值观，具有社会责任感、公共意识和创新精神，掌握经济学和财政税收基本理论与方法，熟悉我国财税政策法规，了解我国财经运行状况，具备综合运用专业知识分析和解决公共经济问题能力的应用型、复合型、创新创业型人才。"其中，具有社会责任感、公共意识是第一次提出，是新提法。内蒙古财经大学2019人才培养方案已经出版印刷，虽然改革力度很大，但难免仍有不尽如人意的地方，如课程思政、新文科、劳动教育、文学艺术教育等方面存在缺陷，因此需要在实际运行中不断发展完善。要以培养目标和能力体系为中心，加强课程体系设置，重视课程知识体系与技能目标体系之间以及课程体系内部之间的协调发展。

五、按照《国标》完善课程体系，
加强中国财税史课程建设

《国标》明确指出，财政学类本科专业课程体系包括理论教学和实践教学。鼓励精简课程、压缩学分、提高质量。财政学专业必修的课程有财政学、政府预算管理、财务管理等。税收学专业必修的课程有税收经济学、中国税制、国际税收、税务管理等。有条件的高校应积极开设双语或全英文专业课程和财税思想史学类课程。鼓励开发跨学科、跨专业的新兴交叉课程。

目前，内蒙古财经大学财政学学科课程体系与《国标》还有一定的差距，课程设置上存在重税收类课程、轻财政管理类课程，以及总学分偏高、课程设置重复、实践教学不足等问题。比如，必修课财政管理是学生反映教学效果较差的一门课程，既没有教材也没有教案，授课教师内容不统一，水平参差不齐，考试没有试题库。再如，财税史学类课程取消了中国财税思想史，这与《国标》要求不统一。因此，一要按照《国标》优化课程设置，取消财政管理课程或者将其降为选修课只是权宜之计，今后依然需要加强该课程的建设；二要增加中国财税史课

程与师资；三要围绕《国标》的要求，以核心课程建设为中心，大力开展教学方法与教学模式的创新、教学团队建设的改革，用核心课程建设推动课程教学整体质量的提高。

六、突出学生中心、产出导向与持续改进

在《国标》制定过程中，我们始终秉持着最先进的世界高等教育发展理念。

1. 突出以学生为中心

教育家赫尔巴特提出了"教师中心论"，强调教学要以教师为中心，教师是主体，是生产者，学生是产品，产品是否合格取决于生产者。从教学管理的角度来看，这是没有问题的，但是从最终目的来看，学生作为产品，不仅要合格更需要满足社会需要，而且学生不同于规格一致的产品，还有个性差异，需要因材施教，重点在于全面落实《国标》中"突出学生中心"的原则。以往学生的学习主要局限于课堂、书本，学生是知识的被动接受者。《国标》注重激发学生的学习兴趣和潜能，改变课堂教学形式是"三统一"（统一的上课时间、统一的上课进度、统一的课程考试）的情况，创新形式、改革教学模式、加强实践，推动本科教学由"教得好"向"学得好"转变。

2. 以产出为导向

高校应积极与经济社会发展需要相对接，以人才培养目标、人才培养方案、课程设置、教学内容等方面为切入点，有效提高人才培养目标的实现程度、条件保障程度和结果满意度。对于财税学院，主要抓手有三个：一是服务民族地区，培养蒙汉兼通人才。提高学生理论联系实际的能力，提高就业质量，提高教师、学生、用人单位的满意度。二是大力促进考研，争取平均考研率达到15%以上。三是继续保持学院公务员选调生连续7年录取人数全区第一的势头，培养学生公共意识与社会责任感，推动公务员录取率提高。

3. 突出持续改进

高校应逐步建立并完善教学质量保障体系，将常态化监测机制与定期评估相结合，对高校教育工作进行及时评价、及时反馈、持续改进，进一步提高教育质量。一是定位要准，分类分层培养，构建双语、双证、双学位、拔尖创新、新文科"五位一体"的人才培养模式；二是落实"双万计划"，加快专业人才的引进和

培养；三是全面开展一流本科课程建设，推进课程改革创新；四是科研反哺教学，坚持协同育人实践模式；五是健全教学组织管理体系，完善教学运行监控体系、教学评估反馈体系建设。

参考文献：

[1]教育部高等学校教学指导委员会.普通高等学校本科专业类教学质量国家标准[M].北京：高等教育出版社，2018.

[2]任倩倩.教育准公共物品供给影响就业能力分析：基于30所地方高校财政专业课程设置视角[D].郑州：河南大学，2016.

[3]孟丽.提高《财政学》课堂教学效果的若干思考[J].课程教育研究，2012(16)：4-5.

[4]欧阳华生，裴育.财政学专业人才特色培养探讨：基于我国20所高校财政专业的比较分析[J].高等财经教育研究，2011(3)：35-40.

[5]财政学类教指委课题组等.关于地方财经类院校财政学类专业教材建设与选用问题分析[J].中国大学教学，2016(2)：83-88.

基金项目：内蒙古财经大学教改项目"《国标》导向下财政学教学综合改革与实践探索"（JGDWY201806）；内蒙古财经大学教育教学研究课题"财经院校'新文科'建设路径与案例设计研究"（JXZC2102）。

作者简介：安锦(1978—)，男，博士，内蒙古财经大学财税税务学院教授、副院长，主要从事财税理论与政策、教学管理研究。

新文科背景下财经类高校多学科交叉融合的专业群建设融合研究

王 丽

摘要：新文科建设对高校专业群的内涵、功能和构建等提出了新要求，财经类高校需要不断加强专业群建设，实现多学科交叉融合的协同发展。本文在分析新文科建设对财经类高校发展提出的新要求的基础上，分析当下下财经类高校专业群建设存在的问题，构建了财经类高校专业群建设融合的路径，推进财经类高校多学科交叉融合，形成专业群建设特色和品牌，满足经济社会发展对复合型金融人才的需求，实现财经类高校高质量发展。

关键词：新文科；建设；财经类高校；专业群

一、引言

随着中国特色社会主义进入新时代，我国高等教育的发展进入了新阶段，教育教学改革也进入了新阶段。在此背景下，各高校都在积极探索如何实现跨越式发展。习近平总书记指出："高等教育要注重内涵建设，以质量求生存、以特色谋发展。"同时，全球新一轮科技革命和产业变革加速演进，人工智能、大数据、云计算、区块链等新技术与经济社会发展的融合越来越深入，对社会和经济发展的影响也越来越大，社会对财经类专业人才的需求也呈现出多层次、多类型、多学科交叉融合的趋势。新文科教育应运而生，新文科是以"育人"为目标，以"学科"为基础，以"技术"为支撑，以"思维"为核心，对传统文科专业进行跨学科融合改造后形成的一个新的交叉学科类别。在此背景下，出现了一批学科交叉融合的新型专业，如信息与计算科学（CS）、管理科学与工程（IME）、智能科学与技术（IIST）、数字艺术与设计（UED）、环境设计（DES）等，这些新型专业将进一步推动专业群建设的快速发展。

2017 年，教育部等六部委发布《关于加快建设高水平本科教育全面提高人才培养能力的意见》（以下简称《意见》），明确提出要以"新工科、新农科、新文科"为突破口，推进新文科建设。2019 年 3 月，教育部发布《高等学校人工智能创新行动计划》，指出要加快建设一批智能教育研究院和智能学院。在此背景下，各高校纷纷提出建设新文科的概念，如南开大学提出要在四个方面探索新文科的发展路径：一是推进多学科交叉融合，培养复合型人才；二是以数据智能为驱动，优化学科专业体系；三是以中国文化为支撑，推进"中国特色、世界一流"的学科专业体系建设；四是以交叉学科为依托，打造新时代新型专业集群。

二、新文科建设对财经类高校专业群建设的新要求

（一）新文科建设为财经类高校发展提供新的契机

随着新科技革命和产业变革的深入发展，人类社会的生产生活方式正在发生深刻的变化。大数据分析、云计算等新科技的崛起，推动新产业、新业态的跨界融合，使社会结构日益复杂、经济商业不断融合。在这种现实背景下，传统的细分学科的局限性逐渐凸显出来，传统财经类教育已经无法适应新的变化和解决复杂的经济社会问题。

进一步来看，新文科教育以多学科交叉和深度融合为核心特征，以继承和创新、融合和交叉、协作和共享为主要途径的新文科建设则为新时代文科创新创业人才的培养提供了新契机，以培养适应新经济时代发展的高素质复合型人才为目标，以增强学生的社会责任感、使命感、创新意识、实践能力和创业精神为重点，以创新教育教学模式为核心，注重培养学生的人文素养、科学素养和创新精神，以提升学生的综合素质和能力水平。此类教育为财经类高校未来的发展指明了新方向。财经类高校作为我国高等教育体系的重要组成部分，其人才培养目标定位主要是培养能够适应经济社会发展需要，具有较高人文素养、科学素养和创新意识，同时具备较强专业能力和社会适应能力的复合型人才。其专业群的发展需要紧紧抓住新文科建设带来的契机，以适应由信息技术引起的新一轮科技与产业变革，从而支持国家的创新驱动发展。

(二)新文科建设背景下财经类高校需要建设多学科交叉融合专业群

建设多学科交叉融合的财经类专业群是财经类高校在新文科背景下适应我国经济社会发展对高层次财经人才培养需求的必经之路,是应对当前国际经济环境变化对复合型财经人才需求的必然选择,更是加快推进新时代财经类专业群高质量发展的重要举措。

目前,"新文科"建设对我国财经类高校发展提出的新要求,推动高校专业群的建设与改革已进入一个新的发展阶段。要使各专业的学生在培养过程中充分体现出专业的交叉性,我国财经类高等院校应继续加强与多学科相结合的专业群的建设与改革,不断加强专业群建设,从完善专业群治理机制、师资队伍培养机制、产教融合培养机制、社会实践教学管理机制等方面开展专业群建设融合工作,从而建立多学科交叉融合的专业群建设体系,推动由多个学科相互交叉、相互融合,或经、管、工、农、医等领域相互融合而构成的一个新的专业群系,构建可以培养出满足当今与将来行业发展需求的高素质管理与管理的复合型人才的财经类专业群。

(三)新文科建设背景下财经类高校专业群建设需要加强思想政治教育

新文科建设要求高校在教育过程中加强价值引领,把握人才培养过程中专业知识教育与价值导向的思想政治教育的深度融合。一方面,新文科教育具有融合性的学科特征,高校专业教育内容包含大量思想政治教育元素,可以通过思想政治等通识课与专业课教育融合发展等方式强化对学生的价值引领。另一方面,思想政治教育培养学生形成正确的世界观、人生观和价值观,进而赋能学生充分认知跨专业融合学习的意义,培养合格的社会主义建设者和接班人,这是思想政治教育和专业教育深度融合的基础。财经类高校在专业群建设中应加强思想政治教育工作,构建新文科背景下的课程思政体系,形成跨学科、跨专业的新时代文科人才协同培育机制。

三、财经类高校传统专业群现状分析

财经类高校是以经济类学科为主体的大学,主要从事经济理论研究,培养经济管理人才,提供经济管理服务。《普通高等学校本科专业类教学质量国家标准》明确提出了专业群的内涵:"专业群是以本科人才培养为目标,以相关学科或专业为基础,围绕核心专业而形成的若干相互关联的学科方向群。"专业群是高等教育中的基本组织单位,也是推动高校内涵式发展的重要路径之一,更是推动我国经济转型升级、高质量发展的重要力量。因此,加强专业群建设对提升人才培养质量、增强核心竞争力和提升综合实力具有重要意义。但是在新文科建设背景下,财经类高校面临着传统文科专业建设理念固化、缺乏交叉融合的专业群治理机制、师资队伍缺乏学科交叉融合和产教融合意识等问题,专业群建设面临着新的机遇和挑战。近年来,财经类高校专业群建设取得了较大的发展,但仍存在一些问题,主要体现在以下方面。

一是财经类高校教师专业学科背景单一、人才培养同质化现象严重。一方面,财经类高校师资队伍结构不优,教师的学习背景多为经管类专业,与综合类院校相比缺少其他专业尤其是大数据、互联网技术的教师,导致财经类高校的经管类专业与人工智能、大数据、区块链等新兴学科和交叉学科课程的教学实力较弱。另一方面,我国财经院校存在着专业结构相近、没有形成自己的特色等问题,这些问题严重影响了高校的核心竞争力。

二是财经类高校本科教育课程设置固化,人才培养模式创新不足。社会经济的发展对复合型人才的需求增加,然而财经类高校课程受到行政学院的限制,多数专业的课程为本学院课程,尚未形成跨学科、跨专业的人才培养新模式。财经类高校跨学科、跨专业课程设置较少,存在专业群建设中学科交叉融合深度不足的问题,尤其是缺少与互联网技术、大数据等其他学科交叉融合的人才培养模式,多学科之间没有形成优势互补、相互支撑的互动关系。这种单一的课程结构设置导致人才培养缺乏各专业间的横向融合,不利于培养符合社会需要的人才。

三是财经类高校应用型人才培养能力不足,学生缺乏实践创新能力。在数字经济时代,社会人才需求结构发生急剧变化,但财经类高校在人才培养模式、课程体系设置、课程教材建设、实践教学等方面仍较为传统、保守,教师的整体实践教学管理水平不高。一方面,财经类专业由于自身的特质,其课程教学仍是以教师课堂授课为主,实践课程较少。另一方面,实践教学多集中在传统学科竞赛或专业技能大赛上,对学生企业实习等的社会实践教育重视不够。实践教学中课程教学部分的现实场景训练较少,实践训练主要集中在机房进行,学生通过上机模拟操作场景,体验相关业务的运行,不利于培养学生的实践与应用能力。此外,财经类高校实践教学中的"产教融合"效果不佳,高校与企业合作也主要是停留在传统的校企合作形式上,缺乏"产学研"深度融合的教学实践模式。

四、新文科视野下财经类高校专业群建设路径

(一)优化师资队伍结构,提高专业群建设水平

一方面,财经类高校需要根据新文科要求的课程计划来跨专业聘请相关教师,引进人工智能、大数据、云计算、区块链等专业的教师,解决学校专职教师学科背景单一的问题。另一方面,财经类高校通过鼓励现有教师到国内外知名高校进修学习、攻读博士学位,到行业企业任职,开展跨领域、跨学科的研究等,以提高教师教学水平。同时,促进各学科的教师进行跨领域与跨学科学习,开发符合新文科要求的新课程。鼓励教师在实践中将新理念、新知识和新技术融入财经类专业群建设中,使其适应经济社会发展的新需求。

(二)结合区域特色,发展优势专业

财经类高校应转变办学观念,以新标准为参照,提升专业建设水平。尤其是地方财经类高校应树立整体意识、创新意识、实干意识,根据自己的地域特征,将不同的专业作为切入点,培养和建立有地域特色的符合新文科与社会实际需求的"标杆性"专业。形成有特色的专业文化,创建专业的特色和品牌,以突出自己的特色和优势,努力增强专业人才培养对当地经济发展的支持能力。同时,发展比较有优势的学科,以"强"带"次强",形成各学科繁荣发展的办学局面;支持边缘和弱势学科的发展,加强专业间的协作,增加有效的资源分配。此外,财经类高校专业群建设应进一步加强学科交叉融合机制建设与人才培养机制改革的力度,通过构建科学合理的考核评价体系和人才培养质量保障体系来促进专业建设水平的提升。

(三)创新教学模式,推动跨学科专业群建设

在新文科建设背景下,财经类高校应以传统专业为基础,以大数据、人工智能等新技术为抓手,重视各专业之间的交叉融合与合作共建,拓展各专业交叉融合的路径,突破原有学科边界,组建跨学科的复合型专业群,推动传统专业向多学科交叉融合的方向转型发展,培养出符合社会发展需要的"一专多能"的复合型人才。

(四)重视专业实践教育，培养应用型人才

在新文科建设背景下，财经类专业群建设应突破传统教学模式和教学方法，以新模式为抓手，实现教学模式创新。引入多学科融合教育理念与实践教学方法，构建以项目式、讨论式等为主要教学模式的人才培养体系。在课程设置上应打破传统的学科界限，将基础课程与专业课程相结合。在注重理论学习的同时，加强学生专业技能的培养和训练。以新理念为引领，推进产教融合。在人工智能、大数据和云计算等技术高速发展的时代，财经类专业群建设应加强"产学研"一体化人才培养模式改革，创新"项目+团队"的实践教学模式，构建财经类专业群人才培养创新体系，与企业进行深度的合作，增加学生进入企业实践学习的机会，培养学生对专业知识的应用能力。

(五)推动思政课程与专业课程交叉融合

财经类高校专业群建设需要构建思想道德教育和专业课教育融合体系。一方面，以经管类专业为重点，加强专政融合，重视马克思学院与其他学院之间专业的交叉，实现专业资源互补，推动学生思想政治教育。另一方面，需要将以德树人作为教学目标；将思政工作与教学活动纳入教学工作的日常，提升各专业课教师的思想道德水平；将思想道德教育融入专业课教育中，保证学校人才有较高的思想道德素养。

五、总结与展望

新文科建设对财经类高校提出了新要求，财经类高校应突破学科壁垒，依托专业群优势，推进多学科交叉融合，形成学科专业特色和品牌，推动教育教学高质量发展。财经类高校应以培养适应经济社会发展需要的复合型人才为目标，结合新文科建设要求，进一步优化专业结构，促进专业群建设融合。目前，财经类高校专业群建设存在"教师专业学科背景单一，人才培养同质化现象严重""课程设置固化，人才培养模式创新不足""应用型人才培养能力不足，学生缺乏实践创新能力"等问题，财经类高校需要通过优化师资队伍结构、发展特色优势专业、创新教学模式、重视专业实践教育等路径，推动多学科交叉融合协同发展，形成财经类高校专业群建设的特色和品牌。

参考文献：

[1]马改艳.新文科背景下财税类专业校企合作协同育人的创新路径[J].黑龙江教育(理论与实践)，2023(3)：9-11.

[2]方卿.守正创新：学科交叉融合背景下的出版人才培养[J].科技与出版，2023(1)：6-11.

[3]陈沛.解构与重构："新文科"视域下跨学科课程教学的创新理念与实践探索[J].黑龙江高教研究，2023，41(1)：156-160.

[4]吕沙，丁明鲜，汪瑞.新文科背景下"交叉融合"财会人才培养探索[J].财会通讯，2023(9)：1-5.

[5]王重润.新文科背景下新财经教育改革路径及案例研究[J].黑龙江高教研究，2020(12)：57-62.